国际商务案例

第一辑

INTERNATIONAL BUSINESS CASES

SERIES 1

王海文◎主编

中国商务出版社

·北京·

图书在版编目（CIP）数据

国际商务案例. 第一辑／王海文主编. —北京：
中国商务出版社，2023.7

ISBN 978-7-5103-4683-5

Ⅰ.①国… Ⅱ.①王… Ⅲ.①国际商务—案例 Ⅳ.
①F740

中国国家版本馆 CIP 数据核字（2023）第 101893 号

国际商务案例 第一辑

GUOJI SHANGWU ANLI DI-YI JI

王海文◎主编

出　　版：中国商务出版社

地　　址：北京市东城区安外东后巷 28 号　　邮　　编：100710

责任部门：商务事业部（010-64269744）

责任编辑：林小燕

直销客服：010-64269744　010-64266119

总 发 行：中国商务出版社发行部（010-64208388　64515150）

网购零售：中国商务出版社淘宝店（010-64286917）

网　　址：http://www.cctpress.com

网　　店：https://shop595663922.taobao.com

邮　　箱：bjys@ cctpress.com

印　　刷：北京建宏印刷有限公司

开　　本：710 毫米×1000 毫米　1/16

印　　张：19.75　　　　　　　　　字　　数：304 千字

版　　次：2023 年 7 月第 1 版　　　　印　　次：2023 年 7 月第 1 次印刷

书　　号：ISBN 978-7-5103-4683-5

定　　价：69.00 元

《国际商务案例》丛书编委会

编委会主任：刘大可

编委会成员：刘大可　　王海文　　罗立彬　　张金宝
　　　　　　高凌江　　孙俊新　　韩景华　　孙乾坤
　　　　　　何俊勇

本 书 主 编：王海文

作为一个综合性、跨专业的学科领域，国际商务的蓬勃发展一方面期待相关理论研究的深化以及指引，另一方面则体现了对具备宽广国际视野、复合型高素质的国际商务人才的迫切需求。如何推动人才培养的创新改革，以满足社会经济文化以及科技发展的要求，适应当下国际商务迅猛发展之势，已成为社会各界关心关注的问题。

北京第二外国语学院经济学院自 2015 年招收国际商务专业硕士研究生以来，始终立足于自身教育教学资源优势，设立国际经济与服务贸易、创意经济与文化贸易、展览策划与运营、投融资与国际金融四个方向，致力于人才培养的特色化、国际化，积极推动学科方向交叉融合和人才培养的高质量发展，在国际商务专业学位授权点相关评估中取得了较好的成绩。

为了适应国际商务专业硕士人才培养的新形势、新要求，近年来，北京第二外国语学院经济学院加大对案例教学和相关研究以及实习实践教学和创新创业的支持力度，鼓励师生更加关注现实，通过案例教学、研究和方法的训练，强化学生在实习实践中对案例的挖掘和提炼，持续增强其对现实经济社会问题的实感，强化研究生专业人才的分类培养。《国际商务案例第一辑》的编写出版就是师生共同努力取得的一项重要成果。

本案例围绕国际商务新形势、新发展，聚焦国际经济与服务贸易、创意经济与文化贸易、展览策划与运营、投融资与国际金融四个方面，汇聚了北京第二外国语学院经济学院师生的教学心得和研究成果。

本案例的编写和出版得到了学校领导以及研究生院的大力支持。同时案例编写参考借鉴了大量相关材料，在此对编写参与者以及资料作者表示感谢。同时还要特别感谢中国商务出版社对案例出版的大力支持和帮助。

本案例适合作为国际商务专业硕士研究生、国际商务专业和国际经济与贸易等专业高年级本科生教学及参考用书，当然对于国际商务从业人员以及有相关培训需求的机构和人士而言也不失为一本有益的读物。

王海文

2023 年 5 月

国际商务案例
第一辑

INTERNATIONAL BUSINESS CASES
SERIES 1

第一章 国际经济与服务贸易

长荣国际储运股份有限公司海上货物运输合同纠纷案

池娟*

摘　要： 本案中作为卖方的浙江省纺织品进出口集团公司签订售货确认书后，按要求发出了全套货物，并取得长荣国际储运股份有限公司代理人签发的21套正本海运提单。货物出运后，浙江省纺织品进出口集团通过银行托收货款，由于无人赎单，全套贸易单证包括提单被银行退回。长荣国际储运股份有限公司在正本提单未收回的情况下将货物交付给了收货人。本案最后的判决首先认可了浙江省纺织品进出口集团公司的托运人身份，其作为提单的原始持有人，即使未被提单记载为托运人，亦未经提单相关指示背书，仍然具有托运人的主体资格；接着认定了本案中长荣国际储运股份有限公司的无单放货行为，判决长荣公司作为承运人应当对浙江省纺织品进出口集团公司承担无单放货的赔偿责任。

关键词： 海运提单　无单放货　托运人

1. 引言

国际商务是超越了国界产生的围绕企业经营的事务性活动。而作为从事国际商务的企业，在从事国际贸易和国际投资相关业务的过程中，必然会遭遇很多问题，尤其是在国际贸易领域，会涉及很多的合同、单据，各

* 池娟，北京第二外国语学院经济学院讲师，经济学博士。

国不同的法律法规，多年沿袭下来的航运惯例等等。在签订了合同后，各方企业必须要按照合同以及相关国际公约、各国法律和航运惯例来进行自己的每一步操作，这个过程需要以法律规定的具体条款为依据，充分考虑了公正价值取向，譬如海上货物运输合同当事人的认定事项模糊时，应当根据双方当事人实际履行的责任和义务来确定，而不能完全以提单的记载作为参考。正如下文提及的发生在 2000 年的浙江省纺织品进出口集团公司与长荣国际储运股份有限公司的海上货物运输合同纠纷案。本案虽然涉及了 21 套提单，出现了众多的托运人、收货人，其间，由于企业合并，承运人的名称还出现了变更，但整个案件的进展却是脉络清晰的。因此，只要把握住相关法律中最根本的有关提单的定义，案件的结果自然而然也就水落石出了。

2. 案例正文

2000 年 7 月 31 日和 8 月 7 日，浙江省纺织品进出口集团公司作为卖方与 Karim's International（HK）Tld. 签订了买卖男、女生校服各 20 万套的售货确认书，在该售货确认书中约定的付款方式为信用证。之后，浙江省纺织品进出口集团公司作为 Karim's International（HK）Tld. 公司相关贸易项下不可撤销可转让信用证的被转让受益人，先后收到 Hbz Finance Limited 于 2000 年 8 月 7 日、8 月 8 日就男、女生校服各 20 万套出具的 4 份相关信用证项下文件。根据文件，男、女生校服的单价分别为 21.58 美元和 21.08 美元，货款合计 426.6 万美元；货物出运期限为 2000 年 10 月 10 日，信用证有效期为 2000 年 10 月 24 日；托运人为 Al Hosan For Import And Export/Al Faris For Import；收货人写着"凭伊拉克高等教育和科研部指示"；受益人声明全套副本文件连同不可转让提单需寄往埃及。

浙江省纺织品进出口集团公司从国内 9 家服装生产厂商收购涉案货物以后，在起运港通过华海国际货运有限公司、鸿海国际船务货运公司、上海外联发国际货运有限公司和上海三星国际货运有限公司的依次代理，分 21 批次向被告立荣海运股份有限公司订舱出运，并取得了立荣海运股份有限公司代理人签发的涉案 21 套正本海运提单。21 套提单载明的托运人分别为 Al Hosan For Import And Export（2 套）、Al Faris For Import（7 套）和 Fast Trading And Contracting Head Of Fice Qatar（12 套）3 家国外公司，收货人均写着"凭伊拉克高等教育和科研部指示"，提单签发日分别为 2000 年 11 月 9 日至同年 12 月 14 日之间，货物为男生校服 86900 套、女生校服 34500 套。上述校服外销价合计 2602562 美元，国内含税收购价合计人民币 21414348.25 元，浙江省纺织品进出口集团公司已向各生产厂商全额支付货款。

涉案货物出运时均已过规定的出运期限及信用证的有效期，浙江省纺织品进出口集团公司仍按原计划出货，向货运代理人华海国际货运有限公司支付了海运费，立荣海运股份有限公司在庭审中确认其自上海三星国际货运有限公司收取了海运费。涉案货物出运以后，浙江省纺织品进出口集团公司通过交通银行杭州分行向 Hbz Finance Limited 托收货款，因无人赎单，全套贸易单证由银行退回，退单背面均未经伊拉克高等教育和教科研部指示背书。立荣海运股份有限公司确认其已将涉案货物交伊拉克政府指定的伊拉克国家水运公司，后者将所有货物交付伊拉克高等教育和科研部，但涉案的正本海运提单均未收回。

浙江省纺织品进出口集团公司以立荣海运股份有限公司无正本提单放货为由，向上海海事法院提起诉讼，请求判令立荣海运股份有限公司赔偿其货款等损失。

上海海事法院作为一审法院，审理认为，浙江省纺织品进出口集团公司依次通过各货运代理环节向承运人立荣海运股份有限公司订舱，支付运费并交付货物出运。立荣海运股份有限公司接受货物并收取运费，按照浙江省纺织品进出口集团公司的要求出具了提单。尽管浙江省纺织品进出口集团公司未将其名称在提单上载明，但其和立荣海运股份有限公司履行海上货物运输的事实证明，浙江省纺织品进出口集团公司是海上货物运输合同的缔约人和唯一交货人，其作为涉案货物托运人的主体资格应予以认定。

立荣海运股份有限公司仅以提单的记载认为浙江省纺织品进出口集团公司已经转移了货物所有权，缺乏充分的事实和法律依据。浙江省纺织品进出口集团公司系涉案提单签发以后的第一合法持有人，该提单未经贸易环节流转，且来自银行退单，其持单形式合法，其具有涉案货物托运人的资格,有权向立荣海运股份有限公司主张提单项下的权利。立荣海运股份有限公司作为承运人应当对浙江省纺织品进出口集团公司承担无单放货的赔偿责任。

因此,一审法院依照《海商法》第四十二条第三项第二目、第五十五条第一款、第七十一条,《合同法》第一百零七条、第一百一十三条第一款规定,判决:(一)立荣海运股份有限公司赔偿浙江省纺织品进出口集团公司货款损失2602562美元及其利息损失;(二)立荣海运股份有限公司赔偿浙江纺织品进出口集团公司退税款损失人民币3111486.35元及其利息损失。

一审判决后,长荣国际储运股份有限公司向上海市高级人民法院提起上诉,并提交了经上海市公证员协会核对证明的台湾地区台北地方法院公证处出具的立荣海运股份有限公司于2002年11月28日与长荣国际储运股份有限公司合并、长荣国际储运股份有限公司为存续公司的公证书。

上海市高级人民法院于2003年9月4日作出二审判决,驳回长荣国际储运有限公司的上诉,维持原判。二审法院经审理认为:鉴于立荣海运股份有限公司与长荣国际储运股份有限公司合并,立荣海运股份有限公司在本案中的权利义务依法应由长荣国际储运股份有限公司享有和承担。浙江省纺织品进出口集团公司与长荣国际储运股份有限公司之间存在海上货物运输合同关系,浙江省纺织品进出口集团公司是海上货物运输合同中的托运人,长荣国际储运股份有限公司是承运人。长荣国际储运股份有限公司违反承运人凭正本提单交付货物的义务,构成违约,在提单未经流转的情况下,应当赔偿由此造成托运人浙江省纺织品进出口集团公司的货款、退税款等损失。一审判决认定事实清楚,适用法律正确,故判决维持原判。

3. 结尾

本案是一起典型的海上货物运输合同无单放货纠纷案件。第一,本案的核心问题所在是海上运输的承运人无单放货,进而造成出口方受损。无单放货,又称无正本提单放货,是指国际贸易中承运人未收回正本提单,就把其承运的货物交给了收货人。凭正本提单交付货物是承运人的合同义务,承运人违反这一义务应向提单持有人承担民事赔偿责任。

第二，本案的复杂之处在于，原告浙江省纺织品进出口集团公司并非提单上的托运人，也未经提单相关指示背书，此时该怎样认定该公司的主体资格。在本案的最终判决中，认定由于浙江省纺织品进出口集团公司向承运人实际交付货物、接受承运人签发的提单并履行贸易合同项下向银行交单义务，后来因无人赎单经银行退单后，该公司作为提单的原始持有人，即使未被提单记载为托运人，亦未经提单相关指示背书，仍然具有托运人的主体资格。这一原则后来在 2009 年颁布的《最高人民法院关于审理无正本提单交付货物案件适用法律若干问题的规定》中以司法解释的形式予以明确规定。《美国 1916 年联邦提单法》中也曾明确规定，签发记名提单的承运人在目的地将货物交付买方时，无须凭单交货，因为记名提单上的收货人栏内标明了特定收货人名称，货物只能由该特定收货人在目的地提取。并且，本案判决是首例经我国台湾地区三级法院裁定认可的大陆法院作出的海事案件判决，对于海峡两岸相互认可和执行民商事裁判的司法实践具有积极的意义。

附　录

1. 我国《海商法》中的"第四节　运输单证"中的有关内容

第七十一条　提单，是指用以证明海上货物运输合同和货物已经由承运人接收或者装船，以及承运人保证据以交付货物的单证。提单中载明的向记名人交付货物，或者按照指示人的指示交付货物，或者向提单持有人交付货物的条款，构成承运人据以交付货物的保证。

第七十二条　货物由承运人接收或者装船后，应托运人的要求，承运人应当签发提单。

提单可以由承运人授权的人签发。提单由载货船舶的船长签发的，视为代表承运人签发。

2.《汉堡规则》中提单的定义

"Bill of lading" means a document which evidences a contract of carriage by sea and the taking over or loading of the goods by the carrier, and by which the carrier undertakes to deliver the goods against surrender of the document. A provision in the document that the goods are to be delivered to the order of a named person, or to order, or to bearer, constitutes such an undertaking.

3.《最高人民法院关于审理无正本提单交付货物案件适用法律若干问题的规定》（法释〔2009〕1号）

为正确审理无正本提单交付货物案件，根据《中华人民共和国海商法》、《中华人民共和国合同法》、《中华人民共和国民法通则》等法律，制定本规定。

第一条　本规定所称正本提单包括记名提单、指示提单和不记名提单。

第二条　承运人违反法律规定，无正本提单交付货物，损害正本提单持有人提单权利的，正本提单持有人可以要求承运人承担由此造成损失的民事责任。

第三条　承运人因无正本提单交付货物造成正本提单持有人损失的，正本提单持有人可以要求承运人承担违约责任，或者承担侵权责任。

正本提单持有人要求承运人承担无正本提单交付货物民事责任的，适用海商法规定；海商法没有规定的，适用其他法律规定。

第四条　承运人因无正本提单交付货物承担民事责任的，不适用海商法第五十六条关于限制赔偿责任的规定。

第五条　提货人凭伪造的提单向承运人提取了货物，持有正本提单的收货人可以要求承运人承担无正本提单交付货物的民事责任。

第六条　承运人因无正本提单交付货物造成正本提单持有人损失的赔偿额，按照货物装船时的价值加运费和保险费计算。

第七条　承运人依照提单载明的卸货港所在地法律规定，必须将承运到港的货物交付给当地海关或者港口当局的，不承担无正本提单交付货物的民事责任。

第八条　承运到港的货物超过法律规定期限无人向海关申报，被海关提取并依法变卖处理，或者法院依法裁定拍卖承运人留置的货物，承运人主张免除交付货物责任的，人民法院应予支持。

第九条　承运人按照记名提单托运人的要求中止运输、返还货物、变更到达地或者将货物交给其他收货人，持有记名提单的收货人要求承运人承担无正本提单交付货物民事责任的，人民法院不予支持。

第十条　承运人签发一式数份正本提单，向最先提交正本提单的人交付货物后，其他持有相同正本提单的人要求承运人承担无正本提单交付货物民事责任的，人民法院不予支持。

第十一条　正本提单持有人可以要求无正本提单交付货物的承运人与无正本提单提取货物的人承担连带赔偿责任。

第十二条　向承运人实际交付货物并持有指示提单的托运人，虽然在正本提单上没有载明其托运人身份，因承运人无正本提单交付货物，要求承运人依据海上货物运输合同承担无正本提单交付货物民事责任的，人民法院应予支持。

第十三条　在承运人未凭正本提单交付货物后，正本提单持有人与无正本提单提取货物的人就货款支付达成协议，在协议款项得不到赔付时，不影响正本提单持有人就其遭受的损失，要求承运人承担无正本提单交付货物的民事责任。

第十四条　正本提单持有人以承运人无正本提单交付货物为由提起的诉讼，适用海商法第二百五十七条的规定，时效期间为一年，自承运人应当交付货物之日起计算。

正本提单持有人以承运人与无正本提单提取货物的人共同实施无正本提单交付货物行为为由提起的侵权诉讼，诉讼时效适用本条前款规定。

第十五条　正本提单持有人以承运人无正本提单交付货物为由提起的诉讼，时效中断适用海商法第二百六十七条的规定。

正本提单持有人以承运人与无正本提单提取货物的人共同实施无正本提单交付货物行为为由提起的侵权诉讼，时效中断适用本条前款规定。

英文案例摘要

Cases on Carriage of Goods by Sea of Evergreen International Storage & Transport Corp

Chi Juan

Abstract: In this case, after signing the sales confirmation, Zhejiang textiles import and export group Co. Ltd., as the seller, dispatched the full set of goods as required and obtained 21 sets of original ocean bills of lading issued by the agent of Evergreen international storage and Transportation Corp. After the goods were shipped, Zhejiang textiles import and export group Co. Ltd. collected the payment through the bank, but due to no payment from the importer, the full set of trade documents, including the bill of lading, were returned by the bank. Firstly, the final judgment of this case confirmed the identity of the shipper of Zhejiang textiles import and export group Co. Ltd. As the original holder of the bill of lading, even if it is not recorded as the shipper by the bill of lading and has not been endorsed by the relevant instructions of the bill of lading, it still has the subject qualification of the shipper. Then it identified the delivery without bill of lading of Evergreen international storage and transportation Co., Ltd. in this case, and ruled that Evergreen international storage and transportation Corp., as the carrier, should bear the liability for delivery without bill of lading to Zhejiang textiles import and export group Co. Ltd.

Key words: Ocean bill of lading   Delivery without bill of lading   Shipper

长荣国际储运股份有限公司海上货物运输合同纠纷案

一、教学目的与用途

本案例适用于国际商务课程体系中国际贸易、国际商法等课程的教学。案例的教学目的是通过学习和讨论真实发生的案例，让学生理解海上货物运输中最重要的单据——海运提单的性质和作用，从而使学生对提单的定义和性质有更深入和更直观的了解和掌握。并且通过对案例的分析，理解和掌握我国法律法规对提单操作的相关规定。

二、启发性思考题

1. 该案例中最实质的问题是什么？
2. 浙江省纺织品进出口集团公司并非海运提单上的托运人，该怎样确定其身份？
3. 对于无单放货，我国法律有何规定？

三、背景信息

2000年7月31日、8月7日，浙江省纺织品进出口集团公司作为卖方与境外的买方签订校服售货确认书。浙江省纺织品进出口集团公司通过华海国际货运有限公司、鸿海国际船务货运公司、上海外联发国际货运有限公司和上海三星国际货运有限公司的依次代理，分批向承运人立荣海运股份有限公司订舱出运，并取得立荣海运股份有限公司代理人签发的21套正本海运提单。21套提单载明的托运人分别为三家国外公司。需要注意的是，在21套正本海运提单上，托运人一栏并不是"浙江省纺织品进出口集团公司",但该公司支付了海运费,托运人立荣海运股份有限公司也确认收到。货物出运后,浙江省纺织品进出口集团公司通过银行托收货款,因无人赎单,全套贸易单证包括提单被银行退回。立荣海运股份有限公司确认在正本提单未收回的情况下将货物交付收货人。

四、案例分析思路及要点

1. 作为一个海上货物运输合同的纠纷案,案件的关键事实是承运人未收回正本海运提单但货物已交付。因此,首先需要找到核心问题所在。

2. 结合国际公约和航运惯例,明确海运提单的性质和作用以及完整的流转过程。

3. 进一步分析,造成本案的根本原因在于无单放货。

4. 另一方面,需明确本案中浙江省纺织品进出口集团公司是否是托运人,是否是卖方造成的问题。

5. 思考在我国什么情况下,无单放货是合法的。

五、理论依据与分析

1. 本案是典型的承运人无单放货案例

无单放货也称无正本提单放货,是指承运人或其代理人等在未收回正本提单的情况下,将提单上载明的货物放给收货人的行为,无单放货行为一旦发生,就意味着卖方将丧失对已发运货物的物权控制,如果发货前没有收回全部货款就面临着钱货两失的巨大风险。凭正本提单交付货物是承运人的合同义务,承运人违反这一义务应向提单持有人承担民事赔偿责任。

2. 明确提单的性质和作用

在国际贸易中,海上运输是使用最为广泛的运输方式,不论采用班轮运输还是租船运输，提单都是最重要的单证之一。提单是承运人或其代理人应托运人要求，在收到货物归其掌管后，签发给托运人的一种单据。我国的《海商法》借鉴了《汉堡规则》中的规定，将其定义为：提单是指一种用以证明海上货物运输合同和货物已由承运人接管或装船，以及承运人据以保证交付货物的单证。

从提单的概念中可以看出，提单有以下的性质和作用：提单是承运人出具的接收货物的收据，证明已收到或接管提单项下所列货物。已装船提单是承运人出具的，证明货物已收到并装上船付运的收据。

提单是海上货物运输合同的证明，当提单与运输合同或承运人、托运人双方的补充协议有冲突时，应以运输合同或补充协议为准。

提单是物权凭证，是收货人提取货物的凭证，也是承运人据以交付货物的凭证。即使是真正的收货人，如果不能递交正本提单，承运人也可以拒绝对其放行货物。也就是说，提单是货物所有权的凭证，谁持有提单，谁就可以提货，船公司交付货物时是"认单不认人"。提单作为一种商业票据，经背书后可以转让，由于提单是物权凭证，转让提单就相当于货物所有权的转让，不过必须是在船舶到达目的港之前才可以转让。提单的每一次转让都代表提单项下货物的转手，提单的受让人成为新的货主，他既可以再次转让提单，也可以抵押提单作为短期资金融通。

3. 明确提单的流通程序

提单在不同的支付方式和贸易术语项下，可能流通程序会稍有不同，以信用证支付方式下采用 CIF 贸易术语为例，提单的流通大致要经过以下环节：出口商根据贸易合同中约定的交货时间、交货地点、货物数量与班轮运输公司预订舱位，办理相关手续；出口商在运输合同规定的时间、地点将货物交付给承运人，承运人监督货物装船后，签发大副收据（也叫收货单），出口商凭借大副收据在承运人的代理人处换取已装船提单；出口商取得已装船提单后，手持提单和信用证要求的其他单据到议付行议付，出口商转让提单给议付行，同时提前收到货款，接着，议付行凭借提单等单据向开证行要求付款，开证行审单无误后支付货款给议付行并取得提单；开证行通知进口商单证已到，要求进口商支付货款，进口商支付货款后取得提单；进口商凭正本提单向承运人换取提货单，正本提单由承运人收回，提单的整个流转过程就完成了。

4. 分析承运人无单放货的原因

造成无单放货可能有多种原因，比如承运人代理在储存、保管、交付货物中，由于某种原因未凭正本提单将货物交给收货人；或者在有关国家或地区规定记名提单不需要凭正本提单提货的情况下，货物被交给收货人；又或因政府或主要部门的行为、检疫限制或者司法扣押的原因，而导致无单放货。

总结起来，可以概括为以下三方面：一是国际航运水平提高，提单滞后于货物到达目的港造成无单放货。二是外贸实践中，由于个别国家目的港海关及港务部门的特殊规定而造成的无单放货。三是涉嫌欺诈的无单放货，比如 FOB 术语下，个别买方与其指定货代互相勾结，共谋损害卖方利益的违法违规行为。

5. 无单放货的例外

凭正本提单交付货物是承运人的合同义务，承运人违反这一义务应向提单持有人承担民事赔偿责任。承运人或其代理未经托运人指示，未凭正本提单将货物交给收货入必须承担赔偿责任。

而另一方面，我国《最高人民法院关于审理无正本提单交付货物案件适用法律若干问题的规定》第七条规定"承运人依照提单载明的卸货港所在地法律规定，必须将承运到港的货物交付给当地海关或者港口当局的，不承担无正本提单提货交付货物的民事责任"，这是无单放货案件中承运人不承担责任的唯一例外情况。但在司法实践中，在无单放货事实成立的前提下，承运人以该条款作为抗辩理由获得中国法院支持的案例鲜有发生。例如，宁波凯越公司与上海飞艺达公司的无单放货诉讼案就一波三折，最终最高人民法院判决承运人飞艺达公司要赔偿凯越公司由此造成的货款损失。

案件发生在 2008 年 5 月 16 日，宁波凯越公司与秘鲁 Cubita Import

S. A. C. 公司签订一份货物买卖合同。同年 6 月 24 日，凯越公司委托上海飞艺达公司办理该批货物去秘鲁卡亚俄港的出运手续，飞艺达公司接受委托，向凯越公司签发并交付了编号为 FDNBSE0807054 的格式提单。货物于同年 8 月 14 日装船出运，于同年 9 月 19 日抵达目的港。收货人没有支付货款，但凯越公司经调查得知提单下货物已经被提走，涉案集装箱 2009 年 8 月 25 日已投入其他航次营运。凯越公司仍持有全套正本提单。2009 年 9 月 10 日，凯越公司起诉至宁波海事法院，称本案货物运抵目的港后被告无单放行，造成原告失去货物控制权，无法收回货款，故请求法院判令被告赔偿原告货损 70330.80 美元及利息。凯越公司提供了集装箱流转记录来证明货物已经被放掉。飞艺达公司辩称依据目的港法律规定将货物交付目的港海关即完成交付，即便其后货物被放行也与其无关。

宁波海事法院一审认定：原被告双方运输合同关系成立，凯越公司已经提供了集装箱流转记录作为初步证据来证明飞艺达实施无单放货；飞艺达公司抗辩其依据目的港法律交付货物给目的港海关即完成交付货物的理由和证据不充分，不予支持，判决飞艺达公司赔偿凯越公司由此造成的货款损失。

飞艺达公司不服一审判决，上诉至浙江省高级人民法院，称仅以集装箱流转记录证明货物放行系认定事实错误，另行提供了目的港 Sakj Depot S. A. C. 仓储站出具的货物入库文件作为证明，证明货物仍存放于仓库，从未放行，请求二审法院撤销一审判决。二审法院经过审理认定：对凯越公司提供的从承运人网站下载的表明集装箱空箱流转信息的证据，认为其不符合证据的形式要件和事实要件，不予认定。对飞艺达公司提供的 Sakj Depot S. A. C. 仓储站的进仓单，可证货物按纸板箱状态存放在该仓储站，认定飞艺达公司完成"货物仍在仓库"的举证责任。凯越公司无其他证据证明货物已经被放行，也认可从未去提货，应承担不利后果。由于货物本身存放在海关授权监管的仓储站，即使有货损，飞艺达公司也不承担赔偿责任。因此，二审法院判决撤销一审判决，驳回凯越公司的诉讼请求。

凯越公司不服二审判决，向最高人民法院申请再审称：（1）有新证据证明货物已经在目的港无单放货给收货人。目的港 Sakj Depot S. A. C. 仓储站出具的证明信函和提货报告证明，涉案提单货物已于 2008 年 10 月 7 日被收货人 Cubita Import S. A. C. 从仓储站提走；（2）二审判决关于货物还在目的港仓库未被放行的事实认定缺乏证据证明，凯越公司从承运人网站下载的集装箱流转信息是公开信息，未办理公证手续的形式瑕疵不应否定集装箱已经流转、飞艺达公司无单放货的基本事实，目的港 Sakj Depot S. A. C. 仓储站进仓单仅仅是货物抵达目的港时的入库文件，不能反映货物的持续状态，不能证明其后货物仍在该仓储站；（3）飞艺达公司没有尽到外国法查明义务，未能证明其是依据目的港的强制性法律将货物交付给目的港海关或港口当局。

最高人民法院经再审听证认定二审判决确有错误，指令浙江省高级人民法院再审。浙江省高级人民法院最终认定如下：凯越公司提交目的港 Sakj Depot S. A. C. 仓储站出具的证明信函和提货报告，履行了公证认证手续，形式真实性可予确认。该证据可证明凯越公司主张的涉案货物已于 2008 年 10 月 7 日被提取的事实。对于飞艺达公司主张的，其依据目的港强制性法律规定交付货物给当地海关监管的仓库，因从飞艺达公司提交的秘鲁相关法律规定的具体内容看，只是强调海关对于货物进出和装卸环节的监管责任，并不能说明秘鲁法律有"必须将承运到港的货物交付当地海关或者港口当局"的强制性规定，因此，飞艺达公司不能解除其交货义务。综上，判决撤销二审判决，维持一审判决。

本案中，飞艺达公司认为其依据《最高人民法院关于无单放货案件的规定》中第七条的相关规定，可以免责。但是，根据飞艺达公司提交的秘鲁相关法律，其具体内容并未反映出秘鲁法院有必须将承运到港的货物交付当地海关或者港口当局的强制性规定。因此，飞艺达公司不能依据《最高人民法院关于无单放货案件的规定》第七条免除其无单放货应承担的民事责任，应对发货方凯越公司承担赔偿责任。对这个相关案例的深入分析，有助于整体理解无单放货纠纷案件的处理和责任认定。

六、教学组织方式

本案例可以作为专门的案例讨论课来进行。整个案例课的课堂时间一般在 80~90 分钟。

1. 课前计划：提出问题，何为无单放货？为什么会出现无单放货？请学生在课前完成阅读和初步思考。

2. 课中计划：

简要的课堂前言，回顾并总结提单的定义、性质和作用（5分钟）。

分组讨论（30分钟）。

告知发言要求，进行小组发言（每组5分钟，控制在30分钟）。

引导全班进一步讨论，并进行归纳总结（15~20分钟）。

华为如何突破美国芯片断供之困局

韩景华　叶鑫鹏　祁中骄　任少云　郑汉　杨家坤*

摘　要：本案例描述了在中美贸易战中美国针对华为芯片断供的始末以及芯片断供后华为的现状，进一步分析芯片断供的主要原因是：通过限制华为的发展来打击我国高科技产业的发展，华为所研究的底层技术严重触及了美国拥有世界霸权并支配别国的底线。此外，针对美方采取的措施，本文对于华为如何突破目前的困局也给出了相应的建议：一是自行研发芯片生产技术，二是互设壁垒，三是拓宽货源。

关键词：中美贸易战　华为　芯片断供

1. 引言

　　美国在本轮贸易战中增加了对中国高科技通信公司华为的芯片制裁，其表面上给出了的原因是华为违反美国的《伊朗交易与制裁条例》，背后的深层次原因是美国霸权主义的体现。美国霸权主义不只是体现在军事层面，更是体现在其谋求科技领域的全球霸权。自二十世纪以来，美国通过各种手段打压在科技领域超越自己的他国企业屡见不鲜，现今华为在 5G 通信领域的异军突起让美国坐立不安。芯片作为通信领域的核心器件是长

---

* 韩景华，北京第二外国语学院经济学院教授；叶鑫鹏、祁中骄、任少云，北京第二外国语学院经济学院国际商务专业硕士研究生；郑汉、杨家坤，北京第二外国语学院经济学院国际贸易学专业硕士研究生。

期的资本投资产物，很难在短时间内一蹴而就，显然这次芯片断供对华为的打击是巨大的。面对美国的制裁，怀柔政策与退让政策显然是不可行的，在对本次制裁的全面认知的基础上，我们应该采取自行研发、互设壁垒、拓宽货源这三种措施来应对此次危机。

2. 相关背景

2018 年 3 月 22 日，美国总统特朗普在白宫正式签署针对中国的总统备忘录，同时宣称基于 301 调查将对从中国进口的大多数商品征收高额关税，对中资企业采取限制行动。6 月 15 日，美国政府公布加征关税的商品名单。次日，中方对此进行回击，宣布了对从美国进口的商品进行加收关税的名单，中美贸易战正式爆发。

3. 华为芯片断供的始末及现状

3.1 华为芯片断供的始末

中美贸易战的爆发，让作为通信行业的龙头企业华为遭受到了制裁。在此之前，美国政府也多次对华为公司进行了打压，华为在美国的多次收购计划被美国政府以国家安全的理由不予通过或者进行阻挠。更有甚者，在华为完成对美国科技公司 3Leaf 公司的收购后，美国外国投资委员会（CFIUS）又一次以国家安全为由建议双方终止交易。迫于美国政府的压力，华为不得不放弃收购 3Leaf 公司。美国政府对于华为的限制还有很多措施，所以此次贸易战再次针对华为进行制裁也是意料之中。

2018 年 1 月初，美国政府就开始对华为采取了相应的限制措施。2017年年末华为与美国第一大运营商 AT&T 谈好合作，将在美国出售华为的最新机型，2018 年 1 月，由于美国政府的干预，合作计划流产。3 月 22 日，美国电子产品零售商百思买（Best Buy）也决定将不再销售华为手机。5月 3 日，美国国防部禁止在美国军事基地零售店出售华为手机。12 月 1日，在美国的授意下，加拿大以金融欺诈为由对华为首席财务官孟晚舟实施逮捕。2019 年上半年，在美国政府的要求下，意大利、德国、英国等相继采取了一定的限制措施。2019 年至 2020 年，美国相继对华为实施了两轮制裁，2019 年 5 月 15 日，美国正式开启了对华为的第一轮制裁，美国总统特朗普以国家安全为由签署一份紧急状态的行政命令——《保障信息与通信技术及服务供应链安全》，禁止美国企业使用对国家安全产生风险的企业生产的设备。随后，美国商务部把华为及其 70 家附属公司列入"实体名单"，正式将华为封杀。5 月 20 日，谷歌也暂停与华为的合作，华为手机不再预装谷歌服务的软件，这对于拓展国际市场的华为手机来说是非常严重的打击，严重阻碍了华为手机在国际市场进军的步伐。2019 年 8 月 19 日，美国实行第二轮制裁，美国商务部修改实体名单，再将 46 家华为附属公司增加到实体名单。11 月 22 日，美国联邦通讯委员会（FCC）提议禁止相关公司购买华为设备使用通用服务基金补贴，在《联邦公报》上发布后生效。

进入 2020 年，美国政府对于华为的制裁变本加厉。2020 年 5 月 15 日，美国进行了第三轮制裁，该轮制裁直接打击华为芯片生产，美国商务部工业与安全局公布了一项改变出口管制条例计划，提出将对华为及其芯片研发公司海思在使用美国商务部管制清单内的软件和技术所生产的产品进行管制。此外，对于在美国之外注册的生产商（例如台积电、三星），若要为华为和海思进行代工生产管制清单内的产品，也必须要得到美国政府的许可方能进行生产。考虑到芯片生产的流程，美国给予各家公司 120 天的缓冲时间，即在 9 月 14 日之后禁令限制开始生效，各家厂商便不能为华为及其子公司进行代工，这项禁令对于华为手机业务无疑是致命性的打击。

华为的核心优势是芯片的设计，目前市面上最成功、由我国独立设计的芯片就是由华为旗下的海思进行研发设计的麒麟芯片。华为在 2004 年创立海思半导体公司，其前身是华为集成电路设计中心。海思在 2009 年就发布了第一款自主设计的手机芯片，在手机芯片的发展中由落后到成为与高通匹敌的芯片公司，经历了无数次的大风大浪，而在海思芯片正处于快速发展的时刻，却因美国政府的一纸禁令而无法投入生产，这将给华为消费者业务带来极大的伤害，对于研发人员也是一种挫伤，华为的消费者业务将何去何从对于华为来说也将是一个极大的难题。此项禁令一出，华为也紧急向台积电追加大量的芯片订单，同时也积极联系芯片厂商联发科进行合作，进行芯片储备。

2020 年 8 月 17 日，美国商务部工业与安全局进一步升级对华为的限制，发布了针对华为的修订版禁令，即第四轮制裁。此次禁令扩大了产品的限制范围，除了对半导体和集成电路的限制，禁令对华为使用通过美国的技术和软件生产的任何产品都进行了限制。如果参与这些产品交易的买方、中间收货人、最终客户是华为或者华为子公司，必须要得到美国政府的许可，否则是被禁止的。这就意味着华为芯片的供应进一步被限制，之前华为打算通过购买其他芯片厂商产品缓解芯片紧张的计划也受到了阻挠，这对于处于困境中的华为来说无疑是雪上加霜，手机业务恐遭毁灭性的冲击。2020 年 9 月 15 日，随着美国政府禁令的生效，台积电等芯片制造厂商不得再代工华为的海思麒麟芯片，海思芯片的下一次生产时间我们不得而知。

3.2 华为芯片断供后的现状

美国政府对华为的制裁，主要是对于华为芯片的制裁，使得华为的手机业务受到极大的挫伤。2020 第一季度年华为手机在国内的出货量为 3010 万台，占据国内市场的 41%，在手机厂商中排名第一。到了 2021 年第一季度，国内的高端市场被苹果分走，中低端市场陆续被小米、vivo 和 OPPO 抢占，华为手机的出货量下降到 1490 万台，仅占据国内市场的 16%，在手机厂商中排名第四。由于芯片断供再加上谷歌对华为停止提供服务，华为在全球手机市场上受到的影响更加剧烈。在 2020 年第一季度时，华为已成为仅次于三星的全球第二大出货量的手机厂家，在全球的出货量为 4900 万台，占据全球市场的 18%；但是到了 2021 第一季度，华为的全球出货量已经被挤出了前五。

面对美国政府的连续严厉的打压，华为也采取了相应的措施。首先，为了自己的子品牌——荣耀能够延续下去，缓解芯片压力，华为决定将荣耀整体打包出售，且不占股不经营。其次，在芯片断供之后，华为创始人任正非走访多所名校，建立校企合作，并积极投资半导体企业，这无疑是想从根源解决芯片制造问题。但目前来看，我国芯片制造技术在国际上还是比较落后的，暂时无法制造出手机所需要的芯片，对我国芯片制造企业来说任重而道远。最后，华为也宣布要聚焦战略重点，收缩作战面，同时打造自己的生态。

4. 芯片断供的原因

美国对华为的芯片断供，直接来看是美国对华为制裁的不断升级的结果。而美国之所以对华为实施制裁并且一再升级，直接原因是美国认为华为违反了美国相关的法律规定。具体来说，美国禁止把本国高科技及高科技产品转卖或应用到被美国禁止出售的国家，所有参与原产于美国的商品、软件、技术和服务交易的个人和实体必须密切关注和遵守美国制裁与出口管制法律，一旦违反，将导致非常严厉的刑事或民事惩罚。根据《美国出口管制法案》，任何公司向古巴、伊朗、叙利亚、朝鲜和苏丹五大禁运国直接或间接出口管制产品都必须申请出口许可证，如果违反管制法规，公司有可能受到以下三种严重处罚：（1）高额民事赔偿；（2）高管被判监禁；（3）公司被列入黑名单，一定时期内不能购买美国产品。

美国这一法律适用于所有与美国签订商业合同的公司，华为与美国之间签署的商业合同自然也包含上述法律条款。所以美国以华为违反美国《伊朗交易与制裁条例》为理由对华为发起了制裁。具体过程如下：

美国在进行调查中发现 skycom 公司与美国禁运国伊朗的合作项目中应用了部分美国的高科技产品，在进一步调查中发现 skycom 公司和伊朗间的交易是通过汇丰银行进行的，于是将汇丰银行定义为违反了美国禁止与伊朗进行军事项目的账目往来的限制。汇丰银行表示并不知情，透露 skycom 公司隐瞒了最终用户的真实情况，并把责任全部推给了 skycom 公司，于是 skycom 公司就被美国政府定义为"欺诈金融机构"，欺诈金融机构在美国视为联邦重罪，最高会被判处 30 年监禁。美国认为 skycom 公司和华为其实是一家公司，而孟晚舟则是 skycom 公司的股东和实际控制人，又由于加拿大和美国之间之前是签署了引渡条约，于是在得知孟晚舟去墨西哥的航班正好途经加拿大，就对孟晚舟实行了逮捕，然后由加拿大引渡到美国，之后美国就针对这件事对华为芯片进行全面的制裁。此外，美国认为华为创始人任正非先生有从军履历，因此将华为定义为有军方背景的企业。加之通信行业本来就是涉及隐私的敏感行业，所以美国出于国家安全考虑对华为实施芯片制裁。

　　透过直接原因，我们会发现美国针对华为的制裁存在着很多的疑点。首先，就是对于违反美国《伊朗交易与制裁条例》的处罚程度和范围都已经超出了相关的处罚规定。其次，美国对于华为手机威胁美国国家安全的指控并没有拿出实际的证据。因此说，欲加之罪何患无辞，美国强行对华为扣帽子，对华为进行制裁并没有那么简单。美国断供芯片的真实意图需要做进一步的分析。

　　想理解为何断供？需要先了解此次被制裁的对象——华为。我们熟知华为的主要业务是来源于它的手机业务，实际上华为不仅仅是一家手机厂商，还是世界一流信息与通信技术公司，也是最大的通信设备商，其电信运营业务和通信设备业务等非手机业务占据了其营收的三分之二。可以说，华为就是我国在通信产业自主发展的一个缩影，对华为制裁实际上就是在打击中国的通信产业。德国思想家弗里德里希·李斯特在他的著作《政治经济学的国民经济体系》中举过一个"抽梯子"的例子，大体讲的是"当一个人登上高峰后，就会把身后的梯子一脚踢开，以免别人跟上来"。这个例子很适合当下美国对华为的芯片断供制裁。事实上，通过限制巨头公司的发展来打击某国家的某个行业已经是美国的老套路了，其思路就是攻击单个高科技公司或者企业，通过联合其他国家或者产业中的其他公司对目标企业实行打击、限制和制裁，直至对方的高科技企业在国际竞争中失去优势。比如 20 世纪 80 年代美日摩擦激烈的时候，美国也是以东芝违反"巴统"禁令向苏联出口了几台机床为由强行限定日本在美国的半导体市场份额，对日本半导体企业实行一系列的限制措施，日本被迫签订一系列协议，如《半导体协议》《新半导体协议》等。就在日本半导体企业自顾不暇的时候，美国照搬了日本的研发模式——由政府牵头，14 家厂商组成"美国半导体制造技术战略联盟"。在一家独大的形势下，技术短板很快被补上了。1992 年，美国本土公司重新夺回了半导体行业的全球市场，在日本的份额也达到了 20%。再比如"301 调查"，以及这两年比较受关注的在《美国陷阱》里揭露的，美国利用《反海外腐败法》对西门子、法国兴业银行、松下等等大厂开天价罚款，威逼利诱收购了阿尔斯通等一系列外国战略重点行业的大公司。2013 年 4 月，在纽约机场对法国阿尔斯通高管皮耶鲁齐进行逮捕。随后便是美国司法部指控阿尔斯通涉嫌贿赂，进行罚款 7.72 亿美元。皮耶鲁齐被美国人关在监狱里好几年，一直关到阿尔斯通的电力业务被美国通用电气收购。以至于这个横跨全世界电力、能源、轨道交通领域的法国巨头企业，最终被美国肢解。

可以发现，美国针对华为的制裁实际上反映出的是美国对中国通信技术产业的制裁，而对芯片的限制则是制裁整个产业链的有力手段。因为通信产业的基础就是通信设备，通信设备产品中列装了大量的芯片，基站中使用的芯片种类包括 DSP、FPGA、ASIC、光纤接口芯片，服务器使用 CPU、以太网芯片，手机芯片包括系统芯片 SOC（集成 CPU、GPU 等）。如果说石油是现代工业的心脏，那么芯片就是通信技术设备的心脏。美国希望通过限制芯片产业链的供应来阻碍中国通信技术产业的发展速度。

科技是第一生产力，也是国家发展的重要因素。随着电力技术和信息技术的发展与成熟，人类社会即将进入智能化时代，也将迎来信息技术促进产业变革的第四次工业革命，谁能够建立新一代信息技术的优势，谁就能在未来全球价值链中占据主导权，而通信技术作为信息技术的重要支柱，美国极力阻碍中国通信产业的发展，本质上就是阻碍中国信息技术的发展，进而阻碍中国生产力的发展。而华为作为第五代通信技术的实践者，早在 2016 年 11 月 17 日，它的极化码方案就在国际无线标准化机构无线物理层 87 次会议上被通过成为 5G 的最终方案，5G 时代拉开帷幕，华为也成了 5G 标准的主导者之一。华为作为全球领先的信息与通信技术解决方案供应商，其 5G 通信技术走在世界的前面，其 5G 专利占整个 5G 专利的 20% 以上，任何使用 5G 技术的国家都很难绕开华为的技术专利。华为做的不仅仅是终端设备，其重点已经涉及底层技术上面，这些底层技术具有重要的战略意义。美国司法部长威廉·巴尔在"中国行动计划会议"上提到："5G 技术处于正在形成的未来技术和工业世界的中心。中国已经在 5G 领域建立了领先地位，占据了全球基础设施市场的 40%。这是历史上第一次，美国没有引领下一个科技时代。"美国不甘心接受中国在 5G 领域的优势，于是选择对华为进行打压。

无论是对华为的芯片断供，还是对中国产业升级的阻碍，这都是美国国家资本垄断主义的集中体现。从马克思主义政治经济学角度分析：当代西方工业通过分工的细化、规模的扩大以及管理的创新，进一步降低了产品的生产成本。通过在科技领域的持续发力，西方国家在很多行业上实现了生产的垄断，形成大型垄断企业。垄断企业凭借它们对某些产品生产和销售的控制，通过规定垄断价格，加强对无产阶级和其他劳动人民的剥削以及对非垄断的中小企业利润的侵占，比较长期地获得超过平均利润的高额利润，即垄断利润。在国家垄断资本主义条件下，国家作为社会生产中的总资本家首先是为垄断资产阶级的利益服务。垄断资本和国家政权相结合，进一步加强了对内剥削和对外掠夺，使垄断利润有了更多的保证。垄断条件下的竞争除了采取各种形式的经济手段外，还采取非经济的手段，使竞争变得更加复杂、激烈。孟晚舟事件就是典型的非常规竞争手段，以美国为首的财团为了保持自身在高科技行业的垄断优势，继续在全世界攫取垄断利润，不惜采用非常规手段强行扣押华为高管，拖延华为的发展进程，这就是典型的国家垄断资本主义行径。

美国这种模式的国家垄断资本主义本质上是霸权主义，在全球化的时代背景下，美国利用货币、科技以及军事霸权不断地收割全世界的财富。它们的发展方式不再是以发展自己内部生产力为核心，而是靠军事或者政治手段牵制他国发展以此来获得利益。美国把直接的军事侵略变成打着援助、为了和平的幌子的军事行动和所谓的经济制裁。从战略角度上看，美国称霸世界的核心逻辑首先是全球领先的科学技术，其次是它的美元金融体系，最后是强大的军事实力。因此美国不可能让在 5G 通信领域处于领先的中国公司出现。5G 技术不仅会引领新一代的科技变革，也会在金融、军事领域得到全面的深化应用。一旦中国实现了 5G 的弯道超车，美国的世界霸权将会受到严重冲击。所以美国对华为芯片的断供看似是国家对于企业的制裁打压，实际上是中美之间大国博弈的一个缩影，是美国想要维持世界霸权、对中国发展进行全面战略性遏制的一个方面。

5. 措施

5.1　厘清问题

目前，华为在国际市场上受到的打压主要来自两个方面：其一，以控制其市场份额为目的的贸易战；其二，以彻底打击其生产过程中难以自行研发的关键环节为目的的技术战。其中，我们首先需要解决的是技术战问题，因为这种技术限制通过限制关键性的技术出口与并购阻止了中国在信息技术领域实现技术赶超。

我们在思考应对措施之前需要厘清几个问题：

5.1.1 美国发动技术战的坚决性

国际关系中最为核心的元素就是权力，权力本身及其分配是国际关系运转的最基本法则。对此，现实主义国际关系理论家约翰·米尔斯海默（John J. Alzheimer）曾有经典名言："权力是大国政治的货币，国家为之争斗。权力对于国际关系的意义正如货币之于经济学。"随着时代的变迁，一些传统要素，例如土地、军队数量等在构成国际权力的内容地位已经下降，而一些新兴的要素，例如技术水平、知识体系、金融体系等会成为国际政治权力的主要内容。而始于 2018 年的中美经济竞争，正是围绕着技术展开的，美国为此不惜打破其亲手参与建立的全球化经济格局，通过双输的方式打击竞争对手，正是其政治逻辑压倒经济逻辑的一种证明。我们可以从中得到一种讯息：美国此次的行动并不是想要打击一个特定的企业或是行业，而是想要打击一个国家的整体高科技产业或者说是希望阻止一个新兴大国的崛起。

5.1.2 怀柔政策与退让政策的不可行

华为在网络运营的方面具有十分扎实的基本盘，很多人认为华为可以通过收缩产业的方式，回到运营商与网络业务领域进行深耕，以图东山再起——这是断不可行的。中国的通信产业在这个问题上没有退避的余地。美国不只是针对华为，华为受到足以使其退出市场的打击后，美国会将其矛头对准下一个有可能在国际市场上挑战其领域霸权的中国企业。因此，破局的关键点不在于如何保存实力，等待美国制裁的平息，而是找到突破口，彻底解决芯片供应的问题。

5.2 解决措施

解决措施主要分为三点：

5.2.1 自行研发

自行研发芯片是华为目前来看最为理想化的选择，自行研发芯片意味着对于外界最低的依赖性，而全自主的设计与生产线也意味着在国际化竞争中彻底站稳了脚跟。但是自行研发面临几个较为重要的问题，其中较为重要的是光刻机、光刻胶与整个产业链的发展问题。

光刻机是半导体与芯片制造业里最为精密、也最具科技含量的器械之一。光刻机的原理是利用光刻机发出的光，通过具有图形的光罩，对涂有光刻胶的图片曝光，光刻胶见光后会发生性质变化，使光罩上的图形复印到薄片上，从而让薄片具有电子线路图的作用。光刻机刻的不是照片，而是电路图和其他电子元件。光刻是制造芯片的最关键技术。

目前世界上并没有一个国家或企业能够有能力独立制造光刻机，例如荷兰 ASML 公司制造的光刻机，其光学设备来自日本，轴承生产被承包给了瑞典，阀组件来自法国，机械结构设计与镜头来自德国，而整体的拼装技术来自台湾地区的台积电。正是由于光刻机的生产极其复杂，研究周期极长，需要多国在其擅长的领域进行行业协作才能完成。因此，西方国家才能使用这种方式来限制中国企业的生产与研发。

目前，在中国国内较为先进的华为公司已研发出 7nm 的芯片，但是距离国际先进水平还有一段距离，其他产业，比如上海微电子公司有望在 2 年内实现 28nm~22nm 芯片生产技术，10 年内实现 22nm~7nm 的芯片生产技术。可以看出，当来自国外的芯片断供后，华为较难维持在世界高端手机市场上的份额。但是如果研发顺利，拓宽国内采购渠道，满足中端水平的芯片供应，那么国际中端手机市场可以成为一个较好的立足点。

5.2.2　互设壁垒

美国使用贸易壁垒的策略，从产品源头上设置障碍来阻碍华为的发展及中国信息行业的技术革新。而中国也可以采用相同的手段，运用技术准入壁垒或者市场管控的手段打压美国同类型企业，起到相互制约的作用。制约手段主要有两种：技术壁垒和市场准入。

（1）技术壁垒

中国可以对美国产品在中国市场的流通设置技术壁垒。这种方案的好处是收益高，见效快并且缺乏反制手段，回避了分配不合理与歧视的问题；难点是我们需要几项能够进入世界领先水平、占有国际市场一定份额且由中国独有的技术。现今华为研发的"麒麟"芯片技术已经步入了世界前列，但仍然无法作为其独有的优势，成为设置技术壁垒的条件。随着人类逐渐步入信息时代，技术已经成为大国政治权力的核心来源。在如今中美贸易争端加剧的大背景下，美国对华技术政策更是呈现出通过霸权主义集中打击信息产业升级的特点。在这种形势下，完成技术进步与升级更加困难。自 21 世纪初以来，华为大规模聘用俄罗斯技术研发人员进行芯片的升级与研发，至今其技术水平与研发经验已经得到了初步的积累，我们应当期待其在这些方面的更多表现。

（2）市场准入

可以用关税壁垒与市场准入配额的方式打击美国相关产业，这种措施的优点是门槛低，无前置条件，打击力度大。自 2009 年以来，美国所采取的适用于我国出口的 21 类限制性贸易壁垒中，采购本土化壁垒位列第二，关税壁垒位列第一。我国受到总体关税壁垒影响而降低的出口总值超过了本土化壁垒所造成的出口损失，这证明了关税壁垒的施行是卓有成效的，我们也可以运用这种方法对美国相关产业进行制裁。而采购本土化壁垒虽然没有关税壁垒这样效果明显，但是其更加"名正言顺"的特点可以让其在更多条件下被使用，收效更加稳定，使用更加灵活。

虽然设置贸易壁垒是一种较为强有力的反制手段，但设置壁垒这种措施只有在彻底打击到美国相关产业的时候才会使美国降低对华为等中方企业的制裁。在这个过程中，美国政府本身对行业与企业的扶持与补贴也必须被考虑在内。所以设置贸易壁垒具有见效慢、投入高、加剧"双损"的缺点。

5.2.3 拓宽货源

芯片行业研发成本高。如果要一家企业独自承担研发与制造的成本，那么其开发成本往往是不可控制的。所以如果排除来自美国的货源，与其他国产厂商和其他友商共同承担研发与制造的成本可以有效减轻企业的压力，也可以共同分享更大的收益。

华为和主要的友商 ICT 企业，包括诺基亚、爱立信、高通、北电、西门子、埃尔卡特、三星等累计共同拥有 100 多份的专利许可，其中分为单项许可与交叉许可，相互可以以付费的方式来使用对方的专利。这样华为相当于在全世界范围内拥有了一个规模庞大的专利库，是极为珍贵的技术资源。

中国台湾的台积电公司是世界上首屈一指的芯片制造公司，台积电 30 年来专注生产芯片、计算机产品、通信产品、半导体元件等，具有极强的自主研发能力，曾入选福布斯全球数字经济 100 强。华为与台积电集团曾就多领域进行了广泛与深入的合作，在华为芯片断供的情况下，该公司有能力继续负责参与华为芯片的开发与制造业务。但是由于台积电集团美方控股百分比达到 49%，在未来美方的不断施压下，该集团可能会放弃一大部分与华为的合作业务，那么华为就只能寻求与中端芯片制造厂商合作。芯片行业前期巨大的成本由国内的新产业链承担，美方的制裁相当于宣布华为无法进入西方主流的研发制造产业链，这里可以寻求国内相似公司共同形成新产业链来解决这个问题。

美国对于华为的制裁不只是对一家企业的制裁，而是一次对中国新兴技术产业的彻底的、双输的、不计成本的打击。我们可以通过自行研发、互设壁垒、拓宽货源等措施来进行应对，但无论采取哪种措施，其经济斗争过程都是艰难的，都会产生巨大损失。一方面是由于中国新兴技术产业虽然在过去十年中蒸蒸日上，在世界市场上占据越来越多的份额，但是并没有处于世界前列，许多关键性技术掌握在西方国家手里。另一方面是由于美国对于其霸权主义在世界市场上的投射，使这次制裁已经超出了单纯的经济范围，进入了政治的范围。而中国企业的发展道路还很长，需要更多的资金、更高的技术水平、更多的专业性人才，还要有必不可少的应对经济持久战的心理准备与毅力。

英文案例摘要

How does Huawei Break through the Dilemma of Chip Shortage from the United States

Han Jinghua   Ye Xinpeng   Qi Zhongjiao
Ren Shaoyun   Zheng Han   Yang Jiakun

Abstract: This case describes the whole story of the US's chip outage against Huawei in the Sino-US trade war and the current situation of Huawei after the chip outage. It further analyzes the main reasons for the chip outage: by limiting Huawei's development, the US could combat the development of China's high-tech industry, as the bottom technology studied by Huawei has seriously touched the bottom line of the United States, which has world technology hegemony and dominates other countries for a long time. In addition, in view of the measures taken by the US side, this paper also gives corresponding suggestions on how Huawei can break through the current predicament: firstly, Huawei should develop its own chip production technology; secondly, China could set up barriers to the US; Thirdly, Huawei should broad source of goods.

Key words: Sino-US trade war   Huawei   Chip supply cut

案例使用说明

华为如何突破美国芯片断供之困局

一、教学目的与用途

1. 本案例主要适用于国际贸易学课程，也适用于国际经济学、国际经济合作。

2. 教学目的：本案例以华为公司因受到美国制裁而陷入芯片断供的困境为主线，通过对案例的分析和讨论，学生可了解掌握以下三方面的内容。

（1）了解贸易保护政策产生的动因和可能采取的方式；

（2）了解中美贸易关系对其他国家的影响；

（3）了解企业面对生产危机时可能采取的策略。

二、启发性思考题

1. 华为面临怎样的发展困境？

2. 美国为何会制裁华为？为了制裁华为美国采取了哪些手段？

3. 为摆脱困境，华为采取了怎样的措施？你如何看待这些做法？

4. 面对这一两难的局面你认为华为该如何决策？

三、背景信息

1.《瓦森纳协定》

随着苏联 1991 年解体，1994 年 4 月 1 日，"巴黎统筹委员会"（简称"巴统"）正式宣告解散。冷战结束后，包括"巴统"17 国在内的 28 个国家于 1995 年 9 月在荷兰瓦森纳召开高官会议，决定加快建立常规武器和双用途物资及技术出口控制机制，弥补现行大规模杀伤性武器及其运载工作控制机制的不足。在美国的操纵下，1996 年 7 月，以西方国家为主的 33 个国家在奥地利维也纳签署了《瓦森纳协定》，决定从 1996 年 11 月 1 日起实施新的控制清单和信息交换规则。与"巴统"一样，《瓦森纳协定》同样包含两份控制清单：一份是军民两用商品和技术清单，涵盖了先进材料、材料处理、电子器件、计算机、电信与信息安全、传感与激光、导航与航空电子仪器、船舶与海事设备、推进系统等 9 大类；另一份是军品清单，涵盖了各类武器弹药、设备及作战平台等共 22 类。中国同样在被禁运国家之列。《瓦森纳协定》虽然允许成员国在自愿的基础上对各自的技术出口实施控制，但是实际上成员国在重要的技术出口决策上受到美国的影响。中国、伊朗、利比亚等均在这个被限制的国家名单之中。

《瓦森纳协定》严重影响着我国与其成员国之间开展的高技术国际合作。在中美高技术合作方面，美国总是从其全球安全战略考虑，并以出口限制政策为借口，严格限制高技术向我国出口。中美两国虽然在能源、环境、可持续发展等领域科技合作比较活跃，但是在航空、航天、信息、生物技术等高技术领域几乎没有合作。

中欧高技术合作受制于美国。由于美国是全球唯一的超级大国，欧盟及其成员国在各方面都会受制于美国，特别是在中欧高技术领域的合作，而《瓦森纳协定》正是欧美共同战略利益和政治理念的鲜明体现。2004年，捷克政府曾批准捷克武器出口公司向我国出售 10 部总价值为 5570 万美元的"维拉"雷达系统，但在美国的压力下，取消了这一合同。2006年，我国与意大利阿莱尼亚空间公司曾签署了发射意大利卫星的合作协议，但由于美国的干预，意方不惜经济和信誉损失而最终取消了合作协议。

2. 中国芯片供应链

中国是世界上唯一一个拥有芯片完整供应链的国家。我国的芯片供应链虽然完整，但是在高端领域的竞争力明显不足，特别在高端光刻机和系统架构上被严重卡了脖子。

　　光刻机如字面意思，它是芯片生产过程中重要的灵魂部分。"光刻"的意思是用光来制作一个图形，而"光刻"是通过光刻机来实现的。光刻机可以简单地理解为一种用紫外线在硅片、石墨烯等晶圆上刻集成电路的系统设备。一台光刻机的零配件高达 5 万个，制造过程极其复杂，被誉为"现代光学工业之花"。光刻机最核心的部件是镜头和激光光源，而在这两项技术上，中国因起步晚，还在追赶荷兰、日本等国家。目前全球能生产 5nm 及以上的光刻机只有荷兰的 ASML 一家企业，ASML 掌握了极紫外光源技术，可以生产 7nm 及 5nm 的芯片。而极紫外光源技术也并非 ASML 独家研发的，在研发前期，是多个国家和地区共同参与的，其中包括了欧洲多国以及日本、韩国等国家。ASML 的 EUV（极紫外光刻）光刻机包含了多个国家的专利，可以说是全球人类智慧的结晶。

　　然而，美国基于《瓦森纳协定》禁止 ASML 向中国出售这类光刻机。中国目前领先的光刻机生产商是上海微电子集团，目前生产出的光刻机最高精度是 90nm，大概相当于 ASML 公司 20 年前的水平。

　　我国芯片产业的历史较短。2000 年，张汝京在上海成立中芯国际，这是中国半导体发展史上的重要节点，许多人因此看到了建设本地化生态链的可能。中芯国际在三年时间内做出了 90nm 制程芯片，目前中芯国际的最新制程达到了 14nm。2001 年，中科院计算机所的胡伟武研究员申请到了 100 万元的研究经费，靠这经费研发出了中国第一款自研芯片——龙芯，龙芯有自己的芯片架构 LoongArch。2002 年 8 月 10 日诞生的"龙芯一号"是我国首枚拥有自主知识产权的通用高性能微处理芯片。龙芯从 2001 年以前共开发了 1 号、2 号、3 号三个系列处理器和龙芯桥片系列，在政企、安全、金融、能源等应用场景得到了广泛的应用。目前最新的龙芯芯片用在了北斗卫星和石油钻井平台等事关国家安全的项目中，保障了基本的国家安全。2002 年上海微电子成立，2007 年开发出了 90nm 精度的光刻机，目前是中国最好的光刻机。2006 年国务院发布《国家中长期科学和技术发展规划纲要》，里面的"02 专项"制定了要在 2020 年掌握 45nm～22nm 芯片制造装备的规划。2014 年《国家集成电路产业发展推进纲要》发布，芯片供应链自主化正式上升为了国家战略。2010—2018 年中国建立了全套的芯片生产设备产业链。比如制造光刻机光源的科益虹源，制造光刻机镜片的国科精密。

3. 华为四大核心业务

华为是全球领先的 ICT 基础设施和智能终端提供商。华为成立于 1987 年，是全球领先的信息与通信基础设施和智能终端提供商。公司致力于把数字世界带入千行百业，构建万物互联的智能世界。历经三十余年发展，公司从电信设备商逐渐成长为年收入超千亿美元的科技巨头。目前华为约有 19.4 万名员工，业务遍及 170 多个国家和地区，服务 30 多亿人口。华为以电信设备起家，坚持在正确的赛道中不断拓展业务边界，从运营商市场逐步走向消费以及企业级市场，从国内走向海外。近年来，华为公司基于"构建万物互联的智能世界"这一愿景，形成了消费者、企业、运营商、云平台四大互相联动的业务板块（见表 1-1）。

表 1-1 华为的核心业务及产品服务

核心业务	产品服务
消费者业务	手机、笔记本、平板、智慧屏、VR、穿戴、音频、路由器、EMUI 等
企业业务	企业网络、企业光传送与接入、数据中心、智能协作、机器视觉等
运营商业务	无线网络、固定网络、云核心网、服务与软件、数字能源、AND 解决方案等
云平台业务	计算、存储、网络与 CDN、数据库、物联网（IoT）、华为云 Stack 等

四、案例分析思路及要点

1. 从芯片行业发展历程入手，使学生理解案例中我国芯片行业受制于人的原因。

2. 基于中美两国关系视角，分析美方如此行动的原因。

3. 结合垄断优势和市场竞争理论，分析 ASML 等企业成为芯片行业供应链上重要的存在的原因。

4. 从华为业务所受影响程度来看，可以了解华为的强势业务、有发展潜力业务和陷入困境业务，以此讨论华为暂时解决困境之策以及反击措施。

5. 解决芯片困境的关键在于实现高端芯片的中国制造，需要加大研发力度。以此分析华为未来战略安排，讨论政府、市场应当有哪些行动。

五、理论依据与分析

1. 不平等交换论

不平等交换论是新马克思主义发展观的理论基础。不平等交换论主要由埃曼纽尔的不平等交换论、弗兰克的不发达的发展论和萨米尔·阿明的阶级斗争国际化论组成。其主要内容为，发达国家与不发达国家之间的贸易行为（要素之间的交换）是不平等的，而且是发达国家强加给不发达国家的，是剩余价值剥削的国际化行为。

具体表现为，发达国家牢牢把控微笑曲线的两端（设计与销售），而将中部，即附加值最低的制造行为转移到发达国家，使得发达国家以第三产业为中心，不断剥削以第一、二产业为核心的不发达国家的剩余价值。

在本案例当中，美国牢牢把控高新技术的高地，紧抓高附加值的电信市场，当来自发展中国家的中国华为通过努力发展，达到世界领先的电信、5G科技领军者的地位的时候，便对美国和中国在这一市场上曾经稳固的不平等交换关系造成了威胁，为了保证继续一直以来对中国剩余价值的掠取，美国采取手段禁止对华为的芯片供应，从而通过芯片在电信技术等高新技术的基石作用，断绝华为在电信、智能汽车、通信等多领域的发展合乎不平等交换论的理论说法。

根据不发达的发展论（不平等交换论的组成部分），一个不发达国家想要真正的发展，就必须摆脱对发达国家的附庸，断绝依附关系。在本案例中，华为需要自主研发，我们已经在微笑曲线上向两端有所转移，不能因为美国对我们的技术封锁重现回到曲线中间去；或寻找新的货源，摆脱对当前不平等交换关系的依赖。

2. 全球化分工的供应链弊端

近年来对供应链的研究与推崇，随着全球化已经全面取代了当初对价值链和信息链的研究探讨，供应链集信息链、价值链和物流为一体，更全方位、完整地形成一个从采购到消费者的庞大一体化结构。谈及供应链就会说到全球化带来的优点，比如一台戴尔笔记本电脑，其设计团队来自美国得克萨斯州和中国台湾，其 CPU 来自包括菲律宾、马来西亚和中国大陆等不同的地方，它的内存可能由德国、日本、中国台湾等地生产，显卡来自中国大陆，主板来自韩国或是日本……

有一种自豪的论调，即通过全球化的分工，覆盖全世界的供应链将分工的专业化和高度化推进到了极致，这是资源最高效率利用、要素最优使用的结果，是世界资源的大规模优化分配。但假如菲律宾等地不再为戴尔提供 CPU 呢？戴尔又缺乏自身生产的相应技术的话，结果就是即便戴尔还有来自世界各地的内存、显卡、风扇，有专业而文化多元的设计团队，但他就是无法生产出一台电脑！

结合本案例，华为充分参与到全球分工的供应链当中，是其这些年飞速发展的必要条件。凭借我国自己的芯片制造能力，中国中芯国际仅能在采用美国技术专利的情况下制造出 14nm 的芯片，可是全球最精密的芯片可以做到 3nm，量产的最精密芯片已经可以做到 5nm，这巨大的差距使得华为没有选择，投入到全球供应链当中在当时是共赢的结果。但随着国际政治形势发生变化，华为发展对掌握芯片制造控制权的美国造成威胁，美国只需釜底抽薪，就能让没有替代芯片使用的华为无法生产出哪怕一个新款甚至旧款的手机。

我们可以总结，全球化分工一方面优化了全球资源要素的配置，但另一方面也弱化了参与全球供应链的全球企业的控制能力，让它们在生产与贸易中有了更小的自主权。

3. 幼稚产业保护理论

幼稚产业保护理论最早是由美国政治家亚历山大·汉密尔顿于 1791 年

提出的，弗里德里希·李斯特（1789—1846）将其发扬光大，是采取过渡性措施保护和扶持某些产业的理论，也是国际贸易中贸易保护主义的基本理论。其基本观点是：一个国家的新兴产业，当它还处于初级阶段时，可能无法抵御国外的竞争。如果我们采取适当的保护政策来提高产业的竞争力，使其存活并有良好的发展，我们就能在未来拥有比较优势。

在本案例中，我国应该使用这一理论对待芯片制造业，我国的芯片制造无疑仍处于一个初级阶段，和领先世界的美国存在很大的差距。这次华为被"卡脖子"的经历应该警醒我们，我们必须扶持并采取政策支持我国的芯片制造业。比如可以引进芯片人才，也可以通过对芯片制造企业进行免税、补贴等财政行为，或者通过增加关税等壁垒的提高进行保护。

幼稚产业的保护难点在于保护产业的选择等方面，我们也可以仔细衡量芯片制造业是否符合幼稚产业保护理论的标准，在教学中进行讨论。

4. 规模经济和范围经济

规模经济理论是指在一特定时期内，企业产品绝对量增加时，其单位成本下降，即扩大经营规模可以降低平均成本，从而提高利润水平。本案例中，华为在发展的过程之中分工逐渐精确合理，效率随之提高，使得其在市场上的比较优势有所提高。但当其发展到一定规模之后，规模经济的优势就会逐渐消失，此时便需要考虑是否应跨入到范围经济状态。

范围经济是指由厂商的范围而非规模带来的经济，即同时生产两件产品的费用低于分别生产每种产品所需的成本总和。相较于规模经济，范围经济涉及商业模式的重构，因此也更具挑战性。2009年后，华为明显感受到了运营商BG（Business Group）增长乏力的趋势，为了未来的可持续发展，近年来华为一直在寻找新的增长点。

在市场空间越来越小的今天，在追求传统规模经济的同时，范围经济作为一种新兴经济，基于客户思维，围绕客户的需求来开发并且创造客户价值。一般来说，企业发展初期可以专注于主业的规模经济，一旦进入快速发展期和成熟期，就可以选择考虑"规模经济+范围经济"同时发展，或者直接跨界发展，进而获取范围经济。

六、教学组织方式

本案例可以作为专门的案例讨论课来进行，也可以作为对幼稚产业保护理论、供应链、不平等交换论的理论补充案例来配合教学使用。如下是按照时间进度提供的课堂计划建议，仅供参考。

1. 作为案例讨论课进行

整个案例课的课堂时间控制在 80~90 分钟。

课前计划：提出启发性思考题，请学生在课前完成阅读和初步思考。

课中计划：简要的课堂前言，明确主题（2~5 分钟）。

分组讨论（30 分钟）。

告知发言要求，进行小组发言（每组 5 分钟，控制在 30 分钟）。

引导全班进一步讨论，并进行归纳总结（15~20 分钟）。

2. 作为理论课补充案例使用

整个案例课的课堂时间控制在 20~30 分钟。

课前计划：已经进行过理论的教学，便于学生结合理论对案例进行思考。

课中计划：引入案例，介绍案例，同时让学员自行阅读案例（2~5 分钟）。

分组结合理论进行讨论（10 分钟）。

点名抽选小组发言（10 分钟）。

引导全班进一步讨论，并结合理论进行归纳总结（5~8 分钟）。

七、案例后续进展

2020 年初，美国仍旧没有解除对华为芯片的封锁，短期内也没有相应的利好消息。华为一方面发出自行研发的号召，另一方面将荣耀系列手机从华为中剥离出来，可能想凭此避开封锁。

从数据来看，2020 年第一季度华为手机在国内的出货量为 3010 万台，占据国内市场的 41%，在国内手机厂商中排名第一；在全球的出货量为 4900 万台，占据全球市场的 18%，全球排名第二。而到了 2021 年第一季度，仅占据国内市场的 16%，在手机厂商中排名第 4，全球出货量已经被挤出了前 5。总体上来说，华为仍旧没有脱离被封锁的困境。

八、其他教学支持材料

芯片封锁前后的新闻报道材料，来自 B 站等平台的华为发言人采访视频、对华为境遇的分析视频等。

中国化工集团子公司蓝星并购
法国安迪苏公司

韩珣 封玥 袁玮*

摘 要：本案例描述了中国化工集团子公司蓝星为了引进蛋氨酸技术，打破国际市场垄断实现国内蛋氨酸自主生产，并购动物饲料添加剂公司法国安迪苏的经过和最终结果。本案例从蓝星公司的角度出发，分析谈判过程的细节、谈判底线及面临的困难，阐述了蓝星公司面对问题时采用的解决方案和谈判策略。案例还针对并购方蓝星公司在并购中的优势和不足，以及面临的威胁和机会进行 SWOT 分析，总结跨国并购案例蓝星公司的成功之处，为未来的跨国并购提供借鉴。

关键词：跨国并购 商务谈判 案例研究 SWOT 分析

1. 引言

2006 年 1 月 17 日，中国蓝星（集团）总公司正式并购法国安迪苏集团项目正式交割，这是当时中国步入 2000 年之后起初几年之内用最短的时间完成海外并购的案例，也是最为成功的跨国并购案例，为后续案例提供了一个跨国并购的优秀典范。

为什么我们会对这样一个并购案例如此关注呢？原因在于 20 世纪初化

---

* 韩珣，北京第二外国语学院副教授，硕士生导师；封玥、袁玮，北京第二外国语学院经济学院国际商务专业硕士研究生。

工市场国际并购屡屡碰壁，蓝星并购的成功为国内化工企业跨国并购提供了一个新思路。此外，蓝星还以低于其他竞争者的价格成功并购安迪苏，究竟蓝星提出了怎样的方案促使安迪苏同意中国企业以较低的价格胜出？本案例首先对并购公司蓝星和被并购公司安迪苏进行介绍，阐述并购原因、具体经过细节和结果，总结整个并购过程中作为并购方的蓝星公司存在的优势和不足，以及面临的困难和机会，为分析跨国并购案例提供新视角和新思考。

2. 相关背景

2.1 公司简介

2.1.1 并购方——蓝星公司

中国蓝星（集团）总公司是中国化工集团公司所属的专业公司。蓝星集团以材料科学、生命科学、环境科学为主导业务，在全球拥有 58 家工厂、45 家科研机构、4 家海外企业、3 家上市公司。蓝星公司是中国化工集团的全资子公司，是 1984 年 9 月由任建新借款 1 万元在兰州创办的我国第一家专业清洗公司，现已发展成为以化工新材料为主导的化工企业。2004 年，在蓝星时任总经理任建新的推动下，蓝星与其他化工部所属的化工企业并购重组成立了中国化工集团公司，成为中国最大的化工企业。

在中国化工集团公司内部，蓝星是最大的子公司，旗下有 26 家控股子公司。2005 年，中国蓝星资产规模超过 240 亿元，销售收入达到 235 亿元。

2.1.2 被并购方——法国安迪苏公司

法国安迪苏公司是全球最大的专门从事蛋氨酸、维生素 A 及维生素 E，生物酶制品生产的动物营养饲料添加剂公司，由英国 CVC 集团全面控股，在全球拥有 5 家主要生产工厂，经销网络遍及全球 140 个国家和地区，2005 年的销售收入超过 50 亿元。该公司拥有 792 项技术专利和世界最先进的蛋氨酸生产技术，是世界上唯一一家同时生产液体和固体两种形态蛋氨酸产品的公司。其中，蛋氨酸技术市场规模占全球市场份额的三分之一，居世界第二位，维生素市场份额居全球第三，生物酶位居全球第五。

安迪苏的销售网络遍及全球 140 多个国家和地区，在亚洲、北美、南美及欧洲设有四个总部，在法国、西班牙、美国有 4 家工厂。2004 年年底拥有员工 1550 人，拥有申请专利 755 项、授权专利 398 项。出售方是一家私募集团公司 CVC Capital Partners。管理着欧洲和亚洲超过 168 亿欧元的基金。2002 年，安迪苏集团的母公司 Drakkar 公司由于受到来自美国及欧洲的反垄断调查，而将安迪苏出售给 Drakkar 的控股公司 CVC。前身是花旗集团的子公司，后来发展为最活跃的私募股权公司之一，在杠杆并购上的交易投资近 70 亿美元。

2.2　并购原因

首先，从蓝星集团的角度出发，国内没有企业真正掌握蛋氨酸的生产技术，此前与安迪苏的技术合作交涉也一直碰壁，因此蛋氨酸长期依赖进口。蛋氨酸作为主要的动物营养饲料添加剂，加在动物饲料中可以在短时间内帮助动物快速成长，可以节省约 40% 的饲料。该材料在我国应用广泛，预计未来几年的市场需求将以每年 10%~15% 的比例增长。2005 年，中国蛋氨酸的进口量为 12 万吨。由于长期没有成熟的生产技术，国内蛋氨酸生产仍然处于空白，是我国化工行业的"老大难"问题。

其次，CVC 并购安迪苏之后将其作为一支"潜力股"待价而沽，并未注入持续的资金，安迪苏的原有优势逐渐淡化。2004 年，全球性禽流感暴发，使得以生产饲料添加剂为主营业务的安迪苏受到了严重冲击，经营业绩急速下滑。由于市场信心大幅受挫、发展前景不明朗，因此，安迪苏母公司 CVC 开始考虑安迪苏的出售事宜。出于蓝星集团与安迪苏在此前有近两年的接触，于是，双方在 2005 年启动了并购谈判。

3. 案例陈述

3.1　并购经过

中国蓝星于 2003 年开始与安迪苏集团联系，目的是引进其技术改造停产多年的天津1万吨/年蛋氨酸装置，但由于该技术属于世界少数几家公司垄断，于是蓝星公司主动和安迪苏联系，希望从安迪苏引进技术。然而，安迪苏对蓝星发出的技术合作要约并不感兴趣。蓝星时任总经理任建新在了解到安迪苏极其冷淡的回应后，决定直接和安迪苏的高管人员联系。他亲自给安迪苏的CEO写信，介绍蓝星的创业历程和经营状况，努力让安迪苏了解到蓝星是一个负责任的、进取的公司，表明蓝星强烈的合作意愿、合作将为双方带来的双赢结果和安迪苏从中获得的发展机遇。最初，安迪苏的CEO并未给以积极的回应，而任建新并未放弃，继续保持与安迪苏CEO等高管的联络。尽管双方的合作事项在一段时间内并无实质性的进展，但是任建新和这些法国企业高管成了好朋友。每次他们到北京开展商务活动或者旅游，任建新都热情招待，有时还接到家里设家宴款待，甚至亲自下厨房包饺子，并事先精心准备了纪念品，来访者的夫人、孩子都会获得一份精美的小礼品。任建新的努力让法国企业高管充分感受到了中国人的热情好客和合作诚意。

2004年暴发了全球性的禽流感，这使得以生产饲料添加剂为主营业务的安迪苏受到了严重冲击，经营业绩急速下滑。蓝星及后来组建的中国化工敏锐地观察到了安迪苏遭遇的困难，诚恳地向安迪苏及其母公司表达了全资并购安迪苏的意向。业绩不佳、前景不明、中国化工又愿意出一个合理的价格并购，CVC最终决定出售安迪苏全部股权给中国化工以套现。于是双方在2005年7月启动了并购项目洽谈。

针对此次并购，蓝星方面的看法是：尽管此前有大量国内企业并购的成功案例，但这次是蓝星的第一次海外并购。董事长任建新要求聘请具有丰富国际并购经验的中介机构。而出售方CVC也同样要求专业机构参与其中进行尽职调查。尽职调查包括了财务、税务、行业竞争、人力资源等诸多方面。其中绿山公司担任CVC财务顾问，瑞士信贷第一波士顿担任蓝星公司的财务顾问，美国和英国的两家律师事务所担任CVC方面法律顾问，美国世达律师事务所担任蓝星方面的法律顾问。

前期磋商协调主要的工作，大量集中于工会等人力资源相关领域。任建新亲自参加劳工委员会的座谈，请他们给员工代表传递一些重要信息：

比如蓝星不是资本投资公司，是实业企业，希望打造百年企业；自己也曾经是一名工人，理解员工和一线团队对于公司并购的关注，表示一定会充分考虑人力资源管理整合与利益保障。随后双方就约束性报价、交易方式、交割的时间地点、特别是人员留用计划、人力资源整合规划等，在并购前进行了约定。2005年10月20日，蓝星集团和CVC集团共同对外宣布蓝星以4亿欧元现金并购安迪苏百分之百的股权。

并购协议签署后，任建新表示："安迪苏集团一向勇于创新，拥有杰出的管理团队和兢兢业业的员工，我们期望向安迪苏所有的产品团队学习。这不仅是中国化工的第一次国际并购，也是全球战略的重要举措，具有里程碑式的意义。"安迪苏集团首席执行官Patrick表示："这对于安迪苏集团的股东和员工是一个极富吸引力的机会，我们期待亚洲这个业务增长最快的化工市场，也将得益于这个市场上主要厂商的支持。"对于人力资源管理风险给项目绩效可能造成的影响，在正式的交割仪式之后，任建新在非常简短的发言中讲到了自己的核心关切："这么大一笔投资，不管是对于我的国家还是公司都不是一笔小数目。我只想说：希望管理层努力工作，创造效益，尽快收回投资。"

3.2 并购结果

2006年1月17日，中国蓝星（集团）总公司并购法国安迪苏集团项目正式交割，这标志着迄今为止中国资本在法国工业领域最大并购案在半年多时间里顺利完成。据法国媒体报道，这是中法经贸往来，中国在法国投资额最大的并购案例，超过了历年中国对法国经贸投资的总额，创造了中国企业在短时间内高效地完成海外并购的案例，同时也填补了我国蛋氨酸生产技术的空白。

3.3 后续发展

经过蓝星和安迪苏的共同努力，来自不同国家的工程人员和管理人员协同，2014年初，南京液体蛋氨酸工厂成功运行并迅速实现赢利。项目由蓝星投资建设，安迪苏提供技术支持，后来安迪苏把项目整体出售给了蓝星。2006 年 4 月，蓝星以约 14 亿元人民币的价格并购澳大利亚最大的乙烯生产商凯诺斯（Qenos）。这家企业年产乙烯 50 万吨，聚合物 50 万吨，2005 年销售收入 8 亿美元，员工 750 人，占有澳大利亚本土市场 65% 的份额。并购之后凯诺斯和中国化工旗下的沈阳化工股份公司开展了密切合作。2007 年 1 月，中国化工全资并购了法国罗地亚公司有机硅和硫化物业务，包括专利技术、生产设备和销售渠道。这家企业的有机硅业务拥有 3000 名员工，其产能 22 万吨，占全球 6% 的市场份额，2006 年收入 5.6 亿欧元。此前蓝星旗下的有机硅技术落后法国罗地亚 5 年，而下游处理技术落后 20 年。2008 年，蓝星引进战略投资者美国黑石，进一步整合全球化工资源、保持在相关领域的优势。2011 年 4 月，蓝星并购了埃肯公司百分之百的股权，这家企业有太阳能硅材料生产商员工 2400 名，2010 年收入 93 亿挪威克朗。2011 年 10 月，中国化工并购了以色列 MAI 公司 60% 的股份。这家企业是全球的第七大杀虫剂生产商，2011 年销售额 27 亿美元，员工 4000 多人。2015 年，蓝星集团旗下海外公司——挪威埃肯公司并购了挪威 REC 太阳能公司。至此，蓝星旗下拥有 6 家海外公司，分布于中国、法国、澳大利亚、英国、美国等地，主要集中于研发和技术服务领域，业务遍及 200 多个国家和地区。

除了财务指标之外，蓝星希望通过并购引入技术、人才、知识和经验的目标也得到了很好的实现，取得的无形资产难以估量。以蓝星并购埃肯公司为例，并购后和兰州硅材厂合作研发了先进的信息化 SAP 管理系统，年近 70 岁的海外专家在退休前的 18 个月里无私分享了自己多年积累的生产数据工艺经验。用经验科学数据代替了之前的目测经验，其产品合格率从 50% 一跃提高到 97%，还将硅的回收率由 70% 提至 85% 以上。人才上，并购后蓝星集团目前 60% 的董事来自海外，每个下属企业都有海外员工，蓝星安迪苏更是直接交由海外团队管理，相互之间的交流非常频繁，先后曾有 22 个国家和地区的员工在南京蛋氨酸项目基地交流工作过。

4. 谈判过程及细节

4.1 谈判底线

蓝星集团在本次并购案中的关注点是文化融合、人力资源及技术整合，底线主要有两个：并购价格和核心技术。一方面，关于并购价格，由于有国家开发银行通过政策性金融贷款的方式提供资金，因而并购资金受限较小，但是也存在并购价格底线。此外，蓝星要求100%控股安迪苏公司，在与CVC集团谈判时将不会在股权部分让步。另一方面，关于蛋氨酸等化工材料技术，被并购方安迪苏公司要求能够与并购方蓝星集团在中国南京新项目进行技术合作。蓝星集团还会派遣工程师和高管前往安迪苏公司学习技术和管理知识，但具体的合作细节可以商讨。

4.2 谈判策略

4.2.1 策略一：目标至上

确定谈判目标，目标是谈判的终极目的，谈判中的所有行为都是为了达成目标。蓝星公司在谈判前就明确了自己的谈判目标，即100%控股和管理人才交流、生产技术合作。相对于前面两个核心目标，并购价格还留有可以继续商讨的空间。因此蓝星公司在谈判时始终坚持股权和合作两个关键核心，允许在价格上为安迪苏放宽条件。

4.2.2 策略二：重视对手

谈判时对手的性格和情感几乎左右着谈判的每一个进程，谈判时一定要了解他们。可通过角色互换，将自己放在对方的位置上，真正了解对方，以找出决策者及第三方。蓝星站在安迪苏的角度，认真分析安迪苏的需求，提出了共同开拓中国市场，合作完成南京项目的计划。保留现有工厂员工，为高管设置"三年高管留任计划"。保证董事会除对安迪苏相应的财政收支、资金预算和战略性问题进行管控之外，其余常规管理活动均由安迪苏公司管理人员负责。这些承诺都为安迪苏的发展提供了新的机遇。

4.2.3 策略三：始终重视沟通和表达

蓝星公司重视与法国安迪苏的沟通与表达。良好的交流能够让并购双方更加了解对方，接受对方，最终可以使得并购更加顺利地开展进行。蓝星从员工入手，先与安迪苏公司的员工开展前期磋商。蓝星时任总经理参与劳工委员会座谈，给海外企业高管及员工写信、发表讲话，介绍公司的理念历程发展愿景和并购意图，及时公布高管人员及员工留用计划。此外，蓝星集团还在前期邀请工会代表来中国考察，开通海外员工信箱，以及开办全英文版的企业报纸投递邮件组。

4.2.4 策略四：接受双方的文化差异

为了营造良好的沟通氛围，中国化工时任总经理任建新在法国考察时，精心挑选了 40 多幅法国名画复制品带回国内，装上画框后挂在了公司总部的办公室和走廊中。另外，他发现法国人喜欢品咖啡，经常一边品咖啡，一边谈业务。于是，他要求公司总部的咖啡厅精心开发出地道的法式咖啡。安迪苏的谈判人员到公司时，会看到办公楼内的法国"名画"，喝上法式咖啡。蓝星公司尊重文化差异，拉近与安迪苏公司谈判人员的交往距离，使得其更容易放下戒心，谈判也更容易获得成功。

4.3 谈判节点

谈判节点主要分为四部分：2005 年 9 月 16 日，双方草签并购协议；10 月 14 日，该项目获得国家发改委的批准；10 月 19 日，双方正式签订并购协议；2006 年 1 月 17 日，中国蓝星（集团）总公司并购法国安迪苏集团项目正式交割。

5. SWOT 分析

本案例将站在并购方中国化工集团蓝星公司的角度分析中国蓝星并购法国安迪苏案的优势与劣势，讨论并购过程中可能面临的困难和问题，提出作为并购一方的底线和策略，对谈判重要节点做出预测和分析。（见表 1-2）

表 1-2　蓝星公司并购法国安迪苏案 SWOT 分析表

strengths 优势	weaknesses 劣势
①在并购前期沟通频繁，有两年接触时间 ②政策支持，政策性金融机构为其提供贷款，并购资金充足 ③法国安迪苏由私募股权机构完全控股，发展受限	①文化差异明显，中法文化不互通 ②中国未有成功的国际并购案例，并购经验不足 ③蓝星公司竞争实力弱于法国安迪苏，竞争地位处于劣势
opportunities 机会	threats 威胁
①蓝星公司和法国安迪苏合作，共同开拓中国市场 ②蓝星公司引进安迪苏公司先进的人才管理经验和技术合作	①全世界范围内禽流感仍然持续，生产开工不足，效益下滑，企业成本居高不下 ②并购后人员变动，双方合作需要时间磨合

5.1　优势（strengths）

5.1.1　并购双方前期沟通频繁

2000 年前后，中国化工旗下的蓝星公司就曾和安迪苏联系，试图引进其生产技术或合作生产，借此新建一套蛋氨酸装置。但由于该技术被世界少数几家公司所垄断，安迪苏一直没有同意转让该技术。此后，蓝星集团也一直未能放弃，时任总经理任建新始终与安迪苏的 CEO 和高管人员保持联系，并逐渐与其成了好朋友。在频繁的沟通和交流下，法方对中国企业有了更加详细的了解和认识。于是，两年后，当安迪苏被母公司 CVC 集团出售，蓝星公司发出并购要约时，双方能够快速达成共识，而不是面临两年前技术合作时的困难。

5.1.2　政策扶持，并购资金充足

蓝星集团是中国化工集团旗下的控股子公司。由于母公司的国企身份及其在化工材料领域的领先地位，同时还因为该并购项目具有行业引领作用，填补了我国蛋氨酸和生物酶的产业和技术空白，符合国家产业政策的相关规定，因而国家开发银行以开发性金融贷款的形式提供了大部分并购资金。由此可以发现，蓝星集团在并购法国安迪苏公司时不存在较大的资金难题。

5.1.3 母公司不擅经营

法国安迪苏公司的控股母公司 CVC Capital Partners，是一家私募集团公司，其管理着欧洲和亚洲超过 168 亿欧元的基金。2002 年，安迪苏集团的母公司 Drakkar 公司由于受到来自美国及欧洲的反垄断调查，而将安迪苏出售给 Drakkar 的控股公司 CVC Capital Partners。CVC Capital Partners 并购安迪苏之后将其作为一支"潜力股"待价而沽，并未注入持续的资金，安迪苏的原有优势逐渐淡化，发展逐渐受限。因此将法国安迪苏公司出售给蓝星公司，能够更好地整合多方优势，注入新的资金，促进中法两方企业的发展。

5.2 劣势（weaknesses）

5.2.1 文化差异明显

蓝星集团面临着与安迪苏在管理体系组织文化方面的整合风险。蓝星已经有三十多年的历史，在自己的创业过程中逐步形成了独特的文化和管理体系；安迪苏则是一家地道的法国公司，有悠久的历史、值得骄傲的品牌、体系化的管理方式和企业文化。不同的文化和管理体制会对跨国并购产生阻碍作用。

5.2.2 并购经验不足

此前化工领域并没有成功的跨国并购案例可以借鉴，蓝星集团对于并购过程中可能面临的问题了解不足，要花费更多的时间和成本完成此次并购案。此次并购若是成功，能够为化工行业中国企业并购外国企业提供经验和支持。

5.2.3 竞争实力弱

此次跨国并购的主要目的在于引进外国企业的先进技术、人力资源和管理经验等无形资产。从一定程度上来看，并购方蓝星集团更需要被并购方安迪苏公司。因此尽管蓝星集团的资金实力和规模大于法国安迪苏公司，但是从替代性和竞争实力来看安迪苏公司都更强。地位处于劣势的蓝星集团在并购过程中容易受到被并购方的牵制，可能会被其抬高并购价和增加霸王条款。

5.3 机会（opportunities）

5.3.1 共同开拓中国市场

蓝星集团早在 2000 年前后就已经计划在国内建立蛋氨酸生产基地，但是出于蛋氨酸技术的缺失等问题，始终无法实现。并购安迪苏公司可以利用蛋氨酸技术改造国内蛋氨酸项目，引入液体蛋氨酸技术在国内建设新的生产装置等，在国内形成 20 万吨的生产能力，从技术、生产、销售等全方位逐步实现本土化。这一举措不仅帮助蓝星集团建立国内的蛋氨酸生产链，还帮助安迪苏公司开拓亚太市场，实现双赢。

5.3.2 引进先进人才技术

蓝星集团并购法国安迪苏公司可以引进其先进的人才管理经验，人力资源以及最为重要的蛋氨酸技术，能够利用外部资源填补国内化工行业空白，还能够借此次并购促进国内企业经营和管理水平的提高。

5.4 威胁（threats）

5.4.1 禽流感持续

并购后国际形势并未发生变动，禽流感危机仍对安迪苏公司的下游销售存在威胁。而安迪苏公司在这期间的战略失误，市场需求不足，生产开工不足，效益下滑，企业成本居高不下的问题也并未能直接通过并购解决。安迪苏尚未完全从困境中走出来，蓝星可能还要采取一系列的措施来降低成本提高绩效，而这些措施就可能会涉及裁员等成本控制手段，这又会对蓝星集团的并购后续工作增加难度。

5.4.2 人员变动需要磨合

尽管蓝星集团的时任总经理任建新与法国安迪苏公司的 CEO 和高管人员有过两年的接触和交流，但是涉及并购及并购后的人员安置等问题，以及面对安迪苏公司的工会如何与一线员工交流和安抚等问题，都是中方企业在并购时面临的挑战。

6. 总结及启示

6.1　总结

本案例主要探讨了中国化工集团旗下蓝星集团并购法国安迪苏公司的背景、经过和结果。此外，本文还从并购方蓝星集团的角度出发，分析谈判底线、谈判过程中采取的相关策略和谈判的节点。通过总结该跨国并购案例的特殊之处和成功点，为后续的跨国并购提供一定的借鉴意义。

6.2　启示

蓝星集团并购法国安迪苏公司案例的启示主要体现在以下两点：

第一，跨国并购下文化的融合和理解非常重要。不同的文化环境会对企业并购产生巨大的误解，充分的沟通能够拉近不同国家文化的距离，从而促进跨国并购的顺利进行。

第二，员工安排和管理层制度设计也是跨国并购的关键点。安置好并购前的员工有利于拉近并购企业与被并购企业的关系，尽快帮助被并购企业再次投产创造利润。同时留下原高管也能更好地管理公司，利用其丰富的管理经验和对公司的了解，使得被并购企业尽快走入正轨，而并购企业也能通过学习被并购方的管理知识来优化自身结构和提升管理能力。

英文案例摘要

China National Chemical Mergers and Acquires French Adisseo

Han Xun   Feng Yue   Yuan Wei

Abstract: This case describes the process and final result of Bluestar, a subsidiary of China National Chemical Corporation, in order to successfully introduce methionine technology, break the monopoly of the international market and realize the independent production of methionine in China. From the perspective of Bluestar, this case analyzes the details of the negotiation process, the bottom line of the negotiation and the difficulties it faces, and expounds the solutions and negotiation strategies adopted by Bluestar when facing problems. The case also conducts a SWOT analysis on the advantages and disadvantages of the acquirer Bluestar in the acquisition, as well as the threats and opportunities it faces, and summarizes the success of the cross-border merger and acquisition case, and provides reference for future cross-border meger and acquisition.

Key words: Cross-border Mergers and Acquisitions   Business Negotiation   Case Study   SWOT analysis

案例使用说明

中国化工集团子公司蓝星并购法国安迪苏公司

一、教学目的与用途

1. 本案例主要适用于国际商务谈判课程，也适用于财务管理课程。

2. 本案例的教学目的是加深学生对国际商务谈判过程的认识，了解跨国并购可能存在的问题和困难，学会用 SWOT 方法分析并购的优势和不足，熟悉企业估值方法和商务谈判的中心策略，促使学生能够独立完成商务谈判全过程。

3. 本案例适用的对象是国际商务专业硕士。

二、启发性思考题

1. 在蓝星最初与安迪苏合作时，面临了重重困难。蓝星时任总经理任建新为了解决这些问题，他主要采取怎样的方法拉近与安迪苏的距离并最终达成合作？

2. 在并购法国安迪苏时，蓝星面临很多出价远高于自己的竞争者，然而最终蓝星还是成功并购了法国安迪苏。究竟是什么方案打动了法国安迪苏，促使法国安迪苏愿意以低价出售给蓝星？

企业的拟并购经济行为势必要考虑被并购企业的股东全部权益价值，因此，企业价值评估成了影响企业并购行为的重要因素。资产评估专业人员执行企业价值评估业务，应当根据评估目的、评估对象、价值类型、资料收集等情况，分析收益法、市场法、资产基础法三种基本方法的适用性，选择评估方法。

企业价值评估中的收益法，是指将预期收益资本化或者折现，确定评估对象价值的评估方法。收益法常用的具体方法包括股利折现法和现金流量折现法。股利折现法是将预期股利进行折现以确定评估对象价值的具体方法，通常适用于缺乏控制权的股东部分权益价值的评估。现金流量折现法通常包括企业自由现金流折现模型和股权自由现金流折现模型。资产评估专业人员应当根据被评估单位所处行业、经营模式、资本结构、发展趋势等，恰当选择现金流折现模型。

3. 根据本次评估目的所对应的经济行为的特性，你如何看待企业在进行拟并购经济行为中需要考虑的方向？

4. 你认为在本次跨国并购中，蓝星集团用何种企业估值办法对法国安迪苏进行评估会更恰当？

5. 你认为影响企业估值的因素有哪些？

三、背景信息

1. 我国宏观经济政策

面对国内外风险挑战明显上升的复杂局面，在以习近平同志为核心的党中央坚强领导下，各地区各部门以习近平新时代中国特色社会主义思想为指导，全面贯彻落实党的二十大会议精神，按照党中央、国务院决策部署，坚持稳中求进工作总基调，完整、准确、全面贯彻新发展理念，加快构建新发展格局，着力推动高质量发展，坚持以供给侧结构性改革为主线，着力深化改革，扩大开放，持续打好三大攻坚战，统筹稳增长、促改革、调结构、惠民生、防风险、保稳定，扎实做好稳就业、稳金融、稳外贸、稳外资、稳投资、稳预期工作，经济运行总体平稳，发展水平迈上新台阶，发展质量稳步提升，人民生活福祉持续增进，各项社会事业繁荣发展，生态环境质量总体改善。

2. 风险分析

（1）估值风险

化工行业在跨国并购中对目标公司的估值是关键的一步。目标公司往往会利用信息的不对称性，提高并购价格，隐藏表外负债。而对目标公司的估值若过高，会增加并购方的成本，进而影响之后的融资，甚至可能会导致并购方陷入财务困境，导致并购的失败。如果估值过低，会容易造成被并购方的不接受，使谈判陷入僵局，最后也可能造成并购失败。所以估值的准确性对企业来说很重要。

（2）融资风险

跨国并购往往为了获得成功，通常会采取溢价并购，这时会使交易金额变大，并购方为了筹集到这笔资金就会选择不同的融资方式，比如股权融资、债券融资等。选择不同的融资方式会产生不同的成本。若融资方式选择不合理，可能造成企业资金链的断裂；若融资的时间选择不恰当，也能使并购方增加融资成本，因此并购方要结合自身条件，选择合适的融资方式。

（3）外汇风险

在进行跨国并购时，汇率风险有着重要影响，它会影响到企业的资产现值、所得收益、所付成本等现金流量。并且汇率风险是跨国并购所独有的。汇率风险往往是因为汇率的波动造成的。如果企业在汇率较高的点选择进行支付，可能会使企业蒙受损失。汇率的不稳定性不仅影响着交付成本，也影响着外币还款的成本。所以我们要选择合适的时间点进行支付，降低外汇风险。

（4）整合风险

在进行跨国并购后，并购后双方面临着整合风险，由于双方的企业文化、财务管理制度、会计准则的运用、企业规模等多方面的不同。双方要在并购后进行相应的调整，若不能很好地整合，可能会面临着核心员工的流失，盈利能力减弱，经营出现风险，造成商誉减值，协同效应不能发挥，反而会给公司带来财务风险。

3. 并购团队的核心成员和企业文化

（1）蓝星方面高管团队

董事长：任建新。1975年开始，在化工部兰州化工机械研究院从事一线工作，后来担任研究院团委书记，1984年带领7位年轻人创业，1989年担任蓝星公司总经理，1994年在兰州大学获得经济学硕士学位，2004年担任新组建的中国化工集团总经理，兼任蓝星集团董事长。

总经理：杨兴强。1989 年从四川大学毕业后加入蓝星，1996 年任蓝星清洗股份公司总经理，2001 年任上市公司的蓝星清洗股份公司董事长和蓝星集团副总经理，2004 年改任蓝星集团公司总经理。

总经理助理：陆晓宝。1988 年毕业于北京化工大学，1989 年加入蓝星，1995 年任蓝星美国公司项目总经理，2002 年任蓝星国际业务部主任，蓝星集团公司总经理助理，2005 年担任蓝星集团副总经理。

（2）安迪苏高管团队

CEO：Patrick Verschelde。毕业于法国国立农业食品学院和欧洲工商管理学院，曾在 Air Liguide Group 任职 20 年。2000 年加入苏伊士集团，担任水务部门 COO，2002 年担任安迪苏董事局主席兼 CEO。

CFO：Thierry Dillard。在巴黎获得金融学学位，曾在美国沃顿商学院学习，并在大学里讲授公司金融和金融市场的课程。有普华永道、大通曼哈顿银行和花旗银行的工作经验，2002 年起担任安迪苏集团 CFO 和高级副总裁。

COO：Gerard Deman。拥有化学工程学位，1967 年开始担任研发工程师，1977 年在法国一家公司担任生产经理，主管生产采购及供应链，2000 年加盟安迪苏担任高级副总裁。

（3）并购时双方的企业文化陈述

蓝星的企业理念：事在人为。其他理念如下：

人才观：天生我材必有用；质量关：产品如人品；文化观：海纳百川；用人观：吃里爬外的人不能用；金钱观：金钱是社会对个人勤奋和才能的承认；生存观：任何人需要相互依赖着生存；销售观：存在决定销售 汗水浇灌市场；发展观：先发展后分配。

安迪苏的企业文化：业绩为导向、团队精神、责任感、创造性、诚实正直。

四、案例分析思路及要点

推荐解决问题的方案，给出案例分析的逻辑路径；列出需要学生识别的关键问题，以及案例教学中的关键知识点、能力点等。

1. 基于国际商务谈判策略视角分析企业拟并购经济行为的策略和方法。

2. 梳理并购背景。

3. 分析并购动机。

4. 分析谈判策略的选择。

5. 总结经验技巧。

五、理论依据与分析

1. 纳什均衡理论。将其作为博弈策略研究的理论依据，从中提炼总结出具有相对指导性的经验技巧，加深理解。

纳什均衡（Nash equilibrium），又称为非合作博弈均衡。在一个博弈过程中，如果任意一位参与者在其他所有参与者的策略确定的情况下，其选择的策略是最优的，那么这个组合就被定义为纳什均衡。

一个策略组合被称为纳什均衡，当每个博弈者的均衡策略都是为了达到自己期望收益的最大值，与此同时，其他所有博弈者也遵循这样的策略。在纳什均衡状态下，博弈双方或多方最终形成的一个稳定均衡状态，谁先单方面改变策略，谁就会产生损失。

纳什证明了在每个参与者都只有有限种策略选择，并允许混合策略的前提下，纳什均衡一定存在。以两家公司的价格大战为例，纳什均衡意味着两败俱伤的可能：在对方不改变价格的条件下，既不能提价，否则会进一步丧失市场；也不能降价，因为会出现赔本甩卖。于是两家公司可以改变原先的利益格局，通过谈判寻求新的利益评估分摊方案，这也就是纳什均衡。

2. SWOT 分析。通过前期的信息收集，对企业的优势、劣势、机会、风险进行梳理和分析，以便得出有利于企业的策略。

3. 分析谈判策略，把握时机。通过不同的技巧性策略单独或组合使用，以达成谈判的最终目的。

六、教学组织方式

整个案例课的课堂时间控制在 80~90 分钟。

课前计划：提出启发性思考题，请学生在课前完成阅读和初步思考。

课中计划：简要的课堂前言，明确主题（2~5 分钟）。

分组讨论（30 分钟）。

告知发言要求，进行小组发言（每组 5 分钟，控制在 30 分钟）。

引导全班进一步讨论，并进行归纳总结（15~20 分钟）。

七、案例后续进展

2009 年 9 月，双方并购后对外宣布，将在南京建立一整套全新的蛋氨酸生产工厂。2010 年，项目在南京六合区化学工业园动工，计划投资 33 亿元人民币，一期规划产能 7 万吨。项目在设计和建设中，要求新的工厂既能充分利用安迪苏原先全球的生产工艺和工程技术，又要利用南京当地丰富的原材料供应和独特的地理区位优势，整合上下产业链和物流体系，这需要蓝星公司对中国的理解、市场地位以及政府关系——蓝星安迪苏并购后的整合，此项目是一个完整的观察窗口。

为了南京的联合项目，安迪苏专门建立了管理人员和工程技术人员的派出制度，南京项目需要就此向安迪苏支付相应的成本；相关人员的食宿和交通费则由南京项目单独承担。该工厂由来自中国、法国、西班牙等多国人员组成管理团队共同经营，更有来自 22 个国家的工程技术人员参与建设。

在南京新项目中，蓝星对管理团队实行了"平行经理制"：每位经理根据各自所在的岗位和部门的职责行使职权，相互之间没有上下级的指挥关系，不得越权，更不得缺位。整个项目团队包括项目经理、生产经理、健康安全与环境经理、成本经理与施工经理，是一个完全扁平化的架构。

安迪苏作为发展了几十年的欧洲企业，在内部管理中具有专门的"健康安全与环境"（HSE）部门。蓝星将这一整套组织架构引进中国，以 HSE

部门在项目建设过程中充当内部监理。安全和环保指标进行问责，包括安全生产工时、工人工时损失、环境污染投诉职业并发症案例。到 2012 年年底，蓝星和安迪苏的项目安全生产工时已经累积到达了 900 多万，其中有 600 万不间断安全生产工时记录，HSE 的部门整合在其中发挥着重要的作用。

在南京项目启动时，安迪苏内部商议讨论过程中遇到了来自工会组织的阻力，蓝星主动选择了与工会对话的方式，邀请工会经营成员与管理层面对面交流。对于所担心的员工福利等人事问题，高层都予以详细解答，并分析新项目利弊。

蓝星首先从公司的视觉识别（VI）入手，在安迪苏原先所有企业的 Logo 中，以背书的形式加入蓝星（a bluestar company）。而且南京的项目综合了双方的名称，被命名为 Adistar。在新项目的厂区中，硬件设施中全面使用蓝星的新型标识，包括厂房的色彩服装员工的工作服、企业的旗帜、办公用品、车辆、名片等日常工具。

而在工作区中所有标示牌的文字，都采用了中英法三国语言，生产一线中配备了相应语种的翻译人员。所有厂区的会议只要有外方人员参加，都要求工作语言为英语。尽管为每一位外籍人员都配备了翻译和助理，但为了增进直接交流，项目团队仍然鼓励所有中方人员学习英语。比如在中午专门安排英语学习的时间，将此计入工时和加班序列，将学习的时间按照加班标准发放加班费。这样原来即使没有英语基础的员工，都可以通过一段时间，从一个词一个词地比画逐步到整句整句地交流。

2009 年正式组织南京项目团队之后，蓝星公司就开展了丰富多彩的文化活动。比如业余时间开展团队拓展训练，通过破冰游戏、团队竞赛等组织拓展的专业辅导，增进团队的友谊和相互的了解。特别是在中国开展各种体育活动，通过在工作时间之外的互动来增强团队之间的接触和了解，尤其是充分利用了法国和西班牙团队喜欢足球的特点，开展足球竞赛凝聚人心。蓝星派专员负责沟通协调外方团队的生活事宜，特别是对于来华工作员工及家庭的居住、子女、医疗的事项，协调当地尽可能地给予最好的照顾。

八、其他教学支持材料

1. 计算机支持，案例的计算机程序和软件包，它们的可得性，以及如何在教学中使用它们的建议或说明。

2. 视听辅助手段支持，能与案例一起使用的电影、录像带、幻灯片、剪报、样品和其他材料。

3. Excel 计算表格。

国际商务案例

第一辑

INTERNATIONAL BUSINESS CASES

SERIES 1

第二章　创意经济与文化贸易

爱奇艺 VS Netflix：探索会员盈利之路

王海文　安然　孙柳明*

摘　要：爱奇艺作为中国在线视频平台的行业巨头之一，至今仍处于连年亏损状态，而反观美国在线视频平台 Netflix，凭借付费会员制度的应用实现了平台的盈利。本案例通过对比爱奇艺和 Netflix 两大中美在线视频平台在付费会员制度上的实施，从付费会员服务体验、付费会员扩展战略、会员价格变动策略、消费者付费习惯和付费内容版权保护这五个角度探究两大平台在制度实施上的异同点。

关键词：在线视频平台　付费会员制度　数字经济　Netflix　爱奇艺

1. 引言

2021 年 12 月 15 日，爱奇艺 VIP 会员官方微博表示，从 2021 年 12 月 16 日零点起，对爱奇艺黄金 VIP 会员订阅价格进行上调，这是自 2020 年 11 月会员费上调以来的第二次价格上调。会员价格的连续上调反映了爱奇艺开始改变发展战略，在付费会员制度上开始了新的探索。事实上，近年来爱奇艺一直面对着亏损和会员数量停滞的困境，对比 Netflix 自 2003 年开始的盈利之路，如今的爱奇艺正在探索属于自己的盈利之路。

---

* 王海文，北京第二外国语学院经济学院教授，副院长；安然、孙柳明，北京第二外国语学院经济学院国际商务专业硕士研究生。

2. 相关背景

"中国社会过去四十年的发展有两大动力：一是复制境外成功路径；二是创新，特别是中国民营企业在商业模式上的创新，但是未来这方面的空间有限。"爱奇艺创始人、CEO龚宇曾表示。

一直以来，Netflix被视为国内在线视频平台对标的对象。爱奇艺首席内容官王晓晖曾公开宣称"爱奇艺要进军伟大娱乐公司，就像Netflix一样"。腾讯视频则宣称要做"Netflix+YouTube"。

成为国内Netflix到底是不是一句口号？

根据2021年9月中国互联网络信息中心（CNNIC）发布的第48次《中国互联网络发展状况统计报告》，截至2021年6月，我国网民的数量高达10.07亿人，相比2020年12月新增2175万，互联网普及率达71.6%；我国使用手机上网的民众数量达到10.07亿，占全部上网人数的99.6%；其中，我国互联网视频（含短视频）用户规模达9.44亿，相比2020年12月增长1707万，占网民整体的93.4%。[1] 在网络终端不断发展变革的背景下，人们开始倾向于以更加多样化和更加灵活可以自由选择的时间段的方式来观看节目，这就催生出了众多在线视频平台。

在线视频平台的成本主要由内容成本和带宽成本组成，带宽成本是视频平台交给运营商的费用，用户峰值越高时所需的带宽就越高。内容成本是在线视频平台获取内容或制作内容的成本，可以细分为版权费用和自制费用两部分，即购买新剧的版权费用和自制剧的拍摄成本。

在线视频平台的收入主要来源于付费会员，会员套餐的价格与会员数量决定了会员收入，也成为平台盈利的重要影响因素。爱奇艺的收入构成比较复杂，主要包括付费会员收入、广告收入、内容分发收入以及其他收入。其中，付费会员收入自2019年三季度起成为营业收入的最大来源，在总收入占比超过50%。Netflix的收入构成更为简单，由于没有广告费用，其收入的绝大部分都是来自会员收入，会员收入占到了Netflix的全部营收

---

[1] 中国互联网络信息中心（CNNIC）第48次《中国互联网络发展状况统计报告》，http://www.cnnic.cn/hlwfzyj/hlwxzbg/hlwtjbg/202109/P020210915523670981527.pdf。

的 95% 以上。

短短几年时间，国内视频网站经历了从免费到收费的演变。

纵观我国在线视频平台收入来源的变化历程，2005 年至 2006 年间，优酷和土豆建立 UGC（用户生成内容）模式的视频分享网站，通过吸引广告商投放广告从中赚取广告费用。但是随着行业内竞争加剧，2010 年爱奇艺和 2011 年腾讯的出现，单纯依靠广告的盈利模式已不能负担起平台运营的成本费用。在之后的 5 年间，付费服务业务一直处于探索阶段，各大在线视频平台利用各种优惠补贴来吸引消费者，但付费人数仍然增长缓慢。直到 2015 年，爱奇艺、优酷和腾讯视频发布了一系列剧集，采用会员付费模式，开始拉动付费用户大规模增长。近年来，随着行业的发展，付费会员制度又出现了新的变化和问题，但以爱奇艺为主的头部平台仍然存在着连年亏损的困境，会员规模的增加并没有立刻改变各大平台的亏损现状。

相较于美国在线视频行业，同样成为头部平台的 Netflix，作为各大视频平台效仿的对象，是全世界最大的付费订阅模式的在线视频平台，于 1997 年成立，并于 2002 年在纳斯达克上市，业务范围包含全球 190 多个国家和地区，市值高达 2100 多亿美元。自 2007 年传统 DVD 租赁业务进入衰退期以后，Netflix 便开始逐步向线上流媒体业务转移重心。根据 Netflix 官网的年报数据来看，Netflix 自成立以来直至 2002 年净利润均是负值，从 2003 年才开始转亏为盈，并且自此净利润逐年扩大。从这一时间点开始，Netflix 跨越了行业的盈亏平衡点，形成了规模效应，由前期打下的会员基础开始支撑起整体系统的成本，维持了优质内容的新创作，进而形成良性循环，优质内容继续带来更多的付费会员，平台逐步开始获得正的净利润。

3. 案例正文

Netflix 和爱奇艺，两家最具代表性的流媒体平台，走出来的却是不一样的道路。

从上述在线视频平台的收入构成来看，爱奇艺和 Netflix 的收入来源主要是依靠付费会员。怎样才能提升付费会员的数量和最大可能发挥出提高套餐价格的正面效应呢？爱奇艺和 Netflix 从以下几个方面入手。

3.1　付费会员服务体验

消费者购买在线视频平台的会员后不仅可以获得观看的视频内容，还会获得相应的增值服务。爱奇艺的增值服务包含内容特权、观影特权、身份特权和生活特权四大方面，每一项囊括了多项内容，具体权益如表 2-1 所示。Netflix 不同套餐的服务差异主要体现在同一时间可用设备数量，是否可以观看高清视频，是否可以观看超高清视频等几个方面。与爱奇艺的增值服务相比，Netflix 的套餐服务差异则更为简洁。

表 2-1　爱奇艺会员权益

内容特权	观影特权	身份特权	生活特权
院线新片	广告特权	五端全屏通	投屏设备优惠
海量高分大片	蓝光 1080p	畅享多会员	联名卡特惠
热剧抢先看　独家综艺	帧绮映画	尊贵标识	明星影视周边
演唱会直播	杜比全景声	尊享装扮	线下观影团
付费影片折扣	杜比视界	生日礼包	明星见面会
电影点播券	音频模式	专属客服	参与综艺录制
畅读小说	专属弹幕	等级权益红包	
	视频加长截取	赠送好友影片	
	下载加速	好友免费一起看	
	并行下载	齐享会员卡	
	边下边播	每日福利	
	预约下载	黄金会员免费领	
	亲子特权	FUN 会员免费领	
		体育会员免费领	
		电视会员免费领	

数据来源：爱奇艺 App。

在服务体验方面，Netflix 在平台运营设计时就没有加入广告服务，因此也不存在付费免广告的服务。爱奇艺的会员权益中是有广告特权一项的，VIP 用户在观看影视内容时可以节省掉贴片广告的时间，但又在注意事项中提到，部分片源因为版权方的限制仍然可能向用户呈现不同种类的广告服务。在实际使用过程中，由于爱奇艺的广告收入也是其重要的收入来源之一，因此，VIP 用户没有享受到真正的"无广告"权益，广告仍会在剧前或剧中出现，但会在视频右上角出现提示说明，VIP 用户可以选择跳过广告。爱奇艺一直以来的亏损使其陷入两难境地，一方面爱奇艺无法放弃作为重要收入来源的广告收入，但另一方面部分付费用户会因为这些广告产生不满。此外，还有为增加收入而开启的超前点播，也不能使所有的付费用户满意。

Netflix 是需要用户成为订阅用户（付费用户）后才能免费无限制地观看剧集和电影，套餐的不同价格仅对观看条件做出区别，因此 Netflix 提升付费用户满意度的手段就是提高用户观看体验。Netflix 通过大数据挖掘技术，将消费者在平台上产生的行为进行数据分析，比如观看时在什么时候会点击暂停，什么时候选择回放或快进，用户对内容的评分和评价，用户搜索请求等等。这些行为数据与第三方数据综合起来进行分析，依靠平台的数据算法优势，向用户提供个性化的服务，根据用户喜好推荐剧目甚至量身打造内容。这种消费者和生产商之间的直接互动强化了消费者和Netflix 之间的黏性。

3.2 付费会员扩展战略

付费会员的数量以及比重体现了平台的吸引力和未来发展空间，是平台盈利的直接影响因素。爱奇艺在成立后的第二年就推出了会员服务，但付费会员制度在早期一直发展缓慢，直到 2015 年《盗墓笔记》上线放映，爱奇艺推出"会员抢先看"模式，会员享有一次性观看全集的特权。这一举措有效地刺激了用户的增长，付费会员数量迅速上升，在这一转折点后也开创了在线视频平台付费会员差异化排播的模式。此后爱奇艺接连推出《最好的我们》《太阳的后裔》《余罪》等会员特权电视剧，带动爱奇艺会员数量迎来爆发性增长。2015 年 6 月，付费会员数量突破 500 万人关口，同年 12 月突破 1000 万人，2016 年 6 月突破 2000 万人。截至 2021 年第三季度，爱奇艺付费会员已稳定在 1 亿人。可见，爱奇艺主要是依靠平台独播剧和付费会员差异化排播的模式来维持和促进付费会员数量的上升。

Netflix 在美国市场的用户数量增长放缓，国内市场接近饱和，因此 Netflix 开始了海外拓展。2010 年 9 月，Netflix 首先在加拿大推出了流媒体服务，并陆续在其他国家或地区进行业务扩展，具体时间和顺序如图 2-1 所示。首先在文化相近的加拿大实验成功后，陆续推向更多的国家和地区，包括拉丁美洲、欧洲地区以及亚洲地区等。在这样的推进力度下，目前 Netflix 的消费者几乎遍布全世界。

2010年	2011年	2012年	2012年	2013年	2014年	2015年	2015年	2015年	2016年
加拿大	拉丁美洲	英国 爱尔兰	芬兰 丹麦 挪威 瑞典	荷兰	德国 奥地利 瑞士 法国 比利时 卢森堡	澳大利亚 新西兰	日本	西班牙 葡萄牙 意大利	其他

图 2-1　Netflix 海外拓展时间轴

数据来源：Netflix 官网。

Netflix 有着强烈的商业驱动力进行海外拓展，通过与其他国家运营商合作，不同地区差异化定价，语言和内容本土化以及制作本土化特色的剧集等一系列有效策略，增强海外用户对 Netflix 的好感度，实现订阅数的增长和市场占有率的扩大。海外拓展和国际化战略成功改善了 Netflix 的盈利状况，扭转了国内付费会员增速放缓对盈利的影响，国外用户成为 Netflix 发展强有力的动力来源。

3.3　会员价格变动策略

各大在线视频平台都曾或正在面临用户增长放缓、营收下降以及市场接近饱和等不同的问题，因此各大平台最终纷纷开始通过上调会员价格寻找解决途径。Netflix 从提供在线视频服务至今已经经历了多次调价，爱奇艺至今也经历了多次调价。

2020 年 11 月 13 日，爱奇艺首次宣布了会员费用的上涨，2021 年 12 月 16 日，又对其会员服务进行了第二轮的涨价，具体价格变动情况如表 2-2 所示。

表 2-2 爱奇艺付费会员价格变动情况

年份	爱奇艺不同类型的会员价格					
	元/连续包月	元/月卡	元/连续包季	元/季卡	元/连续包年	元/年卡
2011	15	19.8	45	58	178	198
2020	19	25	58	68	218	248
2021	22	30	63	78	218	248

数据来源：爱奇艺官网。

　　自付费会员施行以来，爱奇艺从 2011 年至 2020 年 10 月保持了不变的价格，2020 年 11 月首次提价，对所有类型的付费套餐价格均进行了上调，2021 年 12 月第二次提价，又上调了除了"连续包年"和"年卡"外的其他服务套餐的价格。对比 2011 年和 2021 年的价格，连续包月、连续包季和连续包年的涨价幅度分别为 46.7%、40% 和 22.5%。通过网络社交平台的用户发声可以看出，部分用户认为此次爱奇艺涨价的幅度过高，用户购买意愿下降。根据季报数据统计，爱奇艺涨价后，当年第四季度会员数量环比减少 1400 万人，相较 2019 年同期减少约 400 万人，付费会员数量出现了不小的流失。但提价也可能是爱奇艺的无奈之举，此次涨价在一定程度上为爱奇艺带来了营收的改善，爱奇艺会员服务的收入同比增长约 14%。

　　Netflix 曾经历 6 次涨价，但除了首次独立出在线视频服务时对用户形成了变相的价格上涨，短期内部分会员无法接受，造成了付费用户数量的下滑外，在此后的历次涨价后，无论是国内用户还是国际用户的数量都没有因为价格上涨而出现下降的现象。从盈利方面来看，价格上调并没有对 Netflix 的盈利产生负面影响，更多的会员和更高的费用使得 Netflix 的营业收入大幅增加，分担了内容成本的负担并且带动净利润上涨，推动了 Netflix 盈利的正向循环。

　　Netflix 提价的成功得益于其调整付费会员价格的方式和时间点有关。通过对 Netflix 历次涨价进行统计分析可以发现，Netflix 一般会选择在营收增速减缓的情况下，通过提高订阅价格来改善营收情况。同时，Netflix 通过提供优质的内容提高了用户对于价格上涨的接受度，并在回收资金后投入下一部剧的制作，推出新剧刺激用户与会员收入的增长。具体来说，

Netflix 一般会选择在热门电视剧发布之后才进行价格上调的活动，例如，2019 年一季度，是 Netflix 历年以来提价幅度最高的一次，涨价 18.2%。平台在此前后安排了多档口碑优良的电视剧，帮助巩固用户付费，持续扩大营收。

但爱奇艺在提价时间节点的选择上则并未使用同 Netflix 相同的策略。从爱奇艺首次提价的实施日期来看，距离几个大火的电视剧开播完结已有一段时间，当时正值《棋魂》播出了一半的剧集，而爱奇艺的下一部热门独家剧目《赘婿》的开播时间则是 2021 年 2 月 14 日。也就是说，在会员费用调整后的几个月内并没有其他热门独播电视剧出现，而平台在对用户的吸引力下降的同时还提高价格，可能是在这样的原因下导致用户数量的下跌。

3.4 消费者付费习惯

中国和美国的在线视频平台付费用户在购买习惯方面存在的较大差异，对两国在线视频平台的盈利也产生了影响。中国在电视业发展初期，政府采取了免费的电视服务模式，来为广大群众谋取福利。进入有线电视时代，即使此时用户需要缴纳一定的费用才能收看电视节目，该项费用普遍被认为是有线电视的维护费用，而不是用户对观看的电视视频资源的付费。因此，对于版权付费意识需要加强的中国观众来说，这种情况下电视和在线视频平台会被认为只是在不同终端上播放影视作品，因此无论是电视还是在线视频平台，观众在短时间内难以接受为正品影视付费的要求。爱奇艺所实施的付费会员制度，需要从培养消费者的付费意识开始，这就使得会员数量在爱奇艺成立初期增长困难，一直到 2015 年凭借着优质独播剧和会员权益才打开局面，凭借着多年的付费意识培养，中国现已形成了一批具有付费意识的消费群体。2019 年二季度，爱奇艺的付费用户数量突破了 1 亿人大关，2020 年会员收入高达 164 亿元，平台利润缺口不断收窄。

相较于中国在线视频平台需要培养消费者付费意识，美国的付费服务历史悠久。早在二十世纪六七十年代，美国就兴起了付费有线电视服务。作为本质上相似的付费点播视频服务，经过多年的积累，许多付费用户已经习惯了对影视内容进行付费，进而从付费电视向付费视频过渡就更为容易。此外，相比美国付费有线电视最低 20 美元/月，美国在线视频平台的费用更低，即使在经历多次提价以后，Netflix 的基础会员订阅价格仅为每月 8.99 美元，高级会员订阅价格为每月 17.99 美元。这更加有利于美国在线视频平台付费会员数量的增长和会员价格的上涨。

3.5　付费内容版权保护

优质的内容是在线视频平台的核心竞争力，版权保护在影视内容创作和视频行业良好发展过程中起着保驾护航的作用，也是在线视频平台内容丰富和发展的保障。在线视频平台的发展推动了视频行业对于著作权的保护，规范了视频播放传播的要求，促进了付费观看的增加，使得消费者依据规范购买视频资源，提升在线视频平台的盈利能力。同时对于在线视频平台来说，一旦发生版权问题的纠纷，平台需要承担大量的金钱损失以及社会声誉的损害，所以各大平台会竭力防止此类事件发生。

爱奇艺于 2019 年成为国内首个水印系统通过中国数字版权管理 China DRM 实验室安全评估的在线视频平台，其自研水印系统在视频嵌入水印同时不会对观众观看效果造成影响，系统通过检验视频的水印来判定是否发生了盗版侵权行为，保护创作者和视频版权。同时 2021 年实施的新修订的《著作权法》和国家网信办修订的《互联网用户公众账号信息服务管理规定》都为在线视频平台版权保护提供了更明确的法律依据。Netflix 则采用名为"数字版权管理"的技术，即 DRM 技术，进行视频加密。同时，美国的版权保护制度相对于中国来说也更为完善。

4. 结尾

从爱奇艺和 Netflix 在付费会员制度实施方面的对比中可以看出，主要通过影响付费用户服务体验、付费用户拓展战略、付费价格调整策略、消费者付费习惯以及付费内容版权保护几个途径影响在线视频平台的盈利。相较于 Netflix 而言，爱奇艺在优质内容的持续输出上还稍显不足；在服务方面，虽然从各个角度努力达成以用户为中心，但是从实际经验来看，对付费用户兴趣点和敏感点把握的能力还有所欠缺。此外，在提价节点的选择上、用户消费习惯的培养上、促进版权保护方面的法律和制度的完善更新上也都显现出了一定程度的不足。可以说，爱奇艺和 Netflix 在付费会员制度实施中的异同点，对中国在线视频平台行业的盈利模式和发展有着积极的借鉴和启示意义。

附　录

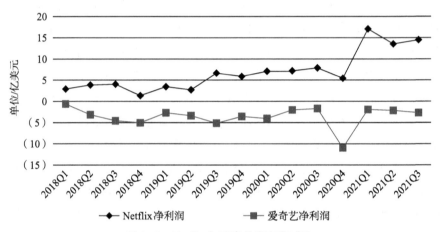

图 2-2　Netflix 与爱奇艺净利润对比

数据来源：Netflix 官网、爱奇艺官网。

表 2-3　Netflix 会员价格及权益

会员权益	基础	标准	高级
每月优惠价格	＄8.99	＄13.99	＄17.99
高清可用	×	√	√
超高清可用	×	×	√
可同时观看屏幕数量	1	2	4
在笔记本电脑、手机和平板电脑上观看	√	√	√
无限的电影和电视节目	√	√	√
随时取消	√	√	√

数据来源：Netflix 官网。

表 2-4　Netflix 调价前后的剧目推出情况

时间	2013Q1	2013Q2	2013Q3	2014Q1	2014Q2	2014Q3	2015Q1	2015Q2
基础		$7.99			$7.99			
标准					$8.99			
高级		$11.99			$11.99			
剧目	《纸牌屋 1》		《女子监狱 1》	《纸牌屋 2》	《女子监狱 2》	《哥谭 1》	《纸牌屋 3》	《超感猎杀 1》《女子监狱 3》

时间	2015Q3	2016Q1	2016Q2	2016Q3	2017Q2	2017Q3	2017Q4	2018Q1
基础	$7.99						$7.99	
标准	$9.99						$10.99	
高级	$11.99						$13.99	
剧目	《毒枭 1》	《纸牌屋 4》	《怪奇物语 1》	《毒枭 2》	《纸牌屋 5》《超感猎人 2》	《捍卫者联盟》	《怪奇物语 2》《心灵猎人 1》《黑镜 4》《王冠 2》	《副本》

时间	2018Q3	2018Q4	2019Q1	2019Q2	2019Q3	2020Q1	2020Q3	2020Q4
基础			$8.99					$8.99
标准			$12.99					$13.99
高级			$15.99					$17.99

续表

剧目	《你 1》	《纸牌屋 6》	《爱，死亡和机器人 1》《性爱自修室 1》	《黑镜 5》	《怪奇物语 3》《心灵猎人 2》	《性爱自修室 2》	《伞学院 2》	《后翼弃兵》《艾米丽在巴黎 1》《弥留之国的爱丽丝》
时间	2021Q1	2021Q3						
基础								
标准								
高级								
剧目	《亚森罗宾》	《鱿鱼游戏》						

数据来源：Netflix。

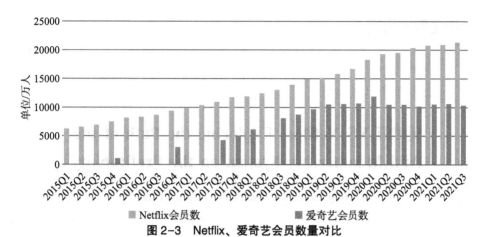

图 2-3　Netflix、爱奇艺会员数量对比

数据来源：Netflix、爱奇艺官网。

英文案例摘要

iQIYI VS Netflix: Exploring the Path of the Paid Membership System on the Profitability

Wang Haiwen An Ran Sun Liuming

Abstract: iQIYI, as one of the industry giants of Online video platforms in China, has been losing money for years, while Netflix, an American online video platform, has made profits with the application of paid membership system. This case by comparing iQIYI and Netflix online video platform in the system of paying members of China and the United States, the implementation of the paid member service experience, paying members expand strategy, price change strategy, consumers pay habits and paid content copyright protection, from the perspective of the five explore two online video platform on the implementation of the system of paying members of the differences and similarities.

Key words: Online video platform Paid membership system Digital economy Netflix iQiyi

案例使用说明

爱奇艺 VS Netflix：探索会员盈利之路

一、教学目的与用途

1. 本案例主要适用于国际商务课程，也适用于国际贸易等相关课程。

2. 本案例的教学目的是，通过爱奇艺与 Netflix 案例的讨论学习，深入了解数字经济背景下文化企业如何实现创新发展，以及寻求盈利的策略和路径。

二、启发性思考题

1. 你如何看待爱奇艺在寻求盈利之路上的战略决策？

2. 爱奇艺在面临连年亏损时采用了什么办法？你如何评价其做法？

3. 如果你是爱奇艺 CEO，你会如何规划爱奇艺下一阶段的发展？

4. 你如何看待 Netflix 的海外拓展策略？这种海外拓展策略是否适合爱奇艺？

三、背景信息

1. 理论背景

（1）平台经济

平台经济是在人类的数字化生产活动中，由于经济的循环和周转，各平台组织之间或平台组织与其他经济主体之间相互联系相互作用所构成的经济总体。平台组织通过数字平台处理经济活动信息，并完成平台的运营、维护以及参与经济运作等相关活动。平台经济通过数字平台使得双边多边的使用群体之间进行交互,实现了跨越时空和国界集中生产和消费信息,创造商业价值,加速经济循环,成为一种借助网络信息技术协调组织资源并依照规则对资源进行配置的重要经济形态。

平台经济产生了以下的经济效应:

一是长尾效应。根据统计学的正态曲线来看,大部分人们的需求集中于正态分布中间的突起部分,而分布在尾部的需求所对应人群较少,一般是小众的个性化的需求,在市场范围有限的情况下,生产满足大规模需求的产品可以减少生产成本,消费者个性化的需求被忽视,由于互联网可以解决跨越时空和距离的成本问题,平台组织通过数字平台为更多的消费者搭建了沟通平台,使得生产和再生产过程可以容纳零散的个性化需求,满足了尾部消费者的需要,使平台组织实现"小利润大市场"。在线视频平台通过个性化的内容提供打造自身的竞争优势,吸引尾部消费者,可以进一步扩大用户市场占有率,增加收益。

二是规模经济。相关研究认为,平台依照如下的作用机制实现规模经济。首先,技术规模经济使得网络平台降低了产品和服务的成本;其次,网络效应使得平台在运营时面对大幅度的服务人数变动,可以保证更小的运营服务成本变动,基于这两个效应平台达到规模经济的边际临界值,实现成本增长无限趋于零。网络效应是随着用户规模的扩大,其消费的产品或服务所能提供的好处增大的情况,即"用户产生用户",这也是平台经济更容易快速扩张的原因之一。在线视频平台形成规模经济降低了单位成本,单位产品价格下降,促进消费者增加,消费群体扩大又进一步降低了成本,从而吸引更多消费者,最终形成正向循环过程。

三是缓解信息不对称。信息不对称问题会影响市场资源的高效配置,资源无法流向最合理最需要的地方,而网络信息技术的应用可以在一定程度上缓解这一问题。互联网可以存储更多的信息并加以分析,借助网络数据可以更好地分析交易者的背景、偏好、信用状况等多个方面,形成较为全面可靠的评估,为后续合理配置资源提供依据。对于在线视频平台来说,一方面,用户的公开评论可以使其他消费者提前了解视频内容的质量再决定购买;另一方面,平台可以通过数据掌握消费者的动态和喜好,为后续视频内容的打造提供依据。

（2）对外直接投资

随着企业的发展，经济实力不断增强，国内市场接近饱和，在这种情况下，企业管理者将目光投向本土以外的全球海外市场，将产品和服务拓展到本土之外进行发展。对外直接投资是企业海外拓展战略的重要形式，是指一国国际直接投资的流出，即投资者为了直接在海外经营企业而进行的投资。具体方式可以分为参加资本、开办合资企业、收购现有企业和开设分店子公司等等。对外直接投资一般形式为，由投资者提供资本，在海外地区新建工厂，设立分公司，或收购海外企业，还可以向当地政府和组织团体寻求合作，以获得企业的经营管理权或获得业务许可为目的。企业在发展经营中对于海外拓展进行一系列战略规划，有助于跨国企业有序计划公司成长，增强企业竞争力和环境变化适应能力，决定着企业未来全球发展的态势。

数字平台由于数字化的属性为企业提供了新的国际化方式，数字平台赋予了企业全球化的价值传递的能力，其本质可以视为一个可以对需求和供给双方快速反馈信息的中介，平台更好地连接了经济活动中的两端，并将信息以数字化的形式储存在企业内部，后续通过技术处理转化为创造价值的要素。它主要向消费者提供内容或者服务，以及各种非物质形态的虚拟产品，企业在对外直接投资的过程中通常不需要为产品的生产建立大型生产线、采购大量的生产原材料，无形资产是其竞争力的主要来源。由于交易对象的特殊性，相较于其他类型企业的跨境经营来说，在线视频平台国际化需要配套建设的物流或者海关等体系的基础设施建设成本几乎为零，其对外直接投资的实际需要的可能只是东道国相关部门的许可、资金流通渠道的确定、监管机制的实施以及平台的法律权益制定等内容。此外，数字化技术的发展进一步为在线视频平台国际化提供了技术保障。相关研究证明，平台的网络能力对出口有着正向的影响作用，即平台企业网络能力越高，其出口绩效会越好。国际化战略和跨境经营模式对于平台企业的扩展具有重要的意义。但是，尽管数字平台具有本身的特性，同样可能会面临一般企业在对外直接投资时面临的风险，东道国和母国在市场结构、制度和法律环境、语言和文化等维度的差异仍然可能给国际化经营带来潜在的挑战。

（3）消费者行为

广义层面来看，消费者行为不仅是消费者对于商品和服务的实际购买消费的行为，还涉及消费者对消费行动的复杂决策过程。消费者行为学通过研究消费者的消费心理活动和消费行为的规律，提供了关于消费者获得和消费产品及服务的行为分析。文化消费是消费者为了满足自身精神文化需求，购买和使用文化产品及服务而形成的消费。文化消费品需要具备文化价值，以文化资本要素为生产要素，并且为消费者带来娱乐、情感、价值认同等非功能性的效用。

一方面，根据 Lancaster 等的新消费理论，消费者依据收入水平、价格、偏好和产品特性对消费行为进行选择，且消费效用主要取决于消费品的质量和属性。网络视频属于体验性消费品，因此对于在线视频平台提供的视频内容来说，文化产品与服务质量和属性对于消费效用的大小具有重要的意义，能否满足消费者心理预期、能否符合人们的审美需求、能否为消费者带来社会资本，成为影响人们文化消费行为的主要因素。

另一方面，不同国家的消费者对于文化消费的决策行为和习惯往往受到本国消费文化的影响，中国和美国文化背景差异较大，因此消费者的消费行为也呈现出不同的特征。首先，美国消费者的消费决策更加独立，敢于尝试并且追求创新，购买行为产生速度更快；而中国消费者则更加求稳，更倾向于购买已有较好评价的消费品，新生事物往往需要一定的发展传播和大量口碑积累才能获得大部分消费者的青睐。其次，中国消费者对文化消费的价值认同相对较弱，普遍具有"合适消费"的心理。只有消费可获得实惠的心理感受，中国消费者才更愿意购买。而对于文化消费来说，认识水平会严重影响对文化消费价值的衡量。美国消费者具有更强的文化消费的能力和价值认可，对文化产品和服务的购买力更为强大。最后，相较于美国而言，中国消费者法律意识更为薄弱。无论是自身权益的保护还是对于文化消费品的版权保护意识都较差，中国消费者在权益受到侵害时一般会选择沉默并放弃该消费品的再次消费，这不利于平台的改进发展，版权保护意识的淡薄则阻碍了文化产品的创新发展。

2. 行业背景

（1）在线视频平台

在线视频平台是通过宽带互联网技术，实现用户在线实时浏览、播放以及发布视频的媒体平台。在线视频平台应用流媒体技术，打破了接收端和传输通道的技术限制，将不间断的信息流及时传向终端使用者，完成对高清视听符号的实时播放，从而替代了此前流行的异时传输"下载模式"。

在线视频平台属于数字内容产业，按照其内容来源来看，可以划分为用户、专业机构、平台自身三个方面，进而可以将在线视频平台划分为UGC分享型视频平台、专业内容分享型视频平台以及自制内容分享型视频平台。目前大部分在线视频平台同时提供以上三种类型的内容和服务，差异在于各类的占比和侧重，即大多数在线视频平台为复合型。从具体内容来看，在线视频平台可以分为短视频平台和综合视频平台，短视频平台向用户提供时长5分钟以内的短时长的视频内容，而综合视频平台提供的内容较为丰富全面，包括电影、电视剧、综艺节目、纪录片、漫画、游戏等等类型，并且视频以长视频为主。本案例的研究对象爱奇艺和Netflix，主要是复合型的综合视频平台。

（2）付费会员制度

付费会员制，即注册会员定期缴纳一定的会员费用并获得更多产品或服务权益的一种制度（刘文纲和曹学义，2021）。具体而言，一方面，实施付费会员制度的主体通过提供差异化的具有高性价比的产品和个性化的服务吸引用户加入会员，根据会员相关数据分析用户需求，进行反向定制，开发自有品牌，降低渠道成本同时加强自主定价权。其经济学逻辑是付费会员制度通过差异化的商品和特色增值服务吸引消费者购买会员，从而利用会员数据分析市场需求，对产品进行反向定制、打造自有品牌。另一方面，拥有大规模的用户群体可以使付费会员制主体拥有有力的议价能力，减少企业成本，进而吸引更多会员加入，赢得会员的认同与忠诚度，实现长期良性发展。

四、案例分析思路及要点

1. 基于投资者视角分析爱奇艺为何仍未实现盈利的原因。

2. 结合长尾效应分析以 Netflix 为代表的在线视频平台能够发展的原因。

3. 造成爱奇艺仍未盈利的根本原因在于向用户提供的资源内容分散，缺乏平台特点，输出内容质量不稳定，以及没有做到真正以用户为中心。

4. 从外部环境的角度来看，消费者付费意识的缺乏也是爱奇艺难以盈利的原因之一。

5. 版权保护方面的法律和制度的不完善也是造成爱奇艺迟迟没有盈利的部分原因。

6. 解决我国在线视频平台盈利困难的关键在于真正做到以用户为中心，提供持续的优质视频内容。

五、理论依据与分析

1. 长尾效应

由于互联网可以解决跨越时空和距离的成本问题，平台组织通过数字平台为更多的消费者搭建了沟通平台，使得生产和再生产过程可以容纳零散的个性化需求，满足了尾部消费者的需要，使平台组织实现"小利润大市场"。从爱奇艺和 Netflix 的发展中可以看到，在线视频平台通过个性化的内容提供打造自身的竞争优势，吸引尾部消费者，可以进一步扩大用户市场占有率，增加收益。

2. 规模经济

以爱奇艺和 Netflix 为主的中美在线视频平台通过形成规模经济降低了单位成本，单位产品价格下降，促进消费者增加，消费群体扩大又进一步降低了成本，从而吸引更多消费者，最终形成正向循环过程。

3. 对外直接投资

随着美国国内市场趋近饱和，Netflix 的管理者将目光投向全球海外市场，基于东道国和母国在市场结构、制度和法律环境、语言和文化等维度的差异可能给国际化经营带来的潜在挑战，Netflix 从文化相近的加拿大开始它的扩张之旅。根据 Netflix 的数据，2017 年 Netflix 的国外市场实现了正的利润，2018 年国外营收首次超过国内营收。在国内市场营收增速放缓的情况下，Netflix 依靠海外市场维持了会员数量的持续增长，扭转了国内付费会员增速放缓对盈利的影响，海外拓展和国际化战略成功改善了 Netflix 的盈利状况，国外用户成为 Netflix 发展强有力的动力来源。

4. 消费者行为

消费者依据收入水平、价格、偏好和产品特性对消费行为进行选择，且消费效用主要取决于消费品的质量和属性。网络视频属于体验型消费品，因此对于爱奇艺和 Netflix 提供的视频内容来说，文化产品与服务质量、属性对于消费效用的大小具有重要的意义，能否满足消费者心理预期、是否符合人们的审美需求、能否为消费者带来社会资本成为影响人们文化消费行为的主要因素。因此对比爱奇艺和 Netflix 的决策行为，Netflix 比爱奇艺提供了更多的优质视频内容，更以消费者为中心，因此 Netflix 实现了持续的盈利。此外，中美消费者对文化消费的不同态度和法律意识的强弱，都对两个平台持续提供优质内容的驱动力强弱造成影响。

六、教学组织方式

本案例可以作为专门的案例讨论课来进行。如下是按照时间进度提供的课堂计划建议，仅供参考。

整个案例课的课堂时间控制在 50 分钟左右。

课前计划：提前下发案例和一部分背景材料，请学生在课前完成阅读和初步思考。

课中计划：用3~5页幻灯片简单介绍一下爱奇艺和Netflix，引入主题（5分钟）。

分组讨论（10分钟）。

告知发言要求，进行小组发言（控制在20分钟）。

引导全班进一步讨论，并进行归纳总结（10~15分钟）。

七、案例后续进展

自成立以来，连续亏损12年的爱奇艺终于在2022年一季度交出了一份盈利的季度报表。但是爱奇艺的这份盈利在收入方面并没有十分出色。根据Q1财报，爱奇艺当季营收72.77亿元，同比降低8.68%。其中，除会员服务收入同比增长4%以外，在线广告、内容分发和其他收入均有所下跌。

在收入不佳的情况下，爱奇艺在节省开支上下功夫。2022年一季度，爱奇艺各项开支均大幅减少，其中，内容成本同比下降19%，爱奇艺的回应是源于公司改进了内容策略，减少了综艺节目的推出。同时爱奇艺也通过2021年年底的裁员减少了薪酬支出，根据被裁中层的透露，被裁员工约占30%。各项支出的大幅缩减是爱奇艺净利润由亏转盈的主要原因，换句话说，爱奇艺这次的第一次盈利并没有来源其视频内容的收入，主要是靠节省开支省出来的。

Netflix凭借在2021年9月上映的《鱿鱼游戏》带动股价在第四季度一度大涨，但随着《鱿鱼游戏》热度的消散，2022年的Netflix遭遇了用户增长滞后、股价下跌和行业竞争日渐加剧等危机。根据Netflix 2022年第一季度财报，Netflix流失了20万订阅用户，迎来了首次会员数量下跌，财报发出后，Netflix股价一度暴跌35%，市值蒸发近544亿美元，随即Netflix裁掉了近2%的员工。2022年的Netflix面临着"内忧外患"。

首先是"内忧"。Netflix的盈利模式迫使其要持续创作出优质的视频内容输出，每年Netflix要制作700部作品，每周都要有内容更新，每次都要整季放出，在这样的输出压力下，Netflix开始向数量低头，难出精品。

其次是"外患"。随着国外影院的重启复工，疫情红利消退，平台竞争日益激烈，新老竞争者层出不穷。坐拥众多王牌IP的迪士尼捆绑的Disney+、Hulu和ESPN+，共有2.05亿用户，仅次于Netflix的2.21亿。仅仅出现两年的APPLE TV闷声发大财，走量少而精路线，稳扎稳打，已拿下240项大奖，其中包括Netflix垂涎已久的奥斯卡小金人。

针对当前的状况，Netflix的相关负责人提出了"更少、更大、更好"的战略，砍掉盈利欠佳的动画、真人秀部门，同时声明不再投资大成本的独立艺术电影，节省下来的资金用来投资更大的项目。在美国时间的6月13日，Netflix官宣了《鱿鱼游戏》第二季将回归的消息，一直以精品路线服务用户的Netflix，能否凭借这部作品再创辉煌，现在犹未可知，但没有精品的Netflix将必定神话不再。

迪士尼最大的并购交易：
并购 21 世纪福克斯

刘霞　伍格慧　邓常越*

摘　要：本案例描述了华特·迪士尼公司并购 21 世纪福克斯的过程，共分为并购前、并购时和并购后三个阶段来完整呈现该并购事件。本文首先介绍了迪士尼此前三次重要的并购案，并将之作为此次并购案的参照和铺垫。其次重点介绍了迪士尼收购后所获得的资源，主要包括 IP 内容和流媒体两大方面。最后描述了迪士尼在收购福克斯后的发展，既从财报整体看迪士尼的发展情况，又从内容开发和流媒体业务两个重点细分方向呈现迪士尼收购福克斯之后的发展轨迹。总体来看，迪士尼对福克斯的收购机遇与风险并存。

关键词：迪士尼　21 世纪福克斯　并购　案例研究

1. 引言

2019 年 3 月 20 日，迪士尼获得监管批准，以 713 亿美元成功收购 21 世纪福克斯，这个长达一年多的并购案终于尘埃落定。迪士尼重点收购的集团业务主要集中在影视领域，包括福克斯影业、FX 有线电视、国家地理频道以及 Hulu、欧洲 SkyTV 等福克斯旗下电视服务的股权，还有一系列

＊ 刘霞，北京第二外国语学院经济学院副教授；伍格慧、邓常越，北京第二外国语学院经济学院国际商务专业硕士研究生。

超级英雄电影改编版权。21 世纪福克斯集团旗下的福克斯广播公司、福克斯新闻频道、体育频道等剩余资产则重组成立为一家新公司。在福克斯被收购之前，好莱坞有六大制片厂，除了迪士尼和福克斯，还有华纳兄弟、环球影业、派拉蒙和索尼哥伦比亚。完成收购后，好莱坞的"六大"变成了"五大"，迪士尼进一步确立了自己的霸主地位。并购福克斯是迪士尼进行的新一轮扩张。迪士尼通过收购获得了福克斯旗下丰富的 IP 资源和重要的流媒体平台，以完成下一步的战略布局。

2. 相关背景

华特·迪士尼公司成立于 1923 年，总部位于美国加州的伯班克，目前是全球最大的跨国娱乐公司之一，业务涉及影视娱乐、主题公园、媒体网络、消费产品等多个领域。作为版权价值开发的佼佼者，迪士尼以影视作品为源头，将影视娱乐、主题公园、消费产品等不同环节打造成一条环环相扣的财富生产链。在这 100 年的发展历程中，迪士尼不仅创造出米奇、米妮、唐老鸭等多个经典动画人物，并通过并购不断扩充 IP 库，全面提升品牌价值，实现了商业上的巨大成功。

21 世纪福克斯是一家大众媒体公司，总部位于美国纽约。2013 年，新闻集团将旗下的娱乐和出版业务拆分成两家上市实体，其中出版业务公司保留新闻集团的名称，而娱乐业务公司命名为 21 世纪福克斯。21 世纪福克斯旗下的子公司众多，包括 20 世纪福克斯电影公司、福克斯探照灯影业、蓝天工作室、福克斯新闻、福克斯电视台、天空电视台等。其中，20 世纪福克斯电影公司是好莱坞大型制片厂之一，总部位于美国加州洛杉矶的比弗利山庄，1935 年由福克斯电影公司和 20 世纪影片公司合并而成，1985 年被新闻集团收购。

迪士尼和 21 世纪福克斯都是影视领域的佼佼者。2016—2018 年，迪士尼连续三年占据北美电影票房市场首位，市场份额分别为 26.3%、21.8% 和 26.0%。同时 20 世纪福克斯的市场份额分别为 12.9%、12.0% 和 9.1%，福克斯旗下探照灯影业也有大约 1% 的市场份额（吕泽均，2021）。2018 年全球票房第一名《复仇者联盟 3：无限战争》（20.49 亿美元）、第二名《黑豹》(13.47 亿美元)、第四名《超人总动员 2》(12.43 亿美元)全部出自迪士尼出品影片。

而近些年以 Netflix 为代表的网络流媒体公司持续快速发展，产业规模不断扩大。Netflix 可以直接跳过制片、宣传、院线发行、成本回收这些传统影视行业中的复杂漫长的变现过程，利用每月稳定的现金流进账搭建"制作—上架—更多用户订阅"这个良性循环。传统影视制作方感到威胁，纷纷收回在 Netflix 上的版权。Netflix 知晓片库体量是流媒体平台长远发展的底气，早早便开始布局，斥巨资开发原创内容，精品剧频出，近几年在艾美奖、奥斯卡等颁奖礼上实现大丰收。迪士尼也看到了流媒体的发展潜力，决定终止与 Netflix 的合作，收回版权，创立自己的流媒体平台，发挥自己的内容优势，直接与观众建立联系。

3. 案例正文

并购在迪士尼影视品牌的扩张过程中扮演了非常重要的角色，收购皮克斯、漫威和卢卡斯影业对其在影视娱乐方面的布局产生了深远的影响。

3.1 收购前：迪士尼的三次重要并购

2006 年，迪士尼以 74 亿美元收购皮克斯。自 2006 年《赛车总动员》开始，迪士尼与皮克斯的合作基本保持在一年一部经典的频率，这些动画作品也往往是票房和口碑双丰收，既充满人性关怀，又制作精良，为迪士尼带来了超过百亿美元的收入，巩固了迪士尼在动画领域的绝对地位。例如《头脑特工队》《寻梦幻游记》等作品不仅获得了奥斯卡最佳动画长片奖，票房也都超过 8 亿美元。但 2020 年后受疫情影响，电影市场整体低迷。2020 年上映的《心灵奇旅》口碑虽然很好，但最终票房仅为 1.2 亿美元。

2009 年，迪士尼以 42.4 亿美元收购漫威，将漫威旗下的 5000 多个漫画角色收入囊中，扩充为自己的无形资产。而在此后的十几年里迪士尼利用这些 IP 开发漫威电影宇宙，推出了《复仇者联盟》《雷神》《银河护卫队》等多个超级英雄电影，收获了无数粉丝，创造了巨大的商业价值。

2018 年，迪士尼在全球范围内票房突破 70 亿美元，其中超级英雄系列电影票房加起来就接近 50 亿美元①。除了极高的票房之外，这些超级英雄 IP 还带来了大量的衍生品收益。

2012 年，迪士尼斥资 40.5 亿美元收购卢卡斯影业，获得《星球大战》的 IP 所有权，这不仅有助于其在科幻领域的拓展，还丰富了它在影视类型方面的布局。收购后重启的星战系列在票房上斩获颇丰。迄今为止，迪士尼和卢卡斯影业打造的《星球大战：原力觉醒》《星球大战外传：侠盗一号》《星球大战：最后的绝地武士》《游侠索罗：星球大战外传》《星球大战：天行者崛起》再度引起了"星战"热潮，其全球票房总和在 60 亿美元左右。

3.2　收购背后：IP 整合+入局流媒体

尽管收购漫威和卢卡斯极大地丰富了迪士尼的 IP 内容，但迪士尼收购的漫威和卢卡斯影业都并不完整。漫威的《X 战警》、《死侍》和《神奇四侠》等早已授权出去，作为出品方的卢卡斯影业也只带给迪士尼星球大战系列后续开发的权利，并不拥有之前 6 部《星球大战》的版权。而掌握着这些资源的 21 世纪福克斯在 2019 年年底被迪士尼购入，实现了迪士尼在漫威超级英雄和星球大战 IP 的进一步整合。除此之外，《阿凡达》《异形》《辛普森一家》《冰河世纪》《王牌特工》等福克斯自产 IP 也都归属于迪士尼旗下。

迪士尼斥巨资收购福克斯，除为获得一系列经典 IP 的改编版权以外，还看中了后者拥有的流媒体资源：30% Hulu 的股份、39%欧洲 SkyTV 股份，以及福克斯全占的印度发展最快的媒体公司之一——Star India。其中最重要的是美国第二大流媒体平台——北美第四大视频平台 Hulu 的股份，收购后，迪士尼对 Hulu 的控股从 30%增加到 60%，一跃成为 Hulu 的最大股东。

2019 年 11 月 12 日，仅在迪士尼拿下 Hulu 半年多，迪士尼就推出 Dis-

---

① 《迪士尼完成收购福克斯，Netflix 腹地沦陷》，36Kr，https://36kr.com/p/1723386642433，最后访问日期：2021 年 12 月 12 日。

ney+流媒体服务在线媒体平台，主要专注于迪士尼集团制作的影视内容，包括华特·迪士尼影业、华特·迪士尼动画工作室、皮克斯动画工作室、漫威影业、卢卡斯影业，足见其发展流媒体的野心。迪士尼的流媒体业务包括 Disney+、Disney+Hotstar、ESPN+、Hulu 和 Star+DTC。其中，Disney+、ESPN+和 Hulu 是最主要的三块业务。这三块业务，分别面向不同受众，Disney+多为合家欢型内容，Hulu 专注于成年人的视频娱乐内容，ESPN+则立足于体育内容。迪士尼也将三者捆绑销售，打造了一个受众覆盖面极广的流媒体矩阵，有利于消费者以家庭为单位购买捆绑包。

3.3 收购后

（1）迪士尼财报：扭亏为盈，但低于市场预期

2021 年 11 月 12 日，迪士尼第四季度财报发布后的第二天，迪士尼股价一度下跌 9.2%，创下了当时 18 个月之后的最大跌幅。2021 财年（2020 年 10 月 4 日—2021 年 10 月 2 日）全年，迪士尼营收 674.18 亿美元，同比增长 3%；净利润 19.95 亿美元，扭亏为盈[①]。整体来看，迪士尼 2021 年 4 个季度都实现了盈利，尽管已经摆脱了疫情带来的深度亏损，但 2021 财年的盈利仍远低于疫情前 2019 年超过 80 亿美元的水平。

从迪士尼发布的 2021 年第四季度财报来看，截至 2021 年 10 月 2 日，迪士尼营收 185.34 亿美元，净利润为 15.9 亿美元，摊薄后每股收益 37 美分，整体业绩低于市场预期。

迪士尼 2021 财年第四季度财报将业务划分为媒体与娱乐分发（Disney media and entertainment distribution）和主题乐园、体验与产品（Disney parks, experiences and products）两个部分来展示营收。其中媒体与娱乐分发部门全年营收 508.66 亿美元，同比增长 5%；营业利润为 72.95 亿美元，同比下滑 5%。而主题乐园、体验与产品全年营收 165.52 亿美元，同比减少 3%；营业利润为 4.71 亿美元，同比上涨 4%。

媒体与娱乐分发囊括了电视网络、流媒体、内容发行与授权三类业

---

① 《迪士尼的 2021：乐园持续亏损，流媒体增长疲软》，https://36kr.com/p/1487687713 849733，最后访问日期：2021 年 12 月 12 日。

务。而流媒体业务（direct-to-consumer）近两年来被迪士尼视为公司业务的核心。2021 财年，流媒体全年营收 163.19 亿美元，同比增长 55%；营业利润亏损 16.79 亿美元，相比上年亏损收窄 42%。这表明，流媒体业务的确有所增长，但仍然处于烧钱的阶段。

截至 2021 年 11 月 2 日，Disney+ 的付费订阅用户达到 1.181 亿，较 2020 年增长 60%；ESPN+ 付费订阅用户量为 1710 万，同比增长 66%；而 Hulu 的订阅用户量为 4380 万，与 2020 年相比仅增长 20%。Disney+ 上线整整两年，经过第一年的野蛮扩张之后，订阅用户的增长速度明显放缓。2020 财年，Disney+ 用户数量实现了从 0 到 7370 万的突破，而 2021 财年，全年用户净增长数量仅为 4440 万。到了第四季度，Disney+ 在用户拉新方面的疲态愈发明显，单季用户数量仅增加 210 万，而其最大的竞争对手 Netflix 在截至 9 月 30 日的第三季度中，订阅用户增长了 440 万，达到 2.14 亿。

（2）内容开发：福克斯表现不如预期，蓝天工作室关闭

近几年，迪士尼在内容开发上似乎陷入了瓶颈。与之相比的是，Netflix 势头迅猛，投入巨大资金专注于原创内容的开发，推出了一系列口碑和热度双丰收的作品。2019 年影视和流媒体服务网站 Netflix 获得合计 17 项的金球奖提名，创造了该公司角逐金球奖的最好成绩，在提名榜上名列第一。Netflix 共有四部影片获得金球奖最佳电影提名，包括《婚姻故事》（*Marriage Story*）、《教宗的承继》（*The Two Popes*）和《爱尔兰人》（*The Irishman*）①。之后，Netflix 也保持着领先地位。在 2021 年第 78 届美国电影电视金球奖上，Netflix 成了当晚最大赢家。其中《王冠》剧组获得金球奖电视剧——剧情类最佳剧集、剧情类最佳男主角、剧情类最佳女主角、最佳女配角四大奖项。而《后翼弃兵》则是分别拿下了电视类最佳限定剧/电视电影和最佳女主角两项大奖。2021 年 Netflix 出品的韩国电视剧《鱿鱼游戏》也风靡全球。

相比在 Netflix 在原创剧集上爆款频出，引发全球观众热议的 Disney+ 电视剧集并不多。2021 年第一季度，常青剧集《曼达洛人》以及漫威系列

---

① 《史上最佳战绩：Netflix 获金球奖 17 项提名》，华尔街见闻，https://wallstreetcn.com/articles/3579509，最后访问日期：2021 年 12 月 12 日。

的《旺达幻视》撑起了收视率。此后发布的电视剧集《猎鹰与冬兵》，以及关于披头士的纪录片《归来》等都反响平平。在真人化电影方面，迪士尼近几年的发挥也不甚稳定。《美女与野兽》《阿拉丁》《狮子王》等真人化电影叫好又叫座，全球累计票房均破 10 亿美元。而《沉睡魔咒 2》《花木兰》则反响平平，票房表现也不尽如人意，《花木兰》更被指不了解中国历史、地域和文化，影片中存在很多不符合真实情况的设定。迪士尼在原创剧集打造上，远远不及 Netflix，内容的丰富程度也不在一个水平。

除了迪士尼本身的内容发挥不稳定，收购后福克斯储备项目的表现也远不如预期。就连时任迪士尼 CEO 罗伯特·艾格也出面表示："福克斯的表现比我们收购时所预期的差太多了。"2019 年，除小成本宗教片《不可能的事》《极速车王》、文艺片《乔乔的异想世界》之外，多部福克斯电影票房表现堪忧，其中又以《X 战警：黑凤凰》的亏损为最，整个一年，福克斯的累积亏损超过 5 亿美元。2020 年更是惨淡，受新冠疫情影响和迪士尼预算削减，全年下来的福克斯出品院线电影不过 3 部，跳票多次的《新变种人》更是票房口碑双崩盘。到了 2021 年，探照灯影业的《无依之地》获得了奥斯卡最佳影片、最佳女演员和最佳导演奖，导演赵婷成为第一位获得最佳影片的有色人种女性，但《失控玩家》上线，福克斯电影整体票房惨淡。《最后的决斗》这部耗资 1 亿美元的好莱坞大片，最终取得的票房仅 3000 万美元左右，可谓惨败。之后的《西区故事》《王牌特工：源起》《尼罗河上的惨案》等备受瞩目的影片的票房也不尽如人意。

除此之外，2021 年迪士尼宣布，由于受疫情影响等原因，其无法同时支撑 3 家动画工作室运行，因此决定关闭旗下的蓝天工作室（Blue Sky Studio）。蓝天工作室作为全球最优秀的动画工作室之一，曾创造出了一系列脍炙人口的作品。1999 年，20 世纪福克斯电影公司收购了蓝天工作室，而借此机会它们制作了第一部长篇原创动画——《冰川时代》。蓝天工作室在《冰川时代》中运用了很多在当时看来非常先进的 CG 制作技术，最终获得了巨大的票房成功，首映周末票房 4630 万美元，打破了此前 3 月首映纪录。截至 2019 年的《变身特工》（Spies in Disguise），蓝天工作室共制作了 13 部优质的长篇动画电影，另外 12 部包括《冰川时代》（共 5 部）、《里约大冒险》（共 2 部）、《霍顿与无名氏》《森林战士》《机器人历险记》《公牛历险记》以及运用了突破性技术的口碑佳作《史努比：花生大电影》。

2019 年 3 月，迪士尼完成了对 21 世纪福克斯的正式收购，蓝天工作室也因此归属于迪士尼旗下。2019 年，蓝天工作室推出了迪士尼并购之后新阶段的第一部作品《变身特工》，但这部动画电影票房惨淡，全球票房只有 1.71 亿美元，也是它 13 部作品中效益最差的一部。2020 年，随着新冠疫情的肆虐，迪士尼在主题乐园和电影业务等方面都受到重创，其 2020 财年亏损累计已达 28.32 亿美元，这是多年来迪士尼首次出现这种程度的亏损。在如此亏损之下，迪士尼决定关闭蓝天工作室。随着迪士尼宣布关闭蓝天工作室，《妮莫娜》这部作品被叫停。2022 年上映的《冰川时代 6：巴克大冒险》依旧受欢迎。《冰河世纪》这一 IP 的衍生剧集将继续开发，未来计划在 Disney+ 上映，只是制作它的将不再是蓝天工作室。

（3）流媒体：疫情下推动流媒体业务发展，Hulu 国际化受限

2020 年初，新冠疫情在全球大面积暴发，线下乐园和电影业务受到重创，使得迪士尼方面不得不大胆推进流媒体业务。2020 年《花木兰》在北美和全球其他一些市场绕过院线上映，在 Disney+ 直接发行，售价 29.99 美元，给 Disney+ 带来了可观的收入增长。疫情加速了迪士尼的转型，线下的全面复苏遥遥无期，内容注定向线上集中靠拢，促进 Disney+ 等流媒体业务的快速增长。从 2021 第二季度开始，Disney+ 推出了 Premier Access 模式，即让电影在传统院线和流媒体平台同时上线。2021 财年的许多电影都通过这种方式与观众见面。例如《黑寡妇》于 2021 年 7 月 9 日登陆北美院线，同时也在 Disney+ 同步上架。受疫情影响，传统院线观影受阻，这样的模式能带来双赢的结果——传统院线电影通过流媒体平台获得了更多的观众，流媒体平台也从电影节目中受益，亏损有所减少。

但这一做法同时带来了很大争议，2020 年，《黑寡妇》主演斯嘉丽起诉迪士尼违反合约，因双方合约规定影片只在院线独占上映。迪士尼在主演斯嘉丽·约翰逊事先不知情的情况下，将电影《黑寡妇》同步上线至自家的流媒体 Disney+，影响了后者的电影分成收益。日本第一大院线 TOHO 为了抵制迪士尼线上线下同步上映的混合发行模式，从《花木兰》至今，没有上映任何一部迪士尼电影。但迪士尼的态度也十分强硬，表明了未来

将加大力度扶持流媒体。这也释放出了一个信号，在新冠疫情的影响下，迪士尼这种相对保守的巨头开始更加依赖流媒体。

但迪士尼收购福克斯时所看好的 Hulu 却未能得到很好发展，国际化之路频频受阻。在外界看来，迪士尼对于 Disney+ 和 Hulu 两款产品在内容呈现方面泾渭分明。Disney+ 将是迪士尼呈现 PG-13 级（针对 13 岁以下儿童定下的级别，这一级是警告家长说影片有可能包括不适合 13 岁以下儿童观看的内容）及以下的内容的主场，而在收购 21 世纪福克斯后，片库中增加的数千部 R 级（属限制级，17 岁以下必须由父母或者监护陪伴才能观看）和偏成人向类型电影，则会在 Hulu 上进行呈现①。从几家娱乐巨头联合控股到完全被一家大公司所掌控，也终于开始有人为 Hulu 的未来战略做出规划：凯文·梅耶尔希望将 Hulu 打造成迪士尼的通用娱乐平台，并将其带到国际地区，同时真正尝试在内容层面上与 Netflix 和亚马逊等其他大型流媒体竞争，这是 Disney+ 在 PG-13 级限制下无法做到的。但受到两方面因素影响，Hulu 的国际化道路困难重重，几近夭折。

一方面，Hulu 汇集了大量的第三方内容，同时在美国以外没有任何品牌知名度。Hulu 最大的优势之一仍然是它所提供的大量第三方版权内容，而不是其原创系列。一旦涉及国际化，这种授权内容的供应在国际地区将会变得越来越复杂。虽然 Hulu 能够在美国长期立足，且该服务一直在保持增长，在流媒体服务和 Live TV 方面总共达到了 4380 万用户，并且拥有整体来看最好的内容产品序列，但试图将这个版本的 Hulu 带到国际地区可能不会成功。由于 Hulu 起家于几家娱乐巨头，所以它拥有来自 NBC 环球、索尼、华纳传媒和其他小公司的大量版权内容，也正是这些海量的内容使其成了一个具有吸引力的流媒体订阅服务。然而这些内容并不会随着全球扩张而自动拓展，一旦走向国际就面临着空有品牌但需要重新构筑内容的阵痛。同时，Hulu 在美国的发展也存在相当大的局限性，就像其他所有流媒体服务一样，随着越来越多的大制片厂开始推出自己的平台，其中一些合作伙伴在未来也必然会停止对 Hulu 的内容授权。以享誉"21 世纪最伟大剧集"的《宋飞正传》为例，Hulu 是其在美国的独家流媒体平台，但

---

① 《迪士尼的流媒体未来里没有 Hulu》，36Kr，https://36kr.com/p/916467684995849，最后访问日期：2021 年 12 月 12 日。

全球流媒体版权则归亚马逊所有。到了 2021 年，该剧的独播权再次易主为 Netflix。而一旦缺少了以《宋飞正传》为代表的优质内容资源，Hulu 在国际市场上的竞争力也将大打折扣。

另一方面，迪士尼和 Hulu 高层持续不断的人事变化也使得其国际扩张之路一波三折。2020 年初，随着时任 Hulu CEO 兰迪·弗里尔被迪士尼扫地出门后，Hulu 在梅耶尔领导之下看到了国际化扩张的希望。但突然间迪士尼前 CEO 鲍勃·艾格宣布退居二线，新任 CEO 则并非大家期待中的凯文·梅耶尔，而是掌管迪士尼乐园与邮轮业务的鲍勃·查皮克成功上位。随后便是一手打造了迪士尼流媒体业务的凯文·梅耶尔宣布离开迪士尼加入 TikTok 担任 CEO，上述一系列高层更迭，使得 Hulu 的国际扩张之路陷入停滞。

4. 结尾

并购是迪士尼实现内容和技术双双升级，扩大其在影视领域的重要途径。迪士尼此次斥巨资收购 21 世纪福克斯是想获得其丰富的 IP 内容，并更好入局流媒体。一方面对于拥有 NBC 环球、FOX 和 ABC 正版影视资源的 Hulu 的股权控制，可以脱离 Netflix 建立自己的流媒体平台，另一方面从福克斯那里得到大量独家的优质资源，在丰富自己平台产品的同时还可以给予竞争对手垄断打击，可谓一举两得。

但收购后迪士尼的发展却不如预期，内容开发陷入瓶颈，流媒体平台发展也逐渐放缓。并购只是开始，并购之后庞大的整合工作才是关键，面对如此庞大的业务体系，迪士尼必须放缓脚步，谨慎思考未来如何保证各部门的协同发展，如何消化福克斯带来的影视渠道和内容资源，最终将福克斯的影视资源与迪士尼现有资源有机结合，形成有效的内容输出。

并购重组福克斯资产的交易导致当年迪士尼的债务加剧一倍，达到 480 亿美元，同时推出的 Disney+流媒体服务开销也让迪士尼的短期收益受到拖累，迪士尼或许可以采用寻找可出售/授权的资产去创造性地减少债务：在迪士尼并购福克斯电视电影资产时，美国司法部曾要求迪士尼剥离地区体育网络业务，福克斯拒绝回购，仅保留其 FS1 和 FS2 频道；迪士尼的有线电视资产业务也因受到付费广告插播的影响，并没有获得充分利用，其资产估值过高，所以本文认为迪士尼可以通过出售手中地区性体育网络业务以及有线电视资产业务来有效缓解资产负债表的压力。

迪士尼创造了大量现金流，但同时需要大量的投资才能实现用户的增长，Fox-IP 的收购让迪士尼获得了全新的电影工作室业务。迪士尼要抓住这个机遇，通过 Fox-IP 的授权扩大其消费产品部门，从 Fox-IP 中获取内容，让消费品参与到 Fox-IP 中，实现成本协同效应和营销协同效应。

迪士尼对福克斯的收购机遇与风险并存。如果能处理好收购带来的种种问题，并让福克斯的丰富资源和渠道完美融入迪士尼现有体系中，重塑迪士尼的运作方式，那么迪士尼或将再度引领整个行业的新变革。

附 录

表 2-5 收购后皮克斯制作动画电影的票房及获奖情况

上映时间	动画电影名称	票房/亿美元	获得奖项
2006	《赛车总动员》	4.6	2007 年金球奖最佳动画长片 2007 年格莱美奖最佳电影原声带奖
2007	《美食总动员》	6.2	2008 年奥斯卡最佳动画长片奖
2008	《机器人总动员》	5.2	2009 年奥斯卡最佳动画长片奖 2009 年金球奖最佳动画长片
2009	《飞屋环游记》	7.3	2010 年奥斯卡最佳动画长片奖 最佳配乐奖
2010	《玩具总动员 3》	10.6	2011 年奥斯卡最佳动画长片奖 最佳歌曲奖
2011	《赛车总动员 2》	5.6	
2012	《勇敢传说》	5.4	2013 年奥斯卡最佳动画影片制作设计 2013 年金球奖最佳动画电影奖
2013	《怪兽大学》	7.4	2014 年安妮奖最佳动画长片奖 最佳剪辑奖
2015	《头脑特工队》	8.6	2016 年奥斯卡最佳动画长片奖 2016 年金球奖最佳动画电影奖

续表

上映时间	动画电影名称	票房/亿美元	获得奖项
2016	《海底总动员2：多莉去哪儿》	10.3	2017 年第 53 届美国电影音响协会奖
2017	《赛车总动员3：极速挑战》	3.8	
2017	《寻梦环游记》	8.1	2018 年奥斯卡最佳动画长片奖 最佳原创歌曲
2018	《超人总动员 2》	12.4	
2019	《玩具总动员 4》	10.7	2020 年奥斯卡最佳动画长片奖
2020	《心灵奇旅》	1.2	2021 年奥斯卡最佳动画长片奖
2021	《夏日友晴天》	0.49	

资料来源：百度百科；Box Office Mojo。

表 2-6　收购后迪士尼推出的星球大战系列电影的票房情况

上映时间	电影名称	票房/亿美元
2015	《星球大战：原力觉醒》	20.7
2016	《星球大战外传：侠盗一号》	10.6
2017	《星球大战：最后的绝地武士》	13.3
2018	《游侠索罗：星球大战外传》	3.9
2019	《星球大战：天行者崛起》	10.7

资料来源：Box Office Mojo。

表 2-7　迪士尼 2021 财年第四季度财报

项目	2020 年第四季度/百万美元	2021 年第四季度/百万美元	增长率/%	2020 年年度收入/百万美元	2021 年年度收入/百万美元	增长率/%
主营业务收入	14707	18534	26	65388	67418	3
税前持续经营收入	−580	290	>100	−1743	2561	>100
总业务运营收入	606	1587	>100	8108	7766	−4
持续经营净收入	−710	160	>100	−2832	2024	>100

续表

项目	2020年第四季度/百万美元	2021年第四季度/百万美元	增长率/%	2020年年度收入/百万美元	2021年年度收入/百万美元	增长率/%
持续经营每股收益	-0.39	0.09	>100	-1.57	1.11	>100
去除影响因素的每股收益	-0.2	0.37	>100	2.02	2.29	13
经营现金收入	1667	2632	58	7616	5566	-27
自由现金流	938	1522	62	3594	1988	-45

表2-8 迪士尼2021财年第四季度部门财报

项目	2020年第四季度收入/百万美元	2021年第四季度收入/百万美元	增长率/%	2020年年度收入/百万美元	2021年年度收入/百万美元	增长率/%
主营业务收入						
媒体和娱乐分发	11974	13084	9	48350	50866	5
主题公园体验和产品	2733	5450	99	17038	16552	-3
总计	14707	18534	26	65388	67418	3
业务运营收入						
媒体和娱乐分发	1551	947	-39	7653	7295	-5
主题公园体验和产品	-945	640	>100	455	471	4
总计	606	1587	>100	8108	7766	-4

表2-9 迪士尼2021财年第四季度业务财报

项目	2020年第四季度收入利润/百万美元	2021年第四季度收入利润/百万美元	增长率/%	2020年年度收入利润/百万美元	2021年年度收入利润/百万美元	增长率/%
主营业务收入						
电视网络业务	7012	6698	-4	27583	28093	2

续表

项目	2020年第四季度收入利润/百万美元	2021年第四季度收入利润/百万美元	增长率/%	2020年年度收入利润/百万美元	2021年年度收入利润/百万美元	增长率/%
流媒体业务	3300	4560	38	10552	16319	55
内容发行与授权业务	1873	2047	9	10977	7346	-33
额外分部收入清偿	-211	-221	-5	-762	-892	-17
总计	11974	13084	9	48350	50866	5
营业利润						
电视网络业务	1839	1642	-11	9413	8407	-11
流媒体业务	-374	-630	-68	-2913	-1679	42
内容发行与授权业务	86	-65	-176	1153	567	-51
总计	1551	947	-208	7653	7295	-5

表 2-10　迪士尼 2021 财年第四季度用户数量

平台	2020年第四季度用户数量/百万人	2021年第四季度用户数量/百万人	增长率/%
Disney+	73.7	118.1	60
ESPN+	10.3	17.1	66
Hulu:			
SVOD Only	32.5	39.7	22
Live TV+SVOD	4.1	4.0	-2
总计	36.6	43.7	20

英文案例摘要

Case Study of Disney's Acquisition of 21st Century Fox

Liu Xia　Wu Gehui　Deng Changyue

Abstract: This case describes the process of the Walt Disney Company's acquisition of 21st Century Fox, which is divided into three stages: pre-merger, during merger, and post-merger to fully present the merger event. This article first introduces Disney's three previous important mergers and acquisitions as a reference and foreshadowing of this merger. Secondly, it focuses on the resources obtained by Disney after the acquisition, which mainly includes two aspects: IP content and streaming media. Finally, it describes the development of Disney after the acquisition of Fox. It not only looks at the development of Disney from the overall financial report, but also presents the development trajectory of Disney after the acquisition of Fox from the two key subdivisions of content development and streaming media business. Overall, Disney's acquisition of Fox Presents both Opportunities and risks.

Key words: Disney　21st Century Fox　M&A　Case Study

迪士尼最大的并购交易：并购 21 世纪福克斯

一、教学目的与用途

1. 本案例主要适用于国际商务课程，也适用于国际商务谈判课程。

2. 本案例的教学目的是通过对迪士尼并购 21 世纪福克斯案例讨论学习，深入了解企业在进行并购交易时遇到的问题与解决策略，收购的动机以及企业未来的发展，为当前中国影视传媒企业的发展带来经验和启示。

二、启发性思考题

1. 从经济学原理角度出发，分析迪士尼的并购行为。

2. 你认为迪士尼和福克斯在并购后，两家公司应该如何实现业务整合以及人员和架构调整？

3. 你认为迪士尼本次并购是否存在改进的必要？如果有，应该从哪些角度切入？请说明你的观点并简要分析。

4. 国外成功的收购案例可以为我国影视传媒企业带来哪些经验和启示？

【启发性思考题分析思路以及参考答案要点】

1. 并购可以在很大程度上降低行业壁垒，充分利用原有企业的原料来源、销售渠道和已占有的市场份额，大幅度减少发展过程中的不确定性，在较短时间内实现多元化经营战略，并降低投资风险和成本。并购可以有效地减少竞争对手的数量，能相对提高行业集中程度和企业市场占有率，使企业获得较高的利润率。当产品的单位成本随着企业生产和经营规模扩大而逐渐降低，规模效应就出现了。通过并购方式可以迅速扩大规模，从而在降低平均成本的同时增加利润。

2. 迪士尼"吞下"21世纪福克斯后，这家价值 1680 亿美元的公司将更加强大，对好莱坞其他电影公司造成极大压力。但是，迪士尼在短期内恐怕将面临并购的阵痛，有媒体估计两家公司合并后的"瘦身"可能造成多达 4000 人下岗。针对此问题，可以采取成立员工整合服务团队、确定员工安置方案等措施。

3. 收购后，迪士尼的发展却不如预期，内容开发陷入瓶颈，流媒体平台发展也逐渐放缓。迪士尼必须放缓脚步，谨慎思考未来如何保证各部门的协同发展，如何消化福克斯带来的影视渠道和内容资源，最终将福克斯的影视资源和迪士尼现有资源有机结合，形成有效的内容输出。并购重组福克斯资产的交易导致当年迪士尼的债务加剧一倍，同时推出的 Disney+ 流媒体服务开销也让迪士尼的短期收益受到拖累，通过债务重组缓解资产负债表的压力。

4. 针对国外成功的大企业并购交易经验，可在课堂案例讨论前进行提前布置，通过搜集资料、课前预习讨论，形成初步的认识，在讨论过程中，教师加强引导，围绕案例学习目标进行讨论分享，形成普遍一致的意见，为案例学习拓展奠定基础。

三、背景信息

进入数字时代，随着互联网尤其是移动互联网的快速发展，其对传统影视业播发平台和渠道的冲击可谓摧枯拉朽。越来越多的消费者既不看有线电视，也不再订阅卫星频道，而是把更多的时间花在了没有广告的在线视频上，整天捧着智能手机、平板电脑。这使美国影视娱乐公司传播平台、渠道的多元化和竞争更趋白热化。过去依赖于院线和电视机面对点的灌输式播放模式被快速崛起的点对点的流媒体在线点播所撼动。

过去几年，迪士尼感到了时代的变化，但尚未明白这是时代转折点的来临。通过授权的方式，2012 年迪士尼允许第三方流媒体，如 Netflix 传播其制造的内容 IP（知识产权）给终端受众。但随着 Netflix 炸裂式的发展壮大，迪士尼意识到 Netflix 将不会满足于现状，甚至可能颠覆其在行业中的地位。最让迪士尼震惊的是，2018年第二季度美国Netflix市值超越迪士尼成为全球最有价值的媒体公司。这使迪士尼意识到新时代需要新玩法，由此也促使迪士尼把收购福克斯的价格从524亿美元提到了713亿美元。迪士尼此次收购势在必得的要点就在于布局直接针对观众的流媒体渠道和内容IP，后者也是福克斯的最大价值。

福克斯拥有美国三大流媒体之一的Hulu，其电视直播和点播服务拥有2500多万订阅用户。2018年，Hulu公司的电视直播和点播服务的订阅用户增长了800万人次，同比涨幅高达48%。与Netflix等主要流媒体公司相比，Hulu的年度增幅居首。面对颠覆式的竞争，迪士尼加速开拓流媒体疆域，2017年收购了ESPN。面对未来可能被平台和渠道所制约的风险，2017年8月迪士尼宣布两年后，即在2019年停止与Netflix合作。2018年，迪士尼首席执行官鲍勃·伊格尔宣布推出新的流媒体平台"Disney+"，并于2019年年底正式提供服务。迪士尼财报显示，2018年4月推出的体育流媒体服务ESPN已拥有200万付费用户，但前一年迪士尼与流媒体相关的业务损失超过10亿美元。时不我待，Netflix等流媒体的爆发式增长正在重新瓜分美国影视娱乐业蛋糕。在流媒体市场中，及时卡位是不被新时代抛弃的关键。

美国通信巨头也在争夺流媒体市场。像美国电信运营商AT&T更是重组华纳传媒业务，与Netflix和迪士尼在流媒体视频领域展开竞争。华纳传媒首席执行官约翰·斯坦基表示，"目前我们必须转移投资重点，为新兴平台上特定的受众制作更多内容。因此我们不能维持当前的模式，在业务经营管理方面，我们不能浪费1美元"。

Netflix面对具有内容IP优势的传统巨头，增加了其在原创节目和电影上的投入，2018年内容支出达到了120亿美元，推出原创电影超过80部。Netflix已拥有1.3亿订户，不仅在流媒体市场份额大战中遥遥领先，而且在内容IP上也开始挑战好莱坞传统巨头。在第91届奥斯卡颁奖典礼上，Netflix一共揽获15项奥斯卡提名，电影《罗马》更是拿下了最佳导演、最佳外语片和最佳摄影三项大奖，超过了华纳、索尼、派拉蒙等传统巨头的成绩。好莱坞传统巨头"六大"变"五大"，应该说福克斯被并购不是它的错，而是Netflix的鲶鱼效应正在激发美国影视娱乐业的巨变。

四、案例分析思路及要点

1. 分析迪士尼并购的动因

第一，迪士尼历来看重内容资产，精心打造高质量的产品，福克斯丰富的 IP 库和创作能力是巨大的财富，对迪士尼的原创真人电影的制作十分有利。近年来，迪士尼发行的动画电影、大 IP 续集电影和经典动画真人电影屡屡成为票房爆款，但是迪士尼本部制作的原创真人电影却多次失利，成为"献祭大作"，人们开始质疑迪士尼的原创能力。而 20 世纪福克斯和福克斯探照灯影业在打造原创电影方面独具慧眼，不仅开发了《星球大战》和《阿凡达》等超级大片，而且在历年颁奖季斩获颇丰，多次获得奥斯卡奖和英国学院奖。另外，迪士尼善于充分挖掘一个品牌的市场潜力，注重品牌在衍生市场的开发。阿凡达主题园区"潘多拉：阿凡达的世界"已经于 2017 年 5 月在奥兰多的迪士尼世界开幕。

第二，迪士尼旗下品牌的版权将更加完整，主要表现在卢卡斯影业和漫威影业将收回之前遗留在 20 世纪福克斯的版权。一方面，《星球大战》系列的前 6 部电影是由 20 世纪福克斯发行的，虽然迪士尼收购了卢卡斯影业，但是一些版权还属于 20 世纪福克斯，比如《星球大战 4：新希望》的发行权。收购之后迪士尼将拥有《星球大战》系列的完整版权，有权发行《星球大战》的电影套装。另一方面，早些年，漫威把一些漫画人物的电影改编版权卖给大制片厂，漫威影业的成功使其迫切希望回购这些版权，以便把更多漫画中的故事融入漫威电影宇宙，这次收购将补足拼图中的很大一块，漫威将收回《X 战警》《神奇四侠》和《死侍》的版权，使漫威宇宙的版图更加完整。

第三，迪士尼意在对抗网络流媒体公司。近年来，以 Netflix 为代表的网络流媒体公司持续快速发展，产业规模不断扩大。观众可以在互联网上观看电影和剧集，这极大地冲击了电影票房、蓝光碟和 DVD 销售的收入。虽然可以获得版权收入，但是好莱坞制片公司并不甘心。迪士尼已经表示终止与 Netflix 的合作，创立自己的流媒体平台 Disney+，发挥自己的内容优势，直接与观众建立联系。此次收购使迪士尼还拥有美国著名视频网站 Hulu 的 60% 股权，这也有助于其流媒体平台的建设。

第四，迪士尼通过横向并购提升市场份额。好莱坞六大制片厂在北美电影市场占据了大部分市场份额，在世界电影市场也有举足轻重的地位。2016 年—2018 年，迪士尼连续三年占据北美电影票房市场首位，市场份额分别为 26.3%、21.8% 和 26.0%，同时 20 世纪福克斯的市场份额分别为 12.9%、12.0% 和 9.1%，福克斯探照灯影业也有大约 1% 的市场份额。此次合并之后，迪士尼在北美电影市场的份额预计可以超过 30%，且在全球电影市场有望占据超过 20% 的份额。

第五，迪士尼可以制作更加多元化的作品。由于品牌形象的限制，迪士尼制作的电影和剧集都是合家欢性质的，按照美国电影的评级标准，一般都是 G、PG 和 PG-13。而 20 世纪福克斯与福克斯探照灯的电影没有这方面的限制，和迪士尼电影有着不同的风格，诸如《死侍》这样的 R 级电影也获得了巨大的商业成功。并购完成后，迪士尼可以在福克斯影业的品牌下，制作 R 级电影，促进旗下电影和剧集的多样化，满足不同市场的需求。

2. 分析对中国传媒的经验和启示

目前，中国影视传媒企业正在向集团化迈进，但是总的来看，与美国大型传媒集团相比，中国的影视传媒企业在企业规模、产品质量、盈利能力、市场运作、并购策略等方面都存在一些问题。但是，通过并购，可以增加市场份额，实现规模经济，节约交易成本，多元化的经营也可以分散经营风险，提高盈利能力。由于影视传媒企业普遍具有鲜明的企业文化，企业并购之后的业务、文化、组织的整合成了协同效应能否发挥的关键，极大地影响到并购交易的成败与否。对迪士尼公司并购案的分析可以看出，迪士尼在进行并购交易时目标明确，精准把握目标公司在集团中的地位，从内容、技术、渠道等各个方面提升自己的竞争力。迪士尼对 21 世纪福克斯的收购将使其拥有更强大的 IP 优势，旗下公司的版权更加完整，有利于对抗互联网流媒体公司的冲击。中国的影视传媒业正处于上升期，众多影视传媒业企业正在快速成长，通过并购重组，市场格局逐渐形成，但需要注意的是收购只是开始，整合工作才是关键。就连迪士尼这样的传媒业巨头也不得不谨慎思考，面对如此庞大的业务体系，未来如何保证各部门协同发展，充分发挥其能量。

五、理论依据与分析

1. 国际生产折中理论

国际生产折中理论又称国际生产综合理论，是由英国雷丁大学教授邓宁于 1977 年在《贸易、经济活动的区位与跨国企业：折中理论的探索》中提出的理论。邓宁认为，过去的各种对外直接投资理论都只是从某个角度进行片面的解释，未能综合、全面地分析，因此需要用一种折中理论将有关理论综合起来解释企业对外直接投资的动机。折中理论的核心是所有权特定优势、内部化特定优势和区位特定优势。

（1）所有权特定优势

又称垄断优势，是指企业所独有的优势。所有权特定优势具体包括：一是资产性所有权优势，指在有形资产与无形资产上的优势，前者指对生产设备、厂房、资金、能源及原材料等的垄断优势，后者指在专利、专有技术、商标与商誉、技术开发创新能力、管理以及营销技术等方面的优势；二是交易性所有权优势，指企业在全球范围内跨国经营、合理调配各种资源、规避各种风险，从而全面降低企业的交易成本所获得的优势。邓宁认为，企业开展对外直接投资必然具备上述所有权特定优势，但具有这些优势并不一定会导致企业进行对外直接投资。也就是说，所有权特定优势只是企业对外直接投资的必要条件，而不是充分条件。企业仅仅具有所有权特定优势，而不具备内部化优势和区位优势时，国内生产出口销售或许可也是企业实现其优势的可行途径。

（2）内部化优势

内部化优势是指拥有所有权特定优势的企业，为了避免外部市场不完全对企业利益的影响而将企业优势保持在企业内部的能力。内部交易比非股权交易更节省交易成本，尤其是对于那些价值难以确定的技术和知识产品，而且内部化将交易活动的所有环节都纳入企业统一管理，使企业的生产销售和资源配置趋于稳定，企业的所有权特定优势得以充分发挥。邓宁认为内部化优势和所有权特定优势一样，也只是企业对外直接投资的必要条件，而不是充分条件，同时具有所有权特定优势和内部化优势的企业也不一定选择进行对外直接投资，因为它也可以在国内扩大生产规模再行出口。

（3）区位优势

区位优势是指某一国外市场相对于企业母国市场在市场环境方面对企业生产经营的有利程度，也就是在东道国的投资环境因素上具有的优势条件，具体包括：当地的外资政策、经济发展水平、市场规模、基础设施、资源禀赋、劳动力及其成本等。如果某一国外市场相对于企业母国市场在市场环境方面特别有利于企业的生产经营，那么这一市场就会对企业的跨国经营产生非常大的吸引力。邓宁认为，在企业具有了所有权特定优势和内部化优势这两个必要条件的前提下，又在某一东道国具有区位优势时，该企业就具备了对外直接投资的必要条件和充分条件，对外直接投资就成为企业的最佳选择。

2. SWOT 分析

SWOT 分析法也称为态势分析法，在 20 世纪 80 年代初由美国旧金山大学的管理学教授韦里克提出，具体包括企业的优势（strengths）、劣势（weaknesses）、机会（opportunities）和威胁（threats）。SWOT 分析实际上是将企业内外部资源以及各个方面进行综合和概括，来分析企业的优势与劣势、面临的机会与威胁，帮助企业把行动和资源集中在有更多机会的地方的一种方法。

机会与威胁分析将着眼于外部环境的变化对企业的可能影响，而优势与劣势分析主要是将企业自身的竞争力与竞争对手相比较，分析的过程是将内部因素包括优势和劣势集中在一起，通过利用外部环境的变化和影响对各种因素进行分析评估。

（1）机会与威胁分析

随着世界经济的迅速发展，经济全球化、一体化进程在加速，致使企业所处的环境多变和开放。这对所有企业都会产生了不定的影响。因此，环境分析成为企业发展过程中需要考虑的重要因素。环境发展趋势分为环境机会与环境威胁两大类。环境机会就是对企业的经营发展创造时机，只要企业抓住了该时机，那么将拥有了一定的竞争优势。环境威胁指的是环境中的一种挑战，如果企业未能采取一定的措施，那么在这一领域中的竞争地位就会受到削弱，使企业处于竞争劣势。

（2）优势与劣势分析

企业除了要关注外界环境的变化对企业的影响外，自身内部因素也影响着企业的发展。每个企业都要定期检查自己的优势与劣势，企业可以自行或聘请外部机构对企业内部环境进行检查，包括营销、人力资源、财务、制造和组织能力。

每一要素都要可以分析出来是处于优势还是劣势。竞争优势是指企业所具有的某方面或多方面优于其他竞争对手的特殊竞争力，可以是产品的质量、品牌的知名度、产品线的宽度、产品的可靠性、风格和形象以及产品的服务质量等。竞争优势是企业比其竞争对手强的综合优势，如果企业现有一个方面优于竞争对手，也可以扬长避短，在其优势上进行宣传。企业不但要对竞争优势加以利用，也要对竞争劣势有所防范。若企业局限于自己的优势，不能把握自身所处的劣势并加以纠正弥补，则很难为发展找到机会。企业要根据自己的资源情况，确认自己的关键能力和限制。

表 2-11　迪士尼 SWOT 分析

	优势（strengths）	劣势（weaknesses）
内部环境	1. 公司历史悠久，品牌优秀 2. 公司现金流充足，负债能力强 3. 公司拥有优秀的人才储备和创意 4. 集团多元化，抗风险能力强	在流媒体技术上不足
	机会（opportunities）	威胁（threats）
外部环境	1. 本土电影业繁荣，电影市场发展迅速 2. 技术革新，流媒体成为趋势	市场竞争激烈

3. 协同效应分析（规模经济）

规模经济是指在一定的产量范围内，随着产量的增加，平均成本不断降低的事实。经济学中，规模经济的定义是：产量增加而长期平均成本减少。规模经济的优势是具有大型企业或跨国公司的独特优势。跨国公司有两种途径形成规模经济：一是内部扩张，企业依靠自身的技术、资本和管理优势来实现规模；二是外部扩张，企业通过联合、兼并的方式来扩大自己的规模，这种方式是企业实现规模经济的最迅速、最有效的手段。

传媒企业虽然不属于资本密集型企业，但是其具有典型的规模效应的特征。一般说来，传媒企业内容生产需要在前期投入大量的资本，包括固定成本和可变成本。固定成本包括办公场所、办公设备、人员成本等多个方面；可变成本除了包括纸张、光盘等内容存放介质，还有传送、运输等成本。这些成本都需要摊销到每一份传媒产品中。可以确定的是，传媒产品的第一次生产其成本很高的，因为它承担了所有的固定成本和可变成本。想要降低单个产品中固定成本有两种方法：第一种方法是尽可能地压缩成本，提高效率，切实降低固定成本和可变成本，这种方法是有一定幅度的，在到达某个极限临界值时，再就很难降低了；第二种方法就是生产更多的商品，将固定成本摊销到更多的产品中去，以降低单个产品的固定成本。显然第二种方法更为可取。如果对同一传媒产品进行多次销售，在之后一次次的复制过程中，仅仅只是增加了可变成本，也就是经济学中所说的边际成本递减。在数字技术、网络等新媒体手段层出不穷的今天，某些情况下，边际成本趋近于零。所以购买同一份报纸、同一本书的读者越多，或者观看同一期电视节目的观众越多，传媒生产这一产品的平均成本就越低，能增加的利润越高。传媒进行跨国营销，将受众范围扩大到全世界，就可以降低生产成本，获得更高的规模效应，从而赚取更大的利润。

六、教学组织方式

本案例可以作为专门的案例讨论课来进行。如下是按照时间进度提供的课堂计划建议，仅供参考。

整个案例课的课堂时间控制在 60 分钟左右。

1. 课前计划

(1) 案例布置：教师发放案例，学生阅读案例，教师适当阐释，明确讨论问题和要求；教师提示分析案例的思路、可运用的理论和专业知识等。

(2) 案例研读：拿到案例后，学生需对案例及其相关背景资料进行详细研读，并依据相关理论和原理，对所讨论的问题做出针对性分析，确定其影响因素并提出对策；在此环节，学生需充分发挥主观能动性，研读相关资料，可推动学生将学习范围由课堂延伸到课外，由课本拓展到其他信息来源。

2. 课中计划

(1) 案例讨论（20 分钟）：在研读案例后，可将学生进行分组（每组以 5~8 人为宜），并选出或指定各组的主持人和记录人。分组讨论为每组成员间提供互相学习的机会，各组员分别围绕案例对所讨论的问题提出解决之道，并在讨论中进行融合、互补，以最终形成各组所认为的最佳方案，取得彼此互学、共同进步的效果，提高分析问题、解决问题和制定决策的能力。该阶段的核心任务是对案例所要讨论的问题逐个进行讨论，确定成因，形成对策，并分析实施过程的注意事项，进行深入研讨，按照顺序对讨论要点进行记录，以供案例陈述阶段小组发言参考。

(2) 案例陈述（每组 5 分钟，控制在 30 分钟）：各小组选派代表对案例讨论阶段所形成的小组最佳方案进行陈述，如果需要还可进行情景模拟、角色扮演等更具立体感的陈述方式；表述最好能语言简明、生动形象、逻辑严密、紧扣主题；案例陈述前，教师可设计代表发言、观众提问等环节；陈述过程中，可通过提问加以调节，引导学生展开讨论，将关键性发言引向深入，对关系到案例主题的矛盾意见引发研讨，并鼓励其他小组提出质疑或补充性建议，这样更有利于培养学生的沟通能力和创新性思维。

（3）总结点评（10分钟）：各小组陈述完后，教师应就各小组的陈述进行比较性评价，但评价应着重点评各小组的精彩之处并将其综合，以汲取众家之所长来完善各小组的见解。在此过程中，教师应鼓励学生提问，并结合教学内容进行回答和点评。

3. 课后计划

撰写报告：最后，可要求各组撰写一份书面案例报告，以提高学生的书面表达能力、思维逻辑的严密性、结构条理的清晰度，并能使对问题的分析更加深入、具体和透彻；对教师来说除课堂发言与书面考试外，案例书面报告也可作为一种评估学生学习效果和判定成绩的重要工具。

七、案例后续进展

2019年3月21日，迪士尼中国在官方微博宣布，华特·迪士尼公司对21世纪福克斯的收购正式生效。完成合并之后，迪士尼拥有福克斯的电影制作业务、Hulu的控制性股权、FX和Nat Geo等娱乐频道以及福克斯其他一些资产，21世纪福克斯包括福克斯广播网络、福克斯新闻和福克斯体育等在内的余下部分成了一家新企业。自2016年以来，好莱坞票房冠军的宝座一直被迪士尼牢牢握在手中。2018年，迪士尼更是在全球范围内共获得73.254亿美元，占据全球市场14.2%的份额。在完成对福克斯的收购后，以2018年数据测算，迪士尼在全球的份额已经达到了22%。这笔交易将加速好莱坞其他公司在内容整合和并购上的步调，未来几年，好莱坞的格局可能还会有大的变动。

灿星制作：电视节目模式的
引进原创之路

罗立彬　赖聪　达恬欣　王子佳[*]

　　摘　要：电视节目模式的跨境流动是电视全球化的重要表现之一。电视节目模式的引进会产生合作学习效应、部分原创效应、环境培育效应和成本倒逼效应，进而推动引进国节目模式原创能力的提升。本案例描述了我国电视节目模式引进的政策背景、突出特征和存在问题，通过探讨灿星公司《中国好声音》节目模式的引进与原创之路，结合引进模式与原创模式在我国的发展、模式设计方和内容制作方在价值链中的地位及当前中国对于节目引进方面的相关政策限制，对文化贸易及电视节目引进促进原创的理论机制进行验证，为读者思考我国电视节目的发展引进提供相关的内容支撑。

　　关键词：电视节目模式　引进　原创　文化贸易

1. 引言

　　电视节目产业越来越成为我国核心文化产业市场的重要组成部分。2014 年，中国广播电视行业总收入 3635.51 亿元，而同期电影综合收入、

---

　　* 罗立彬，北京第二外国语学院经济学院教授，副院长；赖聪、达恬欣，北京第二外国语学院经济学院国际商务专业硕士研究生；王子佳，北京第二外国语学院经济学院国际贸易学专业硕士研究生。

演艺市场总收入仅为 296.39、344.91 亿元，电视行业发展潜力不可小觑。"十三五"期间，文化产业成为国民经济支柱性产业，中华文化的影响力不断扩大，在此基础上，加快文化贸易，对于拓展我国文化发展空间、提高外贸质量，具有非常重要的意义。

近些年来，我国部分节目出口取得了一些成绩。比如，《媳妇的美好时代》在非洲国家地区受到广泛欢迎，《甄嬛传》也输出至亚洲、美洲多地，极大地提高了我国文化的世界影响力。但总体而言，我国电视节目国际竞争力仍然较弱，电视节目发展存在以下特征：一是我国电视节目出口常年处于逆差状态。2008—2013 年，我国平均从海外进口超过 4 亿元以上的电视节目，但节目出口总额却不足 2.5 亿元，电视节目模式出口的动力引擎不足。二是电视节目模式版权贸易急速增加。电视节目模式往往经过市场的检验，具有可移植性与可贸易性，能服务于特定节目内容再生产的制作程序。中国近年来也开始大量引进海外节目模式，并制作本土版本，这种节目形式受到观众与电视台的欢迎。三是国家广播电视总局强化对外来引进节目模式播出的政策限制。国外节目引进模式的普及，给卫视带来了大量收入与观众缘，但也同时引发了学术界与相关部门对于我国节目制作原创能力的担忧。

中国对于海外电视节目模式的引进，究竟是导致节目形式重复、创意均一化、原创动力不足的原因，还是营造节目模式原创环境与提升原创能力，帮助落后产业实现跨越式发展的"制度变革"。下文将分析灿星公司《中国好声音》节目的引进与本土化，对相关理论观点进行阐释，给读者相应的思考和启示。

2. 相关背景

在很长一段时间内，中国都是国外电视节目模式的"净进口国"，自己出品的原创节目比较有限。这种现象其实很正常，究其原因：一是电视节目模式与国际文化贸易的开展在全球范围内仍属于比较新的现象，中国影视行业的发展相对较晚，对于模式版权的形成与海外销售，欧洲及一些北美国家具备"先行优势"；二是中国电视节目市场巨大，随着经济社会的发展，各类卫视、视频网站竞争激烈，这就从"供给侧"的层面扩大了市场规模，新出现的节目播出平台也带来了大量的市场需求，综合投资风险、市场发展现状、当前我国文化制作能力，引进模式是最好的选择；三是当时国内模式引进的相关政策存在一定的真空期，政策上的不予限制，给媒介产品跨国流动与采纳提供了基础。

本案例所提到的上海灿星文化传播有限公司（简称灿星制作），成立于 2006 年 3 月，是星空传媒旗下的专业娱乐节目制作公司。自 2010 年以来，该公司联合国内上星频道推出了近十档影响力巨大的综艺节目，代表作品有《中国达人秀》《中国好声音》《中国好歌曲》《舞林争霸》《出彩中国人》等，并成立兄弟公司"梦想强音"，把选手签约及签约以后的商业演出等项目都收归己有，打造了包括音乐学院、演唱会和音乐剧等在内的全产业链发展模式。2012 年，《中国好声音》节目模式的引进与播出，在中国取得了巨大的反响与成功，也掀起了海外节目模式的引进热潮。

3. 案例正文

3.1 从简单模式到版权引进

中国节目学习海外发展模式的历史可以分成三个阶段，即改革开放后至 20 世纪 90 年代中期、20 世纪 90 年代末期至 2010 年、2010 年至今。

在第一阶段，中国电视业刚刚开启产业化改革，这一时期，国内的节目主要是以春节联欢晚会为代表的综艺晚会以及 1990 年开播的《正大综艺》。国内制作电视节目的经验尚少，对海外节目形式的模仿多是依葫芦画瓢，最早学习国外的节目类型被认为是首部情景喜剧《我爱我家》，20世纪 90 年代的金牌栏目《实话实说》也是借鉴了美国谈话节目《奥普拉脱口秀》，移植了其现场乐队等节目形态[1]。早期的模仿给中国观众带来了全新的收视体验，也为电视人提供了节目形式与内容制作的新思路。

第二阶段则是节目克隆形式的风靡阶段，90 年代末期多家省级卫视上

---

① 苗棣，徐晓蕾. 西方电视节目样式引进的本土化问题 [C]. 第三届中国影视高层论坛.

星播出，各卫视对自制节目形式及内容的探索也逐渐增多，通过观摩海外成片，取其精华，对值得借鉴的部分进行本土化移植。① 例如湖南卫视的《快乐大本营》（1997 年）、《玫瑰之约》（1997 年）、《开心辞典》（2000年）、《超级女声》（2004 年）、《交换空间》（2005 年）等。也有极少数通过版权引进的节目类型：央视在 1998 年通过版权购买引进并制作了《幸运 52》，和法国之间联合制作了《城市之间》。这一阶段几乎不涉及知识产权问题，业界讨论更多的是如何在克隆的基础上加以改造节目内容，相关部门也给予了一定程度上的政策默许。

　　第三阶段则象征着电视模式的集中引进，东方卫视 2010 年模式引进节目《中国达人秀》首播，其按照原版的节目流程和标准来制作，引起了电视界对于这种节目模式的关注。2012 年，灿星公司引进《荷兰好声音（*The Voice of Holland*）》模式制作《中国好声音》节目，在获得巨大成功的同时，也推动中国电视业制播分离的真正实现。虽然灿星公司之前制作过大量引进及原创电视节目，但是真正使其获得较高知名度的是公司引进《荷兰好声音》节目模式并制作的本土化节目《中国好声音》。这一节目自从在浙江卫视播出以来就受到极大关注和欢迎，成为"现象级"节目。关于《中国好声音》的成功，灿星制作的研发总监徐帆认为，该节目获得市场认同的两个模式点在于盲选和反选。盲选和反选与中国传统文化及现实社会中"英雄不问出处"、草根逆袭等相通，并不存在明显的认知障碍，虽然是源自国外的节目形式，但是可以在认知上产生"最大认同"。2014年 10 月 7 日，《中国好声音》第三季总决赛的平均收视率达到 4.7%，平均占有率 15%，在 2014 年全国样本城市市场所有节目收视率排名中排第 3位，仅次于 2014 年央视春节联欢晚会和元宵晚会。

3.2　从节目落地到本土化创新

（1）节目模式的成功落地

　　在《中国好声音》获得巨大成功之后，灿星公司开始着手在引进节目模式的基础上做一定的改变，以形成新的原创节目模式，这个原创模式就

----

① 苗棣. 电视模式化的现状、问题与发展趋势 [J].《收视中国》，2003（11）：P23.

是《中国好歌曲》。《中国好歌曲》在多个方面借鉴了《中国好声音》，而且由《中国好声音》原班工作人员负责研发。应该说，《中国好声音》的制作经验为灿星公司制作《中国好歌曲》这种原创节目模式打下了坚实的基础。《中国好歌曲》节目在中国也取得了很好的收视成绩，2014 年 1 月 17 日当日的节目平均收视率达到 2.7%，平均占有率为 6%，在 2014 年全国样本城市市场综艺节目收视率排名中排第 15 位。

2014 年 4 月，英国国际传媒集团 ITV 宣布，将从灿星制作订购模式节目《中国好歌曲》，并负责其国际发行权和英国播出权。《中国好歌曲》成为中国首档输出欧洲的原创才艺节目，ITV 称此为"里程碑式的交易"。全球电视行业资讯平台 C21Media 以"ITV 首次向中国模式致敬"为题对这一消息做了重点报道。《中国好歌曲》模式的全球发行将由 ITV 旗下发行部门代理，他们将在两年内制作成《英国好歌曲》，播出平台可能是 ITV 或 BBC、Channel、Sky 等英国电视台。目前《中国好歌曲》节目模式已经被输出到 30 多个国家和地区。

同时，文化因素在文化移植过程中也发挥着不可低估的作用，《中国好声音》节目也开始出现"中国式创新"。在节目引进之初，《中国好声音》就做了一些本土化的调整，相比原节目中出现更多的音乐元素，中国版则放入了故事环节，增加了更多家庭与情感关系的渲染[1]。而随着《中国好声音》节目在中国获得成功，该节目在中国区出现了"部分模式创新"，即在全球范围内首次加入一些具有"中国特色"的模式。比如第四季节目中出现的"双盲眼"模式和"导师对战"模式，都是《荷兰好声音》模式在全球范围内首次采用的新鲜元素。

（2）版权引进只是一个开始

然而，《中国好声音》的版权引进之路也并非一帆风顺。2016 年 1 月 27 日，《中国好声音》荷兰原版《荷兰好声音》模式的研发者和版权拥有人 Talpa Global 发表声明，称已在 2016 年 1 月 22 日向上海灿星文化传播有限公司的母公司星空华文中国传媒提出了临时禁止令，禁止后者制作及播放《中国好声音》第五季节目，灿星随后也发表相关声明。据其称，2012

---

① 王寅，声音是第一生产力——以中国好声音为例，http://www.infzm.com/contents/79205，2012-08-02.

年，灿星与浙江卫视从荷兰 Talpa 引进《荷兰好声音》节目模式。按照国际惯例，节目的模式费用占节目整体制作费的 5%左右，因此在 2012 年，灿星向 Talpa 支付了节目模式费 200 多万元。但 2013 年，灿星制作与 Talpa 公司就《荷兰好声音》模式进行第一次续约谈判，Talpa 公司提出将模式费涨到每年 1 亿元。经过谈判，灿星最终以每年 6000 万元的价格得以续约成功。到了 2016 年初，Talpa 公司又一次成功挑动了一家在 A 股上市的中国制作公司——唐德影视来参与《荷兰好声音》节目模式的竞价，这一次 Talpa 公司采取了更为激烈的方式，不顾灿星拥有的独家续约权，单方面拒绝与灿星进行续约谈判，迅速与唐德影视签订了所谓的合作意向书。1 月 29 日下午，唐德影视携手荷兰 Talpa 召开发布会，后者将《荷兰好声音》节目模式在中国的独家管理、许可和应用的权利授予前者，唐德影视为五年四季的节目版权共支付 6000 万美元。5 月 6 日，Talpa 向中国香港国际仲裁中心仲裁庭提出申请，请求宣告其拥有"中国好声音"的五字中文节目名称。

6 月 19 日，《中国好声音 2016》正式召开发布会，公布了新版节目模式的变化，比如"导师转椅子"的方式将改为"坐滑梯"的模式，节目的标志也由原来的手握话筒做出 V 字形的样式改变为手握话筒的拳头，主色调也由红色改为绿色，舞台设计也发生了很大变化。这标志着自 2016 年起，《中国好声音》不再引进版权，而是进行了模式的全新原创，致力于开发具有中国文化特色的电视综艺节目。6 月 20 日，北京知识产权法院作出诉前保全裁定，责令上海灿星文化传播有限公司和世纪丽亮（北京）国际文化传媒有限公司在节目宣传活动中停止使用"中国好声音"的名称和商标。6 月 22 日，中国香港国际仲裁中心仲裁庭驳回 Talpa 对其拥有"中国好声音"五个中文字节目名称的宣告要求，驳回 Talpa 对临时禁制 SCML／梦响（以及通过其临时禁制灿星和浙江卫视）使用"中国好声音"五个中文字节目名称（以及制作新节目）的救济请求。6 月 23 日，唐德影视正式向北京知识产权法院提交了起诉状，状告灿星文化等公司实施了商标侵权和不正当竞争行为，索赔 5.1 亿元。7 月 4 日，北京知识产权法院复议结果公布：维持原保全裁定，责令灿星停止使用"中国好声音"节目名称，该汉字最终归属权仍等待法院裁决。

7月6日，浙江卫视发出《关于〈中国好声音〉节目将暂时更名为〈中国新歌声〉的声明》，对北京知识产权法院的保全裁定作出声明，表示暂时将节目更名为《中国新歌声》，但是同时也声明"好声音"的注册商标相关权益归浙江卫视拥有。至此，一档全新的原创节目《中国新歌声》诞生，从节目名称、节目标识、节目模式等各个方面都已经与《中国好声音》不再相同，是一个原创的节目模式。2016年7月15日，第一期《中国新歌声》作为全新的原创模式节目正式播出。全网数据显示，浙江卫视《中国新歌声》第一季第一期，CSM全国网收视率高达2.24%，仅次于《奔跑吧兄弟》2016年的收视纪录。以《中国新歌声》为起点，灿星正式告别引进国际节目模式的时代，专注于打造拥有完全知识产权的节目。

2017年11月13日，Talpa明确终止与唐德影视关于《荷兰好声音》模式的版权合作。2017年12月6日，Talpa再度发表声明：唐德不再拥有在大中华地区制作《中国好声音》的合法权利，并且将放弃对中文"中国好声音"的使用及该商标的主张和索赔，终止《荷兰好声音》节目模式的许可合作。这意味着，Talpa放弃了对《中国好声音》这一中文节目名的权利要求。2018年7月，《中国新歌声》正式更名回《中国好声音》。此后，《中国好声音》正式以一档单纯的原创模式节目的形式存在，与Talpa和唐德影视再无关系。

但在连续播出11年后，观众早已对这种换汤不换药的模式产生了审美疲劳，《中国好声音》的关注度持续走低，在这个爆款综艺节目频出的时代似乎逐渐淡出了观众的视野。打造爆款产品和拥有不断生产爆款内容的能力成为泛娱乐厂商们在激烈竞争中脱颖而出的关键因素。

3.3 模式引进推动模式原创的机理

（1）合作学习效应

合作学习效应对本土制作公司的帮助主要体现在经验分享和人才引进上。在电视节目模式的引进过程中，为了让引进方成功地完成本土化节目的制作，版权方需提供完备的咨询套餐，其中包括长达几百页的"制作圣经"。例如，各地的好声音节目模式必须遵照《荷兰好声音》的"圣经"，甚至包括导师应该如何拿话筒，节目logo的颜色、大小，灯光的角度等等。一方面是为了本土化节目的成功落地，另一方面也是为了避免节目流程被胡乱更改致使节目模式名誉受损。此外，版权方还可以制作顾问的身份提供咨询，帮助引进方获得大量的制作节目模式方面的经验和知识；在当前国际贸易交易迅速增长的背景下，还出现了版权特许方和被特许方的"联合制作"。在联合制作方式中，引进方的节目制作团队事实上加入了被授权方的专业技术团队来共同开发本土化节目，这一过程使得双方的合作更为深入和紧密，引进方专业化的市场运作团队也能在合作过程中给本土制作公司提供最大的便利。模式引进的过程类似于制造业领域的技术引进、消化与吸收的过程，对于模式的"再创新"发挥了非常重要的作用。在与《荷兰好声音》合作的几年当中，灿星公司也积累了大量的节目制作经验。《中国好声音》中的"导师转椅"环节对于灿星公司的原创节目模式起到了启发的作用，《中国好歌曲》中采用了导师按下遮挡板的方式，而《中国新歌声》中则采用了导师按键滑梯的方式。如果没有这样的节目制作经验，即使拿到了《荷兰好声音》的版权授权，也不一定能够迅速制作出本土化的节目。

（2）部分原创效应

授权方提供的经验虽然具有很高的借鉴意义，但是电视节目本身的制作程序还是会依据市场环境、市场主体的变化而发生变化，引进的节目模式在本土化制作并播出后，还是需要根据当地市场的观众需求、文化习惯进行部分调整，以更好地适应节目发展需求。也就是节目模式的部分本土化，此时的节目引进模式已经具备"部分原创"的性质。《中国好声音》第四季模式环节的升级，在全球范围内首次采用"导师对战"模式，就是部分原创效应很好的体现。中国的电视行业消费市场潜力巨大，随着市场需求规模的进一步扩大，未来很可能激发节目模式的原创，出现由国际化团队打造的首先针对中国市场的原创电视节目模式，并由中国出口至世界市场。2016 年 4 月，《中国好声音》原版权所有方 Talpa 公司的首席执行官 Pim Schmitz 在接受采访时称，"Talpa 正在筹备在中国建立合资公司的事宜"，同时明确指出，"我们愿意帮助中国公司建立更好的节目制作设施和方法……带动中国原创节目的创意及研发……中国正处于整个行业焦点"①。

---

① 参见 http://mt.sohu.com/20160420/n445135487.shtml.

（3）原创环境培养效应

节目模式的原创离不开人才条件和制度条件的支撑。人才条件即具备节目模式设计能力和开发能力的专业人才，而制度条件则是对节目版权保护的相关制度。制度条件一方面保障了市场交易的正常进行，另一方面也对模式设计和内容制作进行了专业化的分工。

引进电视节目版权的过程，从两个方面增强国内市场版权意识，加强对节目模式创新意识的激励与培养。首先，国际版权保护机制是在交易过程中出现的，目前仍在不断完善的过程中，其在交易过程中产生，又反过来推动版权需求的提升和保护意识的增强。一方面，节目版权模式的引进势必产生一些纠纷并付诸法律，典型判例对国内相关法律政策造成"需求"，从而倒逼国内法律政策环境的进一步优化提升；另一方面，对于节目模式的引进方来说，模式引进往往涉及高额货币性支付的显性成本，因此对市场的"山寨"甚至"抄袭"行为更加敏感，付出的成本越高，产生知识产权与法律纠纷的概率也就越高，相应的对知识产权的保护意识也就越强。其次，模式版权的形成并非易事，节目版权模式的形成、相关法律合同条款的制定、版权纠纷的预见解决，都可以通过版权引进的过程学习和积累。

近年来，国内关于电视节目模式版权的争议越来越多，表明了人们对节目模式版权的进一步重视（张常珊，2013）。自中国大量引进国外模式以来，关于节目模式的研究也将研究重心转移到模式版权的形成与保护上来。2016 年，灿星公司被禁止使用《中国好声音》的节目名称及相关注册商标，最终节目更名为《中国新歌声》，成为一档全新的原创的节目模式。在这场版权争议中，灿星公司与 Talpa 及唐德影视在发布各种声明维护自己声誉的同时，都利用了法律的手段去争取中文名称的归属权，体现了对法律的尊重。《中国好声音》版权的归属与纠纷，引起了全行业和整个社会对于模式知识产权的保护。这种来自学术界的讨论可以为国内版权保护相关法律法规的制定起到有效推动与促进作用。

（4）成本倒逼效应

从经济学角度讲，"版权引进"与"版权原创"是具备替代性的两种战略，两者互为对方的机会成本，因此对于节目制作方而言，"模式引进"抑或是"模式原创"，理性的战略选择很大程度上取决于二者的成本对比。

从版权引进的角度来讲，"引进"与"原创"成本关系对比经历了动态的发展变化。在模式引进的初期，模式刚刚被带入国内，节目形式能否成功还面临着诸多不确定性，引进的成本相对较低；而同样的，由于引进模式在国内尚属罕见，可以学习和模仿的经验与知识相对不足，缺乏专业化的人才和制作团队，市场需求尚不明确，原创的成本相对较高。而随着国内节目模式引进发展成熟，对国外成熟的节目模式体系需求增加，一些国际流行的模式已经有了一定的知名度，此时模式引进成本提高；而大量的模式引进，催化了国内原创条件的成熟，模式引进中已经产生"合作学习效应"，整体的技术和制作水平都大幅提升。推动原创成本下降。

引进模式时间越长，二者的成本对比就越有利于原创，随之可能会产生两个结果：一是模式引进方会减少模式引进，更多转向原创；二是在不减少模式引进的基础上，增加模式原创，用引进模式衍生原创，自行制作节目。随着引进机制的成熟，原创会越来越成为长期发展的理性选择。《中国好声音》模式的成功，引得各制作单位争相复制，近年来节目模式的引进呈现"井喷式"增长，也出现了"买无可买"、引进模式匮乏的现象。天娱传媒总裁龙丹妮指出："历史和环境把我们推到了一个没有回头路的悬崖，必须原创，必须往前走（段菁菁、韩青青，2015）。"成本倒逼效应促使中国制作方积极进行原创。近两年，一些优质"现象级"节目开始涌现，原创的节目占比较之前也有明显提升。

从引进模式《中国好声音》到原创模式《中国新歌声》的转换，成本倒逼是一个关键的因素。灿星公司与Talpa版权争议的开始，就是因为灿星认为Talpa"漫天要价"；对于Talpa而言，国内确实也有愿意支付这一"高价"的新合作方。随着《中国好声音》节目影响力和观众普及度的提高，模式引进方的成本也在提升。对于灿星而言，由于其已经具备了较强的制作原创节目的能力，因此原创模式的成本在下降，这使得制作原创节目日渐成为理性的选择。

4. 结尾

4.1 案例小结

对灿星公司的研究表明，随着中国引进模式的增加，合作学习效应、部分原创效应、成本倒逼效应和环境培育效应会促进中国原创节目模式的出现和快速发展。此外，中国作为全球第二大电视节目市场，巨大的市场规模促使国外模式研发者会越来越多地为中国市场量身定做原创模式，甚至将以中国为基础的原创模式推广到世界其他国家。模式引进与模式原创并存，使中国电视节目模式始终处于国际竞争环境当中，有利于推动中国原创节目模式的创新。

限制模式引进的政策可能不会起到预期的政策效果，甚至适得其反。一方面，限制模式引进可能导致国内节目制作商模仿国际节目模式，对国内的模式知识产权保护环境造成不利的影响，甚至使国内来之不易的知识产权保护意识及环境遭遇倒退。模式引进本可以作为节目制作方可能的"低成本"选择，在模式引进不被限制的情况下，如果不是低成本选择，节目制作方自然会选择原创。但模式引进若被限制了，电视节目制作方降低成本和提高节目质量及受欢迎程度的努力不会改变，同时在节目制作方进行模式原创经验不足的情况下，就很可能会使节目制作方通过或明或暗的方式进行"模仿"甚至抄袭。另一方面，限制模式引进很可能造成"赢者通吃"的现象，不利于模式原创。国家广播电视总局采取的只允许少数模式引进或者"黄金时段"只允许引进一种模式的限制措施，会使得国外最受欢迎的模式被引进，出现引进的节目模式"赢者通吃"的垄断现象。除此之外，垄断现象推高模式引进价格，也不利于模式原创环境的健康发展。

4.2 启示建议

（1）要看到模式引进的两面性，机会和危机并存。机会在于，通过模式引进，中国的电视人可以直接学习到电视生产发达国家的核心制作理念和规范化的操作流程。对于起步偏晚的中国电视界来说，是一个夯实业务基础、迎头赶超、产业整体提升的大好机会。年轻的电视制作人和编导通过这种教科书式的学习，并结合中国市场进行本土化制作，更好地促进模式原创的产生。危机的一面则在于，由于节目模式引进提供了整套现成的操作规范和指导，电视界可能会产生依赖心理，都不愿去做最初的节目原创。

（2）完善国内节目模式相关知识产权的注册和认证机制。这既是保障当下原创者创新动力的需要，也是为本土电视节目模式产业崛起甚至是海外输出创造必要的制度条件。当前，国内的模仿同质化已经让节目创新的效果大大减损。短期的跟风使创新节目的边际效益被快速挖掘，节目生命周期缩短，创新"红利"无法显现。这方面可以借鉴一些电视模式产业发达国家的经验。

英文案例摘要

Canxing Media: Introduction and Originality of TV Program Models

Luo Libin   Lai Cong   Da Tianxin   Wang Zijia

Abstract: The cross−border flow of TV programme models is one of the key manifestations of the globalization of television. The introduction of TV program models will produce cooperative learning effects, partial originality effects, environmental cultivation effects, and cost forcing effects, which will in turn promote the originality of the program models in the importing countries. This case describes the policy background, prominent features, and existing problems of the introduction of TV program models in China. By exploring the introduction and originality of Canxing's "The Voice of China" program model, the case combines the development of the introduction and originality models in China, the position of model designers and content producers in the value chain, and the current policy restrictions on program introduction in China, and validates the theoretical mechanism of cultural trade and TV program introduction to promote originality, providing relevant content support for readers to consider the development and introduction of TV programs in China.

Key words: TV Program Models   Introduction   Originality   Cultural Trade

灿星制作：电视节目模式的引进原创之路

一、教学目的与用途

本案例使用说明是以将此案例应用于国际商务课程中的案例教学为基础而撰写的。如将本案例应用于其他课程，则需要做相应调整，本案例使用说明可做参考。

1. 适用的课程

本案例适用于国际商务，也可将本案例作为战略管理、国际商法等课程的辅助案例。

2. 适用的对象

本案例使用对象包括经济贸易类专业本科生、国际商务硕士（MIB）、贸易类研究生。

3. 本案例教学目标

（1）以本案例为引子，引导学生对贸易产生的原因、贸易种类、贸易发展及版权贸易有更深入的了解。

（2）将贸易理论、经济学知识融入案例教学中，使学生更好地掌握课程知识。

（3）通过引导学生对本案例的分析和讨论，开拓学生发散性思维，培养学生分析问题的逻辑能力。

二、启发性思考题

1. 灿星公司引进《荷兰好声音》而非原创电视节目模式的原因是什么？

2. Talpa 公司能一步步提高模式引进费用的原因有哪些？如何看待 Talpa 公司与灿星公司的版权争议？如果你是灿星公司负责人，面对此危机会作何决策？

3. 国内企业进行版权贸易需要注意的问题有哪些？

三、背景信息

近年来，电视节目产业越来越成为我国核心文化产业市场的重要组成部分。2014 年，中国广播电视行业总收入 3635.51 亿元，而同期电影综合收入、演艺市场总收入仅为 296.39、344.91 亿元，电视行业发展潜力不可小觑。"十三五"期间，文化产业成为国民经济支柱性产业，中华文化的影响力不断扩大，在此基础上，加快文化贸易，对于拓展我国文化发展空间、提高外贸质量，具有非常重要的意义。近些年来，我国虽在节目出口上取得了一些成绩，但总体而言我国电视节目模式国际竞争力仍然较弱。很长一段时间内，中国都是国外电视节目模式的"净进口国"，自己出品的原创节目比较有限。为提升我国电视节目模式国际竞争力，国家广播电视总局采取引进一小部分电视节目模式或者在黄金时间段引进一种电视节目模式等限制模式引进的政策措施。人们对此措施的政策效果持两种看法：一种看法认为中国对于海外电视节目模式的引进是导致节目形式重复、创意均一化、原创动力不足的原因；另一种看法认为中国对于海外电视节目模式的引进有利于营造节目模式的原创环境及提升原创能力，帮助落后产业实现跨越式发展的"制度变革"。

四、案例分析的思路及要点

1. 引导学生深入了解贸易产生的原因、贸易种类以及贸易发展趋势。

2. 本案例需要解决的问题是海外电视节目模式引进是否促进了中国电

视节目模式的原创。

3. 海外电视节目模式引进促进中国电视节目模式原创的理论机制。

五、理论依据与分析

1. 贸易产生的原因

国际贸易理论试图解释为什么有国际贸易，以及作为一个国家应当如何对待国际贸易。国际贸易理论的发展大致经历了古典、新古典、新贸易理论以及新兴古典国际贸易理论四大阶段。

（1）古典贸易理论

重商主义。在 15 世纪末 16 世纪初的资本主义原始积累时期，出现了重商主义（Mercantilism）的国际贸易观点，也称贸易差额论（晚期重商主义），其核心是追求贸易顺差，代表人物有英国的托马斯·孟（Thomas Mun）。重商主义认为，财富的唯一形式即金银，金银的多少是衡量一国富裕程度的唯一尺度，而获得金银的主要渠道就是国际贸易。通过奖出限入求得顺差，使金银流入，国家就会富裕。

绝对优势。18 世纪末，重商主义的贸易观点受到古典经济学派的挑战，亚当·斯密（Adam Smith）在生产分工理论的基础上提出了国际贸易的绝对优势理论。在《国民财富的性质和原因的研究》（《国富论》）中，亚当·斯密指出国际贸易的基础，在于各国商品之间存在劳动生产率和生产成本的绝对差异，而这种差异来源于自然禀赋和后天的生产条件。亚当·斯密认为在国际分工中，每个国家应该专门生产自己具有绝对优势的产品，并用其中一部分交换其具有绝对劣势的产品，这样就会使各国的资源得到最有效率的利用，更好地促进分工和交换，使每个国家都获得最大利益。

比较优势。鉴于绝对优势理论的局限性，大卫·李嘉图（David Ricardo）在《政治经济学及赋税原理》中继承和发展了亚当·斯密的理论。李嘉图认为国际贸易分工的基础不限于绝对成本差异，即使一国在所有产品的生产中劳动生产率都处于全面优势或全面劣势的地位，只要有利或不利的程度有所不同，该国就可以通过生产劳动生产率差异较小的产品参加国际贸易，从而获得比较利益。比较优势理论遵循"两优取其重，两劣取其轻"的原则，认为国家间技术水平的相对差异产生了比较成本的差异，构成国际贸易的原因，并决定着国际贸易的模式。

保护贸易。1841年，德国经济学家弗里德里希·李斯特（Friedrich List）在《政治经济学的国民体系》中提出基于国家主义的贸易保护政策理论，指出保护制度要与国家工业的发展程度相适应，又称幼稚产业保护论。与重商主义不同的是，他从保护生产力的高度把贸易和国家经济发展结合起来，形成以国家主义为基调的贸易保护理论，在实施贸易保护政策方面也更加客观实际。

相互需求。李嘉图的比较优势理论只论证了建立在各国专业化生产前提下的互利贸易基础和利益所在，没有说明总的贸易利益如何在贸易双方进行分配。约翰·穆勒（John Stuart Mill）在《政治经济学原理》中，从相互需求角度出发，确定了国际间商品交换的价格问题，以解释两国间贸易利益是如何分配的。相互需求理论实质上是指由供求关系决定商品价值的理论，是对比较优势理论的完善和补充。该理论用两国商品交换比例的上下限解释双方获利的范围；用贸易条件说明在利益的分配中双方各占的比例；用相互需求强度来解释贸易条件的变动。

（2）新古典贸易理论

要素禀赋。要素禀赋亦称"赫克歇尔-俄林理论""H-O理论"。关于要素差异的国际贸易理论，由瑞典经济学家俄林在瑞典经济学家赫克歇尔的研究基础上形成，并在1933年出版的《地区间贸易与国际贸易》一书中提出。该理论认为各国间要素禀赋的相对差异以及生产各种商品时利用这些要素的强度的差异是国际贸易的基础，强调生产商品需要不同的生产要素，如资本、土地等，而不仅仅是劳动力；不同的商品生产需要不同的生产要素配置。该理论还认为一国应该出口由本国相对充裕的生产要素所生产的产品，进口由本国相对稀缺的生产要素所生产的产品，而且，随着国际贸易的发展，各国生产要素的价格将趋于均等。和这一理论相关的还有另外两个基本定理：

斯托尔珀-萨缪尔森定理。国际贸易对本国生产要素收益的长期影响，由斯托尔珀-萨缪尔森定理归纳为：出口产品生产中密集使用的要素（本国充裕要素）的报酬提高；进口产品生产中密集使用的要素（本国稀缺要素）的报酬降低；不论这些要素在哪个行业中使用。

罗勃津斯基定理。罗勃津斯基定理认为，在两种商品世界中，如果相对价格固定不变，一种生产要素增长会减少另一种商品产量，这表明要素禀赋的变化决定着资源配置的变化。

（3）新贸易理论

偏好相似理论。偏好相似理论的基本观点包括：产品出口的可能性决定于它的国内需求；两国的贸易流向、流量取决于两国需求偏好相似的程度，需求结构越相似则贸易量越大；平均收入水平是影响需求结构的最主要因素。

技术差距理论。技术差距理论又称创新与模仿理论，M. V. 波斯纳（M. V. Posner）和 G. G. 胡弗鲍尔（G. G. Hufbauer）将技术作为一个独立的生产要素，侧重从技术进步、创新、传播的角度分析国际分工的基础，扩展了资源禀赋论中要素的范围。技术差距指一国以技术创新和控制技术外流而形成的一种动态贸易格局，会对各国要素禀赋的比率产生影响，从而影响贸易格局的变动。

产品生命周期理论。雷蒙德·弗农（Raymond Vernon）将市场营销学中的产品生命周期理论与技术进步结合起来阐述国际贸易的形成和发展。1966 年他在《产品周期中的国际投资与国际贸易》一文中指出，美国企业对外直接投资与产品生命周期有密切关系。

这一产品生产的国家转移理论，假设国家间信息传递受到一定的限制、生产函数可变以及各国的消费结构不同，指出产品在其生命周期的不同阶段对生产要素的需要是不同的，而不同国家具有的生产要素富饶程度决定了该国的产品生产阶段和出口状况。

产品生命周期理论将比较优势论与资源禀赋论动态化，很好地解释了战后一些国家从某些产品的出口国变为进口国的现象。

"技术外溢"与"干中学"学说。这种观点将技术作为内生变量，罗默提出的"干中学"式的技术进步，大部分是从技术外溢中获得的，即从贸易或其他经济行为中自然输入了技术。经克鲁格曼（Krugman）论证，若引进国将外溢国的技术用于比较优势产业，则对两国均有利；反之对两国均不利。

假设国内技术外溢的速度高于国际技术外溢，国家原先的领先产业有加速发展的可能，原有的比较优势会增强。技术的传播使各国的差异不断扩大，强调了技术变动对国际贸易的动态影响。

产业内贸易理论。产业内贸易理论是关于产业内同类产品贸易增长特点和原因的理论。针对发达国家之间的贸易不是工业制成品和初级产品之间的贸易，而是产业内同类产品的相互交换，即产业内贸易这一现象，加拿大格鲁贝尔和澳大利亚劳埃德在 1975 年出版的《产业内贸易：差别化产品国际贸易的理论与度量》中系统提出产业内贸易理论。该理论从不完全竞争、产品差异化和规模经济入手，为同质产品和异质产品的产业内贸易提供了理论基础。此后，学者们在 20 世纪 70 年代末和 80 年代初提出了各种产业内贸易的理论模型，如新张伯伦模型、兰卡斯特模型、布兰德模型、克鲁格曼模型等，对该理论做了进一步的丰富和发展。该理论突破了传统国际贸易理论的一些假定（如完全竞争的市场结构、规模收益不变等），从规模经济和产品差异性等方面考察贸易的形成机制，从而解释了产业内贸易日益占据国际贸易主要地位的现象。

国家竞争优势理论。哈佛大学教授迈克尔·波特（Michel E. Porter）提出的这一理论，从企业参与国际竞争这一微观角度解释国际贸易，弥补了比较优势理论在有关问题论述中的不足。波特认为，一国的竞争优势就是企业与行业的竞争优势，一国兴衰的根本原因在于它能否在国际市场中取得竞争优势。而竞争优势的形成有赖于主导产业具有优势，关键在于能否提高劳动生产率，其源泉就是国家是否具有适宜的创新机制和充分的创新能力。

波特提出的"国家竞争优势四基本因素、两辅助因素模型"中，生产要素、需求状况、相关产业和支持产业、企业战略、结构和竞争对手、政府、机遇都是国家竞争优势的决定因素。

波特根据以上各大要素建立了钻石模型，说明了各个因素间如何相互促进或阻碍一个国家竞争优势的形成。

从发展阶段来看，一个国家优势产业的发展可分为四个不同阶段，即生产要素推动阶段、投资推动阶段、创新推动阶段、财富推动阶段。

（4）新兴古典贸易理论

新兴古典经济学是 20 世纪 80 年代以来新兴的经济学流派。新兴古典贸易理论依托新兴古典经济学的新框架，将贸易的起因归结为分工带来的专业化经济与交易费用两难冲突相互作用的结果，从而对贸易的原因给出了新的解释思路，使贸易理论的核心重新回到分工引起的规模报酬递增，是一种内生动态优势模型，是贸易理论和贸易政策统一的模型，是国内贸易和国际贸易统一的模型，能够整合各种贸易理论，是贸易理论的新发展。

自 20 世纪 80 年代以来，以杨小凯为代表的一批经济学家用超边际分析法将古典经济学中关于分工和专业化的经济思想形式化，将消费者和生产者合二为一，发展成新兴古典贸易理论。该理论使研究对象由给定经济组织结构下的最优资源配置问题，转向技术与经济组织的互动关系及其演进过程，力图将外生的比较利益因素引入到基于规模报酬递增的新兴古典经济学的贸易理论模型中，把传统贸易理论和新贸易理论统一在新兴古典贸易理论框架之内。

此理论的内生分工和专业化新兴古典贸易模型（Sachs，Yang and Zhang，1999）表明，随着交易效率从一个很低的水平增加到一个很高的水平，均衡的国际和国内分工水平从两国都完全自给自足增加到两国均完全分工，在转型阶段，两种类型的二元结构可能出现。

经济发展、贸易和市场结构变化等现象都是劳动分工演进过程的不同侧面，贸易在交易效率的改进过程中产生并从国内贸易发展到国际贸易，两者之间有一个内在一致的核心。

2. 版权贸易

（1）版权贸易的定义

版权贸易又称著作权贸易，是属于许可证贸易范畴内的一种基于版权的许可或转让过程中发生的贸易行为。广义定义指的是各类作品著作权的许可使用与转让，包括国内贸易和国际贸易。狭义定义通常是指涉外或国际版权贸易，主要是作品著作权的引进与输出。

（2）版权贸易与普通贸易的区别

①贸易客体不同

普通贸易：有形的商品。

版权贸易：无形的知识产权，即著作权中的某项或某几项财产权。可以根据使用作品方式拆分或组合成相应的权利。

②贸易方式不同

普通贸易：实物（有形商品）的所有权的转移，通过有关商品的购买、运输和交割即可完成交易，买方可对实物自由处置。

版权贸易：无形知识产权的转移，有转让和许可使用等不同贸易方式。要由合同约定是否允许买方向第三方再次转授有关权利。

另外，前者所涉及的商品不能再卖给其他人。而后者，货卖多家则是常见的合法行为，也就是权利的非专有许可。或者就不同权利、时间和地域的专有许可。

③支付方式不同

普通贸易：买卖价格固定，货物交割后便要付清货款，银货两讫。

版权贸易：可以一次性支付，更多的是以版税方式支付。

④权利期限不同

普通贸易：商品一旦售出，即与卖方无关。

版权贸易：买方所获得的相应权利通常是有期限的。

（3）版权贸易的途径

版权贸易是获得某作品版权或其使用权的一种途径，是按照一定的商业条件，通过一定的方式，在不同的法人或自然人中间进行的针对版权的贸易行为，包括版权引进和版权输出两个方面。版权引进是指将外国所创作、生产或加工的版权商品（包括外国拥有的版权服务）购买后输入本国市场的版权贸易活动。版权输出是指将本国生产或加工的版权输往国外市场的版权贸易活动。

（4）版权贸易的方式

版权贸易最终都是通过版权合同的法律形式来实现的。版权合同规定了版权贸易的两种主要方式：版权许可和版权转让。版权许可是指版权所有人将其版权经济权利中的某项权利，有偿地授予他人在一定期限、一定范围内使用。在这里，版权许可的权利是作品的使用权。一般说来，版权许可贸易通过发放许可证或签订许可使用合同，准许被许可人在合同有效期内使用某项权利，被许可人对该项权利并没有处置权，原版权所有权并不会发生转移。版权转让是指通过合同买卖版权中的一项或者多项乃至全部财产权的法律行为。版权转让与版权许可不同，版权转让后原版权中财产权的归属便发生了转移。卖绝版权是版权转让的一种形式，指将版权的全部财产权在其有效期内、在某一著作权法域内一次性有偿转让。通常这种转让范围是全球性的。除卖绝版权外，其他形式的版权转让贸易受权项、地域和期限的限制。所有的版权转让都应通过合同来约定，并受到法律保护。有些国家还规定版权转让贸易必须登记，否则受让的版权无对抗第三人的效力。

3. 案例分析中的关键能力点

（1）深入学习贸易产生的原因以及分析国际贸易理论。

（2）掌握版权贸易的相关知识点以及版权贸易进行的流程。

（3）能够结合贸易理论和经济学知识，对海外电视节目模式引进促进中国电视节目模式原创的机制进行分析。

六、教学组织方式

本案例可用于国际商务课程的案例讨论课，以下是按照时间提供的教学计划建议，仅供参考。

时间计划：整个案例课的课堂时间控制在90分钟左右。

课前计划：提出启发性思考题，请学生在课前完成阅读和初步思考，并要求通过公开途径收集本案例涉及的信息，以有助于课堂讨论。

课中计划：简要的课堂前言，明确主题（10分钟）。

让学生根据自己的观点分组讨论（30分钟）。

各组学生总结陈述自己的观点（30分钟）。

教师或学生点评，并进行归纳总结（20分钟）。

课后计划：学生根据课前阅读、课堂讨论、指导教师的引导和归纳总结，撰写完整的案例研究报告。

国际商务案例

第一辑

INTERNATIONAL BUSINESS CASES
SERIES 1

第三章　展览策划与运营

义博会：小商品博览会品牌的开拓者

高凌江　高文文　李秋漾　古凯妮

林娜　黎文清　褚倩倩　赵小旭[*]

摘　要： 随着现代会展经济的不断发展，会展品牌对于城市经济的拉动作用日益突显，良好的会展品牌对于展会的主办方而言，不仅可以帮助其有效提升会展的盈利率，更会助力其赢得参展商和观众的好感与认同，提升相关公众的忠诚度，从而在激烈的市场竞争中占据有利位置。本案例以义博会为例，通过总结回顾了义博会品牌三段发展历程，进而总结出了在当今社会化媒体背景下，我们应从重视会展品牌的识别与创新、整合多种会展品牌传播渠道、强化会展品牌活动的专业性和多样性的建设、注重会展品牌交互和通过多元主体构建会展品牌五个方面进行会展品牌建设。

关键词： 义博会　会展品牌　品牌建设

1. 引言

近年来，会展经济发展十分迅速，各地也不断推出各式各样的商贸类展会，但在激烈的市场化竞争中，一些展会未能取得很好的经济效益和社会效益。究其原因，一方面是由于主办方对会展品牌培育的不重视，导致其未能形成竞争优势，难以实现可持续发展，另一方面有些主办方虽然重

---

[*] 高凌江，北京第二外国语学院经济学院教授，经济系主任；高文文、李秋漾、古凯妮，北京第二外国语学院经济学院产业经济学学术硕士研究生；林娜、黎文清、褚倩倩、赵小旭，北京第二外国语学院经济学院国际商务专业硕士研究生。

视会展品牌培育。但是对会展品牌内涵理解不深和对品牌管理重点把握不准，导致会展的发展也不如意。

当然，凭借资源整合和地方优势，我国目前已形成了一些会展品牌，这些会展品牌甚至已经逐渐发展成为一个城市形象的代表。人们若一提到广交会就联想到广州，一提到冰雪节就会联想到哈尔滨。城市与会展之间的互动关系表现为某一会展品牌的发展可以带动一个城市经济的发展，而城市经济的繁荣又为会展品牌的发展提供了坚实的基础条件，二者之间的良性循环则会推动着城市与其会展品牌的共同发展。

本文所要描述的义博会作为国内三大出口商品展之一，是小商品博览会品牌的开拓者。虽然其在展会的规模化建设、国际化建设方面相比广交会还有一定的差距，但是它在综合义乌及浙江省的区位优势基础之上，确定了聚焦于"小商品"的差异化定位，从而形成会展的差异化竞争力。加之当今社会化媒体背景下，它能够给我们提供很好的品牌化发展借鉴意义。

2. 相关背景

2.1 义博会简介

义博会，即中国义乌国际小商品博览会，其前身是中国义乌小商品博览会，创办于 1995 年，从 2002 年开始升格为由商务部（原对外贸易经济合作部）参与主办的国际性展会，在每年的 10 月 21 日—10 月 25 日举行，由中华人民共和国商务部（原对外贸易经济合作部）、浙江省人民政府、中国国际贸易促进委员会、中国轻工业联合会、中国商业联合会主办，浙江省商务厅（对外贸易经济合作厅）、义乌市人民政府承办。

义博会的主要内容由贸易展览、会议论坛和文化活动三大板块组成，坚持以客商为中心，突出经贸功能，注重展会实效。义博会贸易展览板块以"商品之都，商机无限"为主题，以小商品贸易为核心，承接奥运会、世博会商机，开展贸易洽谈和经贸合作交流，突出展览贸易的经贸性、国际性、专业性和实效性。会议论坛板块以"市场连通世界，创新引领未来"为主题，坚持政府推动与市场运作相结合，促进"会议经济"发展，做精做好每个专场会议，着力传播新知识、新观念。文化活动板块则以"义乌——非同凡响"为主题，精心设计、组织开展具有地方特色的文化活动，充分展示义乌新形象。采取多种形式，激发广大客商和群众参与热情，努力营造盛会氛围。

1995年第一届义博会展会面积5000平方米，展位数量348个，国内外参展企业189家，展区日均客流量达到20万人次以上，成交额1.01亿元。经过20余载的发展，在官网给出的第26届义博会数据中，无论是在展会面积，参展商数量、贸易观众数量还是成交额等方面都已取得了质的突破。第26届义博会展出面积达10万平方米，有来自国内19个省（市、自治区）的近2000家企业参展。据主办方统计，那届义博会累计到场参观10.6万人次，线上博览会平台及直播关注浏览量达1.6亿人次。展会期间举办英国、马来西亚、智利等境外线上对接会7场次，意向成交额达466万美元。

与此同时，在当今互联网时代，义博会同样与时俱进，通过开通网上博览会，网络在线展示最新产品、为公众提供相关的采购商及供应商信息，公众能够通过展会的官方网站及时了解到展会的相关信息，十分方便快捷，这也使得义博会网络化建设得到了极大的改善与提高，赢得了众多参展商及观众等相关公众的好感。整体而言，如今的义博会已经在国内同类型展会中处于前列，在国内外均享有极大的影响力。

2.2　义博会与国内其他出口商品展的异同

除义博会之外，国内三大出口商品展还包括中国进出口商品交易会（简称广交会）、中国华东进出口商品交易会（简称华交会）。三者都聚焦于我国进出口商品交易，是我国日用消费品等出口商品走势的"晴雨表"，且均为国内外重要的知名品牌展会。但每个展会在级别演变、举办地、展品定位、创办初衷和展会特点方面又有所不同。

第一，在级别演变上，广交会由于国家需要很快就成为国际性展会，华交会在商务部支持下利用长三角区位优势发展成为国际性展会，而义博会则通过其巧妙的品牌定位，由地方性展会逐渐演变为国际性展会。第二，在举办地差异上，义博会的举办地点并非上海、广州等一线城市，而是小商品产业发达的义乌，意在通过展会将义乌建设成为国际小商品流通中心和国际性商贸城市。第三，在展品定位上，广交会和华交会是汇集了日用消费品、电子家电和家具消费等商品的综合性展会，而义博会聚焦于日用消费品等小商品市场。第四，在创办初衷上，广交会作为我国历史最悠久的进出口贸易展会，意在打破国外封锁、发展对外贸易；义博会和华交会虽然都是为了促进商品的进出口交易，但是相对而言，义博会更加侧重于日用消费品类别，意在提升小商品制造业。第五，在展会特点上，广交会作为"中国第一展"，其规模最大、商品种类最全、到会采购商最多且分布国别地区最广，也是成交效果最好的综合性国际贸易盛会；华交会得益于举办地上海的地理区位优势，是客商最多、辐射面最广的区域性经贸展会；而义博会则突出其差异化定位，不仅聚焦于"小商品"，还积极推进标准化，引导企业促进产品升级，成为国内首个植入标准化元素的国际展览会。

2.3 会展品牌含义

一般来说，品牌产品是指那些个性鲜明、质量优异的，能给消费者带来好的感受的产品。产品品牌的实质是产品的差异化，这种差异化是由产品之形象和内涵交叠形成的，能引起消费者产生共鸣的差异化使产品在市场中具有更显著的竞争优势。会展业的主要产品是会展项目，而会展品牌是指会展项目之无形资产的总和，将其物化后可视为会展的名称、标识、吉祥物等，具有形象鲜明、服务优质、知名度和美誉度高的特点。会展品牌的实质是会展项目的差异化，这种差异化，是建立在满足参展客商需要、定位清晰、形象鲜明、卓有成效的基础上。

评价会展品牌迄今为止在国内外并没有统一的标准，但结合业内人士的看法，有学者指出在我国满足以下八个条件的会展可称为会展品牌：

一是具有良好的会展举办地及场馆。会展举办地城市的环境美化、交通运输、酒店服务、消费娱乐等是否良好，展馆是否能够提供舒适的展示空间、优质的设施服务等是吸引客商参展的重要因素。

二是行业协会和行业代表企业的坚定支持。行业协会以及行业中代表企业对展会的坚定支持，是确保展会宣传效果和影响力的重要条件；行业协会的参与及行业中代表企业的参展无疑也提升了会展的水平。

表3-1 国内三大出口商品展对比

展会简称	展会全称	品牌建构者与级别演变	举办地点	举办时间	展览内容定位	创办初衷	展会特点	相同点
义博会	中国义乌国际小商品博览会	省级单位和市政府主办(地方性展会)→商务部、协会,省政府等主办(国际性展会)	义乌国际博览中心	自1995年起举办,每年10月21日—10月25日	日用消费品类小商品	提升小商品制造业,将义乌建设成为国际小商品流通中心和国际性商贸城市	国内首个植入标准元素的国际展览会,国内最具规模、最具影响、最有成效的日用消费品展会	
广交会	中国进出口商品交易会	由商务部和广东省人民政府联合主办,中国对外贸易中心承办(国际性展会)	广州展馆(全球最大会展综合体之一)	自1957年起举办,春季开展时间为4月15日—5月5日,秋季开展时间为10月15日—11月4日	电子家电、建材家装、工业制造、五金工具,日家居消费等,日用消费类只是其中一部分	打破国外封锁,发展对外贸易	中国历史最高、层次最高、规模最大、商品种类最全、到会最多商家最多日分布别地区最广、成交效果最好的综合性国际贸易盛会,被誉为"中国第一展"	我国重要进出口商品交易会,国内知名品牌展会
华交会	中国华东进出口商品交易会	由商务部支持,上海、江苏等华东六省三市联合主办(国际性展会)	上海新国际博览中心	自1991年起举办,每年3月1日—3月5日	轻工产品和纺织品	促进进出口商品交易	中国规模最大、客商最多、辐射面最广、成交额最高的区域性国际经贸盛会	

资料来源:根据义博会、广交会和华交会官网相关内容整理制作。

三是形成规模效应。会展品牌必须是在同类型或同行业会展中规模大的会展，在展览期间，整个行业众多有实力的卖家、买家和中介齐聚一堂。有规模效应的会展，意味着大批的产品供应商和采购商参展，以及由此带来的组展商单位成本的降低和其他各方投入产出比率的增加。

四是代表行业发展方向或展示行业最高成就。这体现了会展的专业性和前瞻性。这样的会展必定有明确的目标市场和目标客户，且能提供几乎涵盖整个专业市场的所有信息。由于提供的信息全面、专业，必然吸引众多客商和观众参展。

五是一流的会展服务。会展服务贯穿于组展商的整个运营过程，从市场调研、主题立项、寻求合作、广告宣传、招展手段、观众组织、活动安排、现场气氛营造、展后服务，甚至包括所有对外文件和信函的格式化、标准化等，都须具备高的专业水准和从业人员的严谨处事态度，服务过程体现高效和细致。

六是战略规划指导下的连续性和灵活性。只有规划科学合理的会展发展战略，才能使会展资源得到很好的分配，才能使会展从谋求短期利益走向谋求长远利益。会展的连续性要求会展在一定时期内在举办时间、频率、地点和主体活动等方面基本一致；灵活性要求会展根据国内外会展业发展趋势和参展商要求不断进行改革和创新。会展生命周期的延续是连续性和灵活性的统一，一成不变或忽视市场变化的做法将使会展难以为继。

七是媒体的强力合作。有影响力媒体的强力合作是会展影响力的重要保障。一个会展要成功举办，并发展成为会展品牌，媒体宣传报道充分与否至关重要；会展品牌的形成需要媒体的大量的正面报道；媒体的权威性和可信度，亦有助于提升会展的知名度和美誉度。反过来，会展品牌也会在一定程度上吸引众多媒体的关注。

八是得到政府的大力支持。在我国目前的体制现状下，能得到政府支持的会展，往往能获得良好的综合效益，包括经济效益和社会效益。对于这样的会展，会展运营机构在政府的支持和帮助下，能整合更多的资源，从而能为参展客商提供更多的实惠和便利，办展质量往往较高，会展的品牌影响力更容易扩大。

3. 案例正文

3.1　义博会品牌发展历程

（1）品牌始创时期（1995—2002年）

义乌小商品市场起步于20世纪80年代初的马路市场阶段。在这一阶段，在政府的规范化市场管理下，市场从分散、杂乱、无序的状况转变为有组织、有规划的运转。虽然市场规模还比较小，但是已经显示出了商品聚集的优势。随着政府对发展市场的微观管理和有效组织，市场逐渐走上了良性发展道路，市场规模不断扩张。到1995年，义乌已成为颇有名声的"小商品市场"，但是当时的商品整体上仍价格低、档次低。为了提升义乌小商品的档次和品牌知名度，1995年5月，浙江省工商行政管理局和义乌市人民政府主办，中国小商品城股份有限公司及义乌市工商管理局承办了"中国小商品城名优新博览会"（即首届"义博会"）。"名""优""新"即旨在向大家展示"名牌、优秀、新颖"的小商品，诸多知名品牌通过会展在义乌找到了代理商，将品牌留在了义乌，提升了义乌小商品的知名度。1996年10月，会展更名为"中国小商品博览会"，在规模、档次、外向度、影响力方面进一步扩大。1997年9月举办第3届义博会时，主办方单位升格为浙江省人民政府，政府部门组团参展增多，参展企业品牌开始注重营销手段的创新和参展商品的科技含量。到1998年，第4届博览会由地区性会展升格为全球性会展，参观考察团规模更大，层次更高。随着义博会的逐年举办，会展规模和国际化程度均取得了历史性突破。2001年，梅湖会展中心的建成和投入使用标志着义乌的品牌专业会展进入一个新阶段。2002年，该会展升格为由商务部（原对外贸易经济合作部）参与主办的国际性展会，更名为"中国义乌国际小商品博览会"，突出了义博会的国际性和经贸性，树立了义博会的国际品牌。

在这一阶段，义博会的特点有过分注重品牌名称，忽视了品牌内涵。品牌宣传重点过分强调展览规模大，参展观众多等优势，忽视了义博会品牌文化、品牌个性的建设和推广，使观众只知道义博会是国内规模最大的小商品展, 而对会展品牌偏好度、依赖度、忠诚度无从谈起。还存在办展活动规范化欠缺、缺乏专业会展服务队伍等问题, 最大的特点是会展品牌建构者较为单一, 但与此同时, 会展品牌活动丰富并完成了自身的差异化定位——小商品。在这一时期, 首届义博会展品主要集中在玩具类、电子类产品, 第2届到第7届陆续加入了副食、百货、五金等具有小商品特色的展区, 通过差异化的品牌定位, 义博会逐渐形成了自身的竞争优势, 品牌知名度和影响力日渐提升。此外, 义博会举办的活动多样, 不仅涵盖了座谈会、研讨会等常见活动, 也有文艺晚会、篝火晚会、航模表演、大型踩街活动等。丰富的品牌活动在这一时期对于会展知名度的提升起到了推动作用。但整体而言, 会展品牌活动的专业性仍然欠佳, 且专业活动数量较少。

另外, 由于会展主办方及会展服务人员品牌知识素养欠佳等原因, 这一时期的会展主办方对于品牌力量的认识并不充分, 因此对于品牌等相关理论和知识在相关实践中的运用并不理想, 这在一定程度上直接影响了会展的品牌交互情况。加之这一时期的义博会在会展的品牌推广方面主要借助于电视、广播、杂志及报纸等传统媒体, 使得会展主办方对于参展商及观众意见和建议的收集相对滞后, 不能够很好地在第一时间为参展商及观众答疑解惑, 提供帮助, 这也是导致会展品牌交互较弱的原因之一。

表3-2 第1届至第7届义博会会展期间部分品牌活动

届数	展会期间品牌活动
第1届	"文明经营周", 名优新产品企业座谈会
第2届	航模表演, 96中国小商品博览会推荐产品评选, 博览会参展代表恳谈会
第3届	义乌市场发展研讨会
第4届	98招商引资洽谈会, 98中国小商品博览会参展企业代表座谈会, 博览会大型文艺晚会, 大型踩街活动
第5届	开幕式大型文艺晚会, 第三届全国楹联书法展, 大型民间艺术踩街, 99中国小商品博览会招商引资洽谈会, 全国工业品批发市场研讨会, 博览会参展企业推介洽谈会, 博览会科技项目洽谈会

届数	展会期间品牌活动
第6届	文艺晚会，焰火晚会，招商引资洽谈会，义乌—香港商贸洽谈会，商城集团"商博"推介会，参展商座谈会等
第7届	义乌第4届招商引资洽谈会，文艺晚会，焰火晚会，高层产业论坛，义乌—香港经贸洽谈会，电子商务高峰论坛

资料来源：根据义博会官网相关内容整理制作。

（2）品牌培育时期（2003—2011年）

在这一时期，义博会品牌化建设取得较大突破与进展。总的来说，品牌建构者日渐增多，品牌识别系统设计得到进一步完善，品牌传播渠道逐渐多元化，会展品牌活动日益专业化和规模化，品牌交互情况逐渐改善。

第一，品牌建构者日渐增多。2002年第8届义博会的主办方由浙江省人民政府、中国国际贸易促进委员会、中国轻工业联合会、中国商业联合会升级为商务部（原对外贸易经济合作部）、浙江省人民政府、中国国际贸易促进委员会、中国轻工业联合会以及中国商业联合会。商务部（原对外贸易经济合作部）的加入对于会展的品牌化建设起到了重要的推动作用。与此同时，会展支持单位增加了大韩贸易投资振兴公社，这也标志着义博会国际化的路上迈出了坚实的一步。这一时期的会展主办方日渐重视民营及外商资本、参展商及观众在会展品牌建设中发挥的作用，政府在会展品牌建设中的主导作用更多地体现在政策支持、行业规范、提供良好的城市会展环境等宏观把控方面，诸多会展的具体执行层面工作则进行外包等市场化运作。总之，会展主办方的丰富以及公众力量的日渐扩大对于会展的品牌建设起到了积极的推动作用。

表3-3　第8届义博会主办方

主办方	商务部，浙江省人民政府，中国国际贸易促进委员会，中国轻工业联合，中国商业联合会
承办方	浙江省对外贸易经济合作厅，义乌市人民政府
支持单位	国家工商行政管理总局，中华全国工商业联合会，中国香港贸易发展局，大韩贸易投资振兴公社

资料来源：根据义博会官网相关内容整理制作。

第二，品牌识别系统设计得到进一步完善。2002 年，第 8 届义博会主办方升级为商务部之后，展会的名称也从"中国小商品博览会"正式更名为"中国义乌国际小商品博览会"。更名后的义博会在展会的品牌识别方面得到了有效提升。展会的宣传册、办公用品以及包装用品等品牌视觉识别方面的设计也更加标准化、统一化。与此同时，展会的主办方也加强了对展会工作服务人员的行为规范教育，不断加强展会的环境建设。其客商服务部承接义博会的各项客商服务工作，以"一站式"服务为宗旨，以工作模块划分工作职责、责任到人，大大改善了义博会的服务效率，基本上达到了"有求必应"的服务要求。如第 17 届义博会强化国际互联网在工作流程中的运用，客商可通过网络完成客房预订、网上采购商登记及参展商报名等工作，在接到电子邮件、网上咨询及电话传真各种形式的咨询时，客服中心以谁接到谁负责到底的原则，做到责任到人的一对一对接服务，提供更多的人性化服务。此外，"在线义博会"网站专门设置"会员服务中心"，提供宾馆预订、航班查询、咨询留言、采购商登记、常见FAQ 栏目的快速通道。服务中心新增了免费通电话，浏览网站的客商可点击相关展会进行在线免费电话连接咨询。通过一系列相关举措，义博会加强了展会的行为识别系统建设。

第三，品牌传播渠道逐渐多样化。这一时期的义博会在品牌宣传方面有了更多元化的渠道。早期的传播方式主要是依赖于电视、报纸、广告和广播杂志等媒介形式。但是随着我国互联网不断的普及与发展，义博会的品牌传播有了新的路径，开始使用网站和邮件等媒介，并开通专门的 QQ及 MSN 客服，客商可通过 QQ 或 MSN 直接与义博会客服人员对话，在线咨询相关展会信息。"在线义博会"成功改版，配备多种语言，强化信息发布功能，再加上传统的电视、报纸、广告等传统媒体的宣传方式，义博会的品牌知名度和影响力得到了很大的提升。

第四，会展品牌活动日益专业化和规模化。相较于创始阶段，这一时期的义博会增加了多元化的会展活动，从第 8 届义博会开始，义博会办会期间开始举办新工艺研讨会、高层产业论坛等服务于参展商和专业观众的会议，专业产业会议的开展也提升了义博会品牌的专业性。同时，会展专业客商参展人数不断增多，第 9 届义博会专业客商参展人数为 70642 人，第13届义博会专业客商参展人数增加至110156人。会展面积也不断增大，第17届义博会展览面积达到18万平方米。除此之外，第14届义博会首次设立国际展区，集中展出美国、英国、日本、意大利、巴西等22个国家和地区的知名品牌产品，并设立非洲馆，展现非洲特色，加之与跨国零售集团的对接会、外贸知识论坛、世界500强企业走进中国义乌和国际化市场报告会等活动的举办让义博会的国际化水平和规模得到了显著的提升。

表3-4　第9届至第17届义博会参展情况一览表

届数	参展商数量/家	展览面积/平方米	展位数量/个	成交额/亿元
第9届	1510	60000	—	62.2
第10届	1790	70000	—	74.3
第11届	1790	80000	3000	80.98
第12届	2200	90000	4000	94.5
第13届	2560	100000	4500	108.9
第14届	2512	100000	4500	103.6
第15届	2625	120000	5000	115.43
第16届	2621	120000	5000	127.67
第17届	3050	180000	6500	157.52

资料来源：根据义博会官网相关内容整理制作。

第五，品牌交互情况逐渐改善。早期由于电视、广告和广播等传统媒体的转播，不利于品牌的交互，品牌构建方无法及时和参展商、专业观众及大众进行沟通以了解他们的需求，对于他们的问题不能进行及时的答复。由于互联网在国内的普及和发展，"在线义博会"使得义博会品牌交互有了显著的发展，第12届在线义博会点击量393758人次，比上届增长13.7%，平均每天点击量为近8万人次；第13届"在线义博会"点击量436924人次，比上届增长10.9%。"在线义博会"成为主办方和大众之间进行沟通的桥梁。大众能够及时获得会展相关信息，而主办方能够及时解答大众关心的问题，这对品牌交互起到良好的推动作用。

(3) 品牌持续发展时期（2012年至今）

这一阶段因为新媒体时代的到来，丰富的媒介形式，让义博会在品牌知名度和影响力方面有了显著的提升。除此之外，借助多渠道的信息转播方式也让义博会的品牌交互有了很大的发展。

第一，品牌识别逐渐完善。2011年义博会加入国际展览联盟（UFI），2013年义博会也顺利通过了BPA Worldwide2012年度的会展认证，这已是义博会第三次顺利通过审核。认证报告中指出义博会的观众数量从2010年的9279人攀升到2012年的13829人，涨幅为49.04%。可见义博会无论是从服务的软硬件条件，还是场馆的相关配套设施都得到了国际认证，并且观众数量的极大提升也能从侧面反映出义博会的品牌影响力有了显著的提升。在第24届义博会中，"中国义乌国际小商品博览会"更名为"中国义乌国际小商品（标准）博览会"，着力突出中国制造、中国品牌、中国标准，并以"标准+展会""标准+企业""标准+商品""标准+服务"为四大核心要求，特设"标准"主题展区，吸引国内12个省（市）及地区组团109家单位参展，同时汇聚众多国际化标准元素。国际标准化组织ISO首次作为支持单位，中标院、美国UL、德国特灵顿TUV等众多国内外标准化机构参展。第27届义博会继续深化"标准"特质，连续4年设置标准主题馆，分为绿色产品"双碳"主题公共展区、全国对标达标主题公共展区、"品字标浙江制造"主题展区、时尚美妆主题展区等4个展区，全景式呈现高质量产品和高水平标准。

第二，品牌传播渠道逐渐扩大。这一时期众多社交平台的涌现，使我国社会化媒体得到了蓬勃的发展，会展的宣传形式更加丰富、多元化，从电视、广告等传统媒体形式演变到现在的微博、微信、B站等社交互动平台。第24届义博会的传播媒体，除了国内主流媒体的加盟，例如央视、新华网、新浪网、敦煌网、微信、微博、义博会App，还有美国合众社、路透社、越南人民报等7个国家的11家境外媒体走进了义乌，义博会的传播渠道也走向了国际化，打开了世界的大门。第27届义博会邀请了众多国际网红在海外版Tik Tok、Facebook（现在称作Meta）、Instagram等国外社交平台以及国内抖音、微信上面分享展会，助力义博会在国内外社交媒体平台的推广。除了引入网红直播，组委会组织的数十场专业团队直播也贯穿展会始终。通过线上平台，全球网友足不出户就能跟随镜头，聆听展商专业介绍、参观义博会。线上平台创新了义博会的传播渠道，进一步扩大了义博会的传播范围。

第三，品牌活动持续增多。除了办展期间继续开展高峰论坛、产业专业会议外，还根据国家的战略部署，结合义博会的情况开展了特色线下活动。

第22届义博会把发展进口贸易作为推动市场转型的重大战略产业来抓，推动进口、出口双向互动。将义博会作为进入中国市场的桥梁，"一带一路"进口商品首次亮相义博会，实现了双向互动，52个"一带一路"沿线国家和地区有4112名采购商参会采购。第24届义博会开展与"标准"共舞的活动，打造全国首个标准化元素博览会，旨在通过标准化引领质量提升、通过标准化畅通国际贸易，并且该届义博会通过中国标准化论坛、中小企业标准化（国际）大会暨"品字标"品牌成果发布会等活动，进一步推动义乌成为标准化服务业的资源集聚地。第26届义博会加入了现在流行的直播销售渠道，近百场直播开创了展会销售新渠道，明星网红倾情加盟，为参展企业直播带货、线上贸易洽谈对接提供服务，为传统企业拓展渠道搭建平台。第27届义博会首设RCEP专场活动，为义博会参展方和采购商架设与RCEP地区开展经贸合作的桥梁。

以前因为没有合适的交流渠道，主办方只有在展会期间才能和观众进行交流，观众也仅能从个别平台了解展会信息，非展会期间的品牌宣传就非常困难。现在因为微博、微信等社交软件的发展，在非展会时期，义博会也会在各大社交平台上发布相关推文信息和进行线上互动，让大众可以从多个渠道及时了解义博会的相关信息和动态。

表3-5 第20届至第27届义博会期间部分特色品牌活动

届数	展会期间特色品牌活动
第20届	第3届中国（义乌）世界采购商大会、第4届中国（义乌）世界侨商大会、"义博会20年主题活动""黄金十年、变者领跑"——跨境电商高峰论坛、"合作共赢 共享发展"——设计创造市场高峰论坛

149

续表

届数	展会期间特色品牌活动
第 21 届	中欧时尚月义乌站活动、中韩创新设计高峰论坛、互联网+跨境综合服务生态峰会、2016 微商生态构建与展望峰会、2015/2016 中国小商品城流行趋势发布会
第 22 届	"一带一路"进口商品首次亮相义博会;"设计+文化",点亮小商品创意之花;跨境电商热;"网红经济"火;植入供应链金融,创新信用增值服务;零售大咖组团参会,聚焦行业变革
第 23 届	标准引领展会转型,大咖云集,成果荟萃;传统产业"智造"升级,智能展会引领风向;融入"一带一路"大放异彩,经贸展会突显外交特质;展场联动融合共赢,"新势力"扛起创新大旗;展贸对接提升实效,大数据应用打造中小企业最佳平台
第 24 届	义博会首次以"1+1+X"构架方案将标准化元素整体融入展会之中,即分为 1 个"品字标"展区、1 个标准主题展区、X 个标准化行业示范展区
第 25 届	中国商品市场峰会、第二届中小企业标准化(国际)大会、义博会零售采购峰会、小商品创新设计大赛总决赛、义博会 25 周年——"义博之星"评选及颁奖典礼、浙江省妇女创业就业成果推介会
第 26 届	"百场"直播开创展会销售新渠道,国家市场监督管理总局在义乌发布了《婴幼儿用奶瓶和奶嘴》《生态纺织品技术要求》等 20 项国家标准
第 27 届	线上采洽会,设 RCEP 专场活动,举办《绿色展览运营管理规范》浙江省地方标准发布会,举办国际经贸代表团浙江行"走进义乌"对接会、标准主题系列活动、第 17 届长三角贸促机构联席会议、第 12 届中国商品市场峰会、第 4 届"义乌中国小商品城"杯国际小商品创意设计大赛、第 4 届"一带一路"中国(义乌)世界小商品创新驱动国际会议、首届全国巾帼助农创业浙江基地直播大赛等数十项配套活动

资料来源:根据义博会官网相关内容整理制作。

第四,品牌交互得到较大发展。随着互联网的发展、媒体的不断丰富、品牌的多样化传播,义博会知名度得到明显的提升。在微博平台上,义博会的官方微博粉丝有 36.1 万,有关"义博会"的话题阅读量达到了864.7 万,"第 27 届义博会"和"第 26 届义博会"的话题阅读量都在 60 万以上。义博会还拥有一个专业的认证微信平台用以发布最新的展会动态,提供小商品行业资讯和义务市场的采购风向。该平台注重用户的互动性体验,致力于打造专业的一对一微客服平台。该平台不仅仅局限于单方向的资讯发布,也具备了很好的信息互动功能。借助微博、微信、抖音等社交平台，能够及时与观众、参展商进行双向互动，了解他们的真实需求，得到大众的认同和好感，这有助于提升品牌的认可度和美誉度。

3.2 义博会品牌建设的启示

（1）重视会展品牌的识别与创新

随着现在经济高速发展，社会不断进步，公众对于会展品牌的识别有了更多的要求，会展品牌的识别和创新就显得尤为重要。在会展品牌识别与创新方面，要重点关注会展主题的设置、会展品牌的定位以及会展品牌的形象三方面。

义乌把全国各地的中小企业生产的小商品在空间和产品汇聚起来，不断地扩大经营规模，增加产品数量，让义乌成了具有特色化、规模化的全国最大的小商品交易市场。依托独特的市场优势、强大的产业支撑、强有力的扶持政策、日渐显现的品牌效应和相对完善的硬件配套设施等有利条件，义乌开创了市场办会展的先河，走出了一条"以贸兴展、以展促贸"的新路子。义博会依托义乌得天独厚的资源，建立以"小商品"为核心的国际化贸易会展品牌。

（2）整合多种会展品牌传播渠道

新媒体时代的到来，给会展品牌的宣传提供了更加丰富的品牌传播渠道。新媒体有多渠道性、高度的参与性和互动性、灵活多样性的特点，使得现在的信息传播可以量大而面广。但在传播中要注重品牌信息传播能否精准投放到合适的目标人群。如果传播的内容和媒介未能将目标人群结合起来，那么展会的相关信息就不能有效地被目标人群接收，就会增加会展品牌宣传成本和降低信息转化率。

义博会在品牌形象构建中，也是经历长时间的摸索，起初主要依赖于电视、广播、报纸，信息不能有效传导到目标群体面前。但随着互联网、新媒体的发展，义博会逐渐借助各大社交平台、媒体频道宣传，对不同的传播渠道进行了有效整合，实现了会展信息的有效传播，最大程度保证了会展信息的精准投放。

（3）强化会展品牌活动专业性和多样性的建设

如今的会展市场存在同质化严重的现象，如何提升会展品牌的核心竞争力，展现品牌的专业性就是关键。会展品牌的专业性主要体现在服务专业性和信息专业性两方面。服务专业性是指在服务的内容和服务水准上努力为客户提供优质的、个性化的服务，使得品牌服务能够独树一帜，专业性的服务正成为会展企业核心竞争力的体现；信息专业性是指在办展期间举办的各类活动能够尽量与办展的主题相契合，建立专业的信息沟通平台，给参展商、专业观众和其他群众提供专业信息交流分享的机会。专业化的会展品牌能够拥有稳定的客户群体并且赢得更多客户，也会为树立鲜明的品牌形象奠定良好的基础。

多样性的建设也是会展品牌建立不可缺少的一部分，如何在激烈的市场竞争中保持领先地位，离不开会展品牌活动多样化的建设。开展多样性、多元化和趣味性的线下活动，有利于增加公众之间的互动性。例如，义博会办展期间举办高层产业论坛、新工艺研讨会等服务于参展商及专业观众的会议，加强了公众的互动性，也提高了在行业中品牌的专业度。多样性建设不仅局限于线下，线上也是非常有效的途径。会展往往只举办 2~5 天，但是线上渠道是随时开放的，通过微博、微信等渠道举办线上活动与宣传，也能在非会展期间持续推动品牌形象的构建。

（4）注重会展品牌交互

如今我们正处在新媒体时代，有效的双向信息的沟通，是社会组织"内求团结，外求发展"的必要途径。要想会展在众多的会展中脱颖而出，形成良好的品牌形象，那么就要在主办方、参展商、专业观众和公众之间形成良性互动与交互。

品牌交互的意义非常之大。一方面，品牌交互能够让品牌的建设者和大众进行有效的沟通，让公众感受到品牌的文化和内容，让品牌传播更加顺畅；另一方面，品牌交互可以让建设者及时有效获取大众的需求，根据大众需求与自身会展品牌的特质相结合，让会展品牌能够更好适应当下的环境，做出更能够满足大众需求，有价值的品牌，增强竞争力和品牌忠诚度。

（5）多元主体构建优质会展品牌

我国大多数会展是由政府主导型会展。政府主导型会展给会展发展提供了质量和品质的担保，也能有效地提升品牌知名度。但是政府主导型会展也同样存在着市场化运作能力不高、经济效率低下的问题，这阻碍了会展品牌的建设发展。

如今的会展建设朝着多元化的方向组合发展，并且因为新媒体的出现，对传统意义上的品牌建设提出了更高的要求，公众的声音对会展品牌建设发挥着越来越重要的作用。例如，义博会除了商务部、浙江省人民政府等传统的展会主办方外，还加入了大韩贸易投资振兴公社、日本贸易振兴机构等外资企业组织，这对于义博会国际化发展起了良好的推动效果。除此之外，义博会还引入了更多公众的力量来推动品牌的发展，公众在义博会的官网可以直接通过客服中心和投诉板块，直接向主办方提出相关的问题和建议，让主办方能够及时有效地获取公众的声音，推动品牌的健康良性发展。

4. 结尾

本文以义博会作为会展品牌研究的案例，对义博会品牌始创时期、品牌培育时期、品牌持续发展时期的三个时期进行详细的分析介绍，梳理出了义博会品牌建设中的五项举措，包括：重视会展品牌的识别与创新、整合多种会展品牌传播渠道、强化会展品牌活动专业性和多样性的建设、注重会展品牌交互、多元主体构建优质会展品牌。希望通过义博会品牌建设的案例给其他会展品牌的发展提供参考。相信未来会有越来越多优秀的会展品牌在会展市场中脱颖而出，成为拥有高知名度、美誉度、专业度的中国会展品牌。

英文案例摘要

Yiwu Fair: the Pioneer of the Small Commodity Expo Brand

Gao Lingjiang   Gao Wenwen   Li Qiuyang   Gu Kaini
Lin Na   Li Wenqing   Chu Qianqian   Zhao Xiaoxu

Abstract: With the continuous development of modern exhibition economy, exhibition brand plays an increasingly prominent role in driving urban economy. For the organizer of an exhibition, a good exhibition brand can not only help it effectively improve the profit rate of the exhibition, but also help it win the favor and recognition of exhibitors and visitors, enhance the loyalty of the relevant public, so as to occupy a favorable position in the fierce market competition. Taking Yiwu Fair as an example, this case reviews the three stages of development of Yiwu Fair brand, and then concludes that under the background of today's social media, We should attach importance to the identification and innovation of exhibition brand, integrate various communication channels of exhibition brand, strengthen the professional and diversified construction of exhibition brand activities, pay attention to exhibition brand interaction, and build exhibition brands through multiple entities to carry out exhibition brand construction.

Key words: Yiwu Fair   Exhibition Brand   Brand Construction

义博会：小商品博览会品牌的开拓者

一、教学目的与用途

1. 本案例主要适用于展览理论与政策、会展业事务课程的教学开展，也可适用于部分国际商务、贸易经济专业学生的学习。

2. 教学目的：本案例以详细阐述义博会品牌建设为主线，通过对案例的剖析和讨论，使授课学生了解掌握以下几方面的内容：

（1）了解我国展览业目前发展现状及格局；

（2）了解品牌效应对会展发展及地区经济发展的影响；

（3）了解打造会展品牌的主要策略。

二、启发性思考题

1. 义乌小商品会展经历了怎样的发展阶段？

2. 义乌小商品会展是如何形成自己的会展品牌的？

3. 你认为不同类型的会展打造会展品牌的策略会有差异吗？

4. 你认为会展品牌的诞生会对地区经济起到何种影响？

【启发性思考题分析思路以及参考答案要点】

1. 结合案例正文，义乌小商品会展经历了品牌始创、培育、持续发展的三个阶段。在分析时，关注各个阶段的特点以及相比上一阶段有所改善的地方。如在品牌始创阶段，在政府规范化的管理下，通过博览会的形式初步形成品牌，但忽略了品牌建设（如内涵打造）；在品牌培育阶段，品牌建设则通过多方面的努力取得较大突破与进展；在持续发展阶段，积极借助新时代传播工具进一步提升知名度和影响力，并更多地关注品牌交互。

2. 品牌的形成来源于会展自身建设和有效传播两方面。(1) 自身建设：发掘自身优势和特色（小商品交易市场）、保证强有力的扶持政策、建设完善的硬件配套设施、多元化构建主体、强化品牌服务、信息的专业性、增加会展活动的多样性;（2) 传播准备：在不同阶段都充分利用传播工具，从开始主要依赖于电视、广播、报纸，到借助各大社交平台、媒体频道宣传，对不同的传播渠道进行了有效整合，同时着重考虑与大众的交互，以提高传播效率。

3. 由于不同会展的举办地、品牌建设、展会内容定位和特点均存在差别，所以策略上也会产生差异，不同的会展倾向于通过各自的独特优势打造品牌。例如，广交会是在广州举办，且是中国历史最长、层次最高、规模最大的综合性国际贸易盛会，被誉为"中国第一展"，因而更容易凭借优越的地理优势和大型的展会规模实现会展品牌的建设;而义博会则聚焦于日用消费品类小商品，更容易通过会展主题和特色打造品牌会展。

4. 结合会展品牌的特点，会展品牌的诞生会促进区域投资增长、主题产业发展以及产业升级等，推动区域经济发展。首先，会展品牌通过会展场馆建设可以带动当地投资，进而促进当地配套的交通发展和经济发展;其次，由会展品牌形成的规模效应，能够增加参会各方投入产出比，进而带动主题产业的发展;再次，会展品牌所具备的高水平服务质量，能够带动与会展相关的第三产业发展，从而实现当地的产业升级和经济高质量发展。

三、背景信息

1. 国务院关于进一步促进展览业改革发展的若干意见（国发〔2015〕15号）

各省、自治区、直辖市人民政府，国务院各部委、各直属机构：
　　近年来，我国展览业快速发展，已经成为构建现代市场体系和开放型经济体系的重要平台，在我国经济社会发展中的作用日益凸显。同时，我国展览业体制机制改革滞后，市场化程度发展迟缓，存在结构不合理、政策不完善、国际竞争力不强等问题。为进一步促进展览业改革发展，更好发挥其在稳增长、促改革、调结构、惠民生中的作用，现提出以下意见。

一、总体要求

（一）指导思想。全面贯彻党的十八大和十八届二中、三中、四中全会精神，贯彻落实党中央、国务院各项决策部署，深化改革，开拓创新，充分发挥市场在资源配置中的决定性作用，更好发挥政府作用，积极推进展览业市场化进程。坚持专业化、国际化、品牌化、信息化方向，倡导低碳、环保、绿色理念，培育壮大市场主体，加快展览业转型升级，努力推动我国从展览业大国向展览业强国发展，更好地服务于国民经济和社会发展全局。

（二）基本原则。

坚持深化改革。全面深化展览业管理体制改革，明确展览业经济、社会、文化、生态功能定位，加快政府职能转变和简政放权，稳步有序放开展览业市场准入，提升行业管理水平，以体制机制创新激发市场主体活力和创造力。

坚持科学发展。统筹全国展馆展会布局和区域展览业发展，科学界定展览场馆和展览会的公益性和竞争性，充分调动各方面积极性，营造协同互补、互利共赢的发展环境。

坚持市场导向。遵循展览业发展规律，借鉴国际有益经验，建立公开公平、开放透明的市场规则，实现行业持续健康发展。综合运用财税、金融、产业等政策，鼓励和支持展览业市场化发展。

（三）发展目标。到2020年，基本建成结构优化、功能完善、基础扎实、布局合理、发展均衡的展览业体系。

——发展环境日益优化。完善法规政策，理顺管理体制，下放行政审批权限，逐步消除影响市场公平竞争和行业健康发展的体制机制障碍，形成平等参与、竞争有序的市场环境。

——市场化水平显著提升。厘清政府和市场的关系，规范和减少政府办展，鼓励各种所有制企业根据市场需求举办展会，市场化、专业化展会数量显著增长，展馆投资建设及管理运营的市场化程度明显提高。

——国际化程度不断提高。遵循国际通行的展览业市场规则，发挥我国产业基础好、市场需求大等比较优势，逐步提升国际招商招展的规模和水平。加快"走出去"步伐，大幅提升境外组展办展能力。在国际展览业中的话语权和影响力显著提升，培育一批具备国际竞争力的知名品牌展会。

二、改革管理体制

（四）加快简政放权。改革行政审批管理模式，按照属地化原则，履行法定程序后，逐步将能够下放的对外经济技术展览会行政审批权限下放至举办地省级商务主管部门，并适时将审批制调整为备案制。运用互联网等现代信息技术，推行网上备案核准，提高行政许可效率和便利化水平。

（五）理顺管理体制。建立商务主管部门牵头，发展改革、教育、科技、公安、财政、税务、工商、海关、质检、统计、知识产权、贸促等部门和单位共同参与的部际联席会议制度，统筹协调，分工协作。加强展览业发展战略、规划、政策、标准等制订和实施，加强事中事后监管，健全公共服务体系。

（六）推进市场化进程。严格规范各级政府办展行为，减少财政出资和行政参与，逐步加大政府向社会购买服务的力度，建立政府办展退出机制。放宽市场准入条件，着力培育市场主体，加强专业化分工，拓展展览业市场空间。

（七）发挥中介组织作用。按照社会化、市场化、专业化原则，积极发展规范运作、独立公正的专业化行业组织。鼓励行业组织开展展览业发展规律和趋势研究，并充分发挥贸促机构等经贸组织的功能与作用，向企业提供经济信息、市场预测、技术指导、法律咨询、人员培训等服务，提高行业自律水平。

三、推动创新发展

（八）加快信息化进程。引导企业运用现代信息技术，开展服务创新、管理创新、市场创新和商业模式创新，发展新兴展览业态。举办网络虚拟展览会，形成线上线下有机融合的新模式。推动云计算、大数据、物联网、移动互联等在展览业的应用。

（九）提升组织化水平。鼓励多种所有制企业公平参与竞争，引导大型骨干展览企业通过收购、兼并、控股、参股、联合等形式组建国际展览集团。加强政策引导扶持，打造具有先进办展理念、管理经验和专业技能的龙头展览企业，充分发挥示范和带动作用，提升行业核心竞争力。

（十）健全展览产业链。以展览企业为龙头，发展以交通、物流、通信、金融、旅游、餐饮、住宿等为支撑，策划、广告、印刷、设计、安装、租赁、现场服务等为配套的产业集群，形成行业配套、产业联动、运行高效的展览业服务体系，增强产业链上下游企业协同能力，带动各类展览服务企业发展壮大。

（十一）完善展馆管理运营机制。兼顾公益性和市场原则，推进展馆管理体制改革和运营机制创新，制订公开透明和非歧视的场馆使用规则。鼓励展馆运营管理实体通过品牌输出、管理输出、资本输出等形式提高运营效益。加强全国场馆信息管理，推动馆展互动、信息互通，提高场馆设施的使用率。

（十二）深化国际交流合作。推动展览机构与国际知名的展览业组织、行业协会、展览企业等建立合作机制，引进国际知名品牌展会到境内合作办展，提高境内展会的质量和效益。配合实施国家"一带一路"等重大战略及多双边和区域经贸合作，用好世博会等国际展览平台，培育境外展览项目，改善境外办展结构，构建多元化、宽领域、高层次的境外参展办展新格局。

四、优化市场环境

（十三）完善展览业标准体系。按照总体规划、分步实施的原则，加快制修订和推广展馆管理、经营服务、节能环保、安全运营等标准，逐步形成面向市场、服务产业、主次分明、科学合理的展览业标准化框架体系。

（十四）完善行业诚信体系。加快建立覆盖展览场馆、办展机构和参展企业的展览业信用体系，推广信用服务和产品的应用，提倡诚信办展、服务规范。建立信用档案和违法违规单位信息披露制度，推动部门间监管信息的共享和公开，褒扬诚信，惩戒失信，实现信用分类监管。

（十五）加强知识产权保护。加快修订展会知识产权保护办法，强化展会知识产权保护工作。支持和鼓励展览企业通过专利申请、商标注册等方式，开发利用展览会名称、标志、商誉等无形资产，提升对展会知识产权的创造、运用和保护水平。扩大展览会知识产权基础资源共享范围，建立信息平台，服务展览企业。

（十六）打击侵权和假冒伪劣。创新监管手段，把打击侵权和假冒伪劣列入展览会总体方案和应急处置预案。完善重点参展产品追溯制度，推动落实参展企业质量承诺制度，切实履行主体责任。加强展览会维权援助举报投诉和举报处置指挥信息能力建设，完善举报投诉受理处置机制。

五、强化政策引导

（十七）优化展览业布局。按照国民经济结构调整和区域协调发展战略需要，科学规划行业区域布局，推动建设一批具有世界影响力的国际展览城市和展览场馆。定期发布引导支持展览会目录，科学确立重点展会定位，鼓励产业特色鲜明、区域特点显著的重点展会发展，培育一批品牌展会。

（十八）落实财税政策。按照政府引导、市场化运作原则，通过优化公共服务，支持中小企业参加重点展会，鼓励展览机构到境外办展参展。落实小微企业增值税和营业税优惠政策，对属于《国务院关于推进文化创意和设计服务与相关产业融合发展的若干意见》（国发〔2014〕10号）税收政策范围的创意和设计费用，执行税前加计扣除政策，促进展览企业及相关配套服务企业健康发展。

（十九）改善金融保险服务。鼓励商业银行、保险、信托等金融机构在现有业务范围内，按照风险可控、商业可持续原则，创新适合展览业发展特点的金融产品和信贷模式，推动开展展会知识产权质押等多种方式融资，进一步拓宽办展机构、展览服务企业和参展企业的融资渠道。完善融资性担保体系，加大担保机构对展览业企业的融资担保支持力度。

（二十）提高便利化水平。进一步优化展品出入境监管方式方法，提高展品出入境通关效率。引导、培育展览业重点企业成为海关高信用企业，适用海关通关便利措施。简化符合我国出入境检验检疫要求的展品通关手续，依法规范未获得检验检疫准入展品的管理。

（二十一）健全行业统计制度。以国民经济行业分类为基础，建立和完善展览业统计监测分析体系，构建以展览数量、展出面积及展览业经营状况为主要内容的统计指标体系，建设以展馆、办展机构和展览服务企业为主要对象的统计调查渠道，综合运用统计调查和行政记录等多种方式采集数据，完善监测分析制度，建立综合性信息发布平台。

（二十二）加强人才体系建设。鼓励职业院校、本科高校按照市场需求设置专业课程，深化教育教学改革，培养适应展览业发展需要的技能型、应用型和复合型专门人才。创新人才培养机制，鼓励中介机构、行业协会与相关院校和培训机构联合培养、培训展览专门人才。探索形成展览业从业人员分类管理机制，研究促进展览专业人才队伍建设的措施办法，鼓励展览人才发展，全面提升从业人员整体水平。

各地区、各部门要充分认识进一步促进展览业改革发展的重要意义，加强组织领导，健全工作机制，强化协同配合。各地区要根据本意见，结合自身经济社会发展实际研究制订具体实施方案，细化政策措施，确保各项任务落到实处。各有关部门要抓紧研究制订配套政策和具体措施，为展览业发展营造良好环境。商务部要会同相关部门做好指导、督查和总结工作，共同抓好落实，重大事项及时向国务院报告。

2. 义博会

义博会，即中国义乌国际小商品博览会，其前身是中国义乌小商品博览会，创办于1995年，从2002年开始升格为由商务部（原对外贸易经济合作部）参与主办的国际性展会，在每年的 10 月 21 日—10 月 25 日举行，由中华人民共和国商务部、浙江省人民政府、中国国际贸易促进委员会、中国轻工业联合会、中国商业联合会主办，浙江省商务厅（原对外贸易经济合作厅）、义乌市人民政府承办。

义博会的主要内容由贸易展览、会议论坛和文化活动三大板块组成，坚持以客商为中心，突出经贸功能，注重展会实效。义博会贸易展览板块以"商品之都，商机无限"为主题，以小商品贸易为核心，承接奥运会、世博会商机，开展贸易洽谈和经贸合作交流，突出展览贸易的经贸性、国际性、专业性和实效性。会议论坛板块以"市场连通世界，创新引领未来"为主题，坚持政府推动与市场运作相结合，促进"会议经济"发展，做精做好每个专场会议，着力传播新知识、新观念。文化活动板块则以"义乌——非同凡响"为主题，精心设计、组织开展具有地方特色的文化活动，充分展示义乌新形象。采取多种形式，激发广大客商和群众参与热情，努力营造盛会氛围。

1995 年第一届义博会展会面积 5000 平方米，展位数量 348 个，国内外参展企业 189 家，展区日均客流量达到 20 万人次以上，成交额 1.01 亿元。经过 20 余载的发展，在官网给出的第 26 届义博会数据中，无论是展会面积、参展商数量、贸易观众数量还是成交额等都已取得了质的突破。第 26 届义博会展出面积达 10 万平方米，有来自国内 19 个省（市、自治区）的近 2000 家企业参展。据主办方统计，那届义博会累计到场参观 10.6 万人次，线上博览会平台及直播关注浏览量达 1.6 亿人次。展会期间，举办英国、马来西亚、智利等境外线上对接会 7 场次，意向成交额达 466 万美元。

在互联网时代，义博会同样与时俱进，通过开通网上博览会、网络在线展示最新产品，为公众提供相关的采购商及供应商信息。公众通过展会的官方网站能及时了解到展会的相关信息，这也使得义博会网络化建设得到了极大的改善与提高，赢得了众多参展商及观众等相关公众的好感。整体而言，如今的义博会已经在国内同类型展会中处于前列，在国内外均享有极大的影响力。

四、案例分析思路及要点

1. 从品牌策略构建角度分析展览业需要打造会展品牌的原因。

2. 从具体策略执行角度分析如何帮助展览业打造具备影响力的会展品牌。

3. 从会展品牌营销角度分析品牌营销为义博会带来了哪些积极影响。

五、理论依据与分析

1. 展览会营销

展览会营销指的是展览会确定目标市场、研究目标客户需求、根据客户需求设计展览会产品和服务、制定产品价格、选择营销渠道并设计促销手段等一系列活动的总和。展览会营销以参展商与观众的需求为核心,其目的在于实现展览会的市场价值,促进展览会产品和服务的供需匹配。

营销是成功举办一个展览会的核心环节,好的营销活动需要对展览会市场进行精准分析。完整的营销活动包括展览会市场分析、目标市场确定以及展览会营销策略制定三个重要的组成部分,即根据市场分析结果,确定展览会的目标和任务,进而确定参展商和观众的范围,确定宣传对象,针对宣传对象需求展开营销活动。

在本案例中,义乌小商品博览会通过打造品牌活动,如"文明经营周"、开幕式大型文艺晚会等,积极进行品牌营销,并且在展会的宣传册、办公用品以及包装用品等品牌视觉识别方面的设计也更加标准化、统一化。在营销渠道层面,义博会也积极使用网站和邮件等媒介,并积极开启"在线义博会",再结合电视、报纸、广告等传统媒体的营销方式,在多重营销的基础上,义博会的品牌知名度和影响力得到了很大的提升。

2. 展览会宣传与推广

宣传和推广,本质上就是解决供应商和需求者在产品和服务方面的信息不对称状态，更好地进行招展、招商工作。展览会的宣传与推广目的体现于以下几个方面：

（1）扩大展览会的影响

宣传与推广的作用在于，使那些本来不知道、不了解展览会的潜在参展商和观众有机会获取展览会信息，将该展览会纳入考虑范围，并根据自身情况做出是否参加展览会的决定。因此，那些在行业中影响力不大的组展机构更应该加大宣传与推广力度，努力吸引目标参展商和观众参加展览会。

（2）树立展览会形象

随着会展业的迅速发展，办展机构越来越多，如何在竞争激烈的会展市场上占有一席之地，获得参展商和专业观众的认可？宣传与推广是一种重要的手段。宣传与推广有助于让客户清楚地认识到该展览会将提供怎样的服务，与同类展览会相比有哪些不同。如果办展机构不进行宣传，展览会提供的服务，特别是增值服务就可能不被人所知。因此，组展商应该借助宣传与推广来树立展览会形象，创造展览会的竞争优势。

（3）建立展览会品牌

将展览会做大做强，培育有国际影响力的品牌展览会，是每个展览会主办者的努力目标。品牌展览会的形成往往需要卓有成效的品牌经营，而品牌的经营离不开宣传和推广。因此，组展商应借助宣传和推广来扩大展览会的知名度，塑造品牌展览会。

在本案例中，通过积极地进行展会宣传与推广，义博会进一步打响了自身品牌知名度。以前因为没有合适的交流渠道，主办方只有在展会期间才能和观众进行交流，观众也仅能从个别平台了解到展会信息，非展会期间的品牌宣传就非常之困难。现在因为微博、微信等社交软件的发展，非展会时期义博会也会在各大社交平台上发布相关推文信息和进行线上的互动，让大众可以从多个渠道及时了解义博会的相关信息和动态，对会展品牌进行及时关注。

六、教学组织方式

本案例可以作为专门的案例讨论课来进行，也可以作为对会展业发展趋势、展览品牌塑造、会展营销与管理课程的补充案例来配合教学使用。

如下是按照时间进度提供的课堂计划建议，仅供参考。

1. 作为案例讨论课进行

整个案例课的课堂时间控制在 80~100 分钟。

- 课前计划：提出启发性思考题，请学生在课前完成阅读和初步思考。
- 课中计划：简要的课堂前言，明确主题（5~10 分钟）。
- 分组讨论（30 分钟）。
- 告知发言要求，进行小组发言（总时长控制在 40 分钟）。
- 引导全班进一步讨论，并进行归纳总结（15~20 分钟）。

2. 作为理论课补充案例使用

整个案例课的课堂时间控制在 30~45 分钟。

- 课前计划：已经进行过理论教学，便于学生结合理论对案例进行思考。
- 课中计划：引入案例，让学生自行阅读案例（5~10 分钟）。
- 分组结合理论进行讨论（10 分钟）。
- 点名抽选小组发言（10 分钟）。
- 引导全班进一步讨论，并结合理论进行归纳总结（5~10 分钟）。

七、案例后续进展

2022 年 11 月 24 日至 27 日，以"新起点、新市场、新发展"为主题的第 28 届中国义乌国际小商品（标准）博览会（简称"义博会"）在义乌国际博览中心举行。

1. 突出服务理念，数字科技渐成主角

2022 年是义乌市场建设 40 周年。那届义博会特设义乌市场建设 40 周年主题馆，通过全息影像、虚拟数字人等高新技术展现义乌市场 40 年发展历程、全球化贸易形态及未来蓝图，并筛选出 40 家代表性市场经营户在风

雨同舟企业展区参展，生动、立体地呈现义乌市场"人、货、场、链"生态圈。展会期间，配套举办市场联动采购季等系列活动，共谋市场发展新时代。

义博会期间，作为义乌市场建设40周年大会的重头戏，"第六代"市场——义乌全球数贸中心项目破土动工。

义乌全球数贸中心项目位于福田街道，项目围绕新贸易、新地标、新市场三条主线，统筹生产、生活、生态三大空间，布局服务贸易、产业培育、创新创意、活力商务、进口百货、品牌选品六大中心。

此外，义乌小商品城与百度爱采购达成全面战略合作，数字化赋能中小企业，双方将在数字营销服务、数字供应链搭建、产业生态建设等方面展开全方位深入合作，为义乌中小企业带来AI时代更智慧、更精准、更高效的购销体验，用科技建设线上线下融通的创新、开放、共享型消费品智采生态。

义乌市委主要负责人介绍，义乌将全力建设全球数贸中心，由展示型贸易向服务型贸易转变，为全球贸易商提供更丰富的商业场景、更精准的贸易商机、更完善的成长体系，精心打造引领全球贸易风尚的新一代市场。

2. 突出商贸属性贸易洽谈成效显著

那届义博会分设7个商品贸易馆，以相近行业展区相邻布局，便捷采购商采购洽谈。为强化展会和贸易的联系，新增供应链主题展区，现场有盈和、阿里巴巴、凯越、中信保等供应链服务企业参展。

义博会期间还连续举办了商场专场、外商专场等三场线下洽谈会，数十名国内外采购商携订单参会采购。此外，展会期间还配套举办展贸类论坛会议、贸易对接会，优化商贸洽谈服务，以提高展会交易成果。

那届义博会首设新能源主题展区，除爱旭、天合、东方日升、晶澳、晶科等头部光伏企业参展外，另有新入驻义乌市场新能源区块的部分企业一同在义博会上集中展示新能源领域高精特新产品，共同打响义乌国际商贸城新能源产品的市场知名度。

3. 突出标准特质"浙江制造"大放异彩

那届义博会继续融合标准元素，在标准主题馆设有绿色产品"双碳"、标准创新、"品字标浙江制造"、机械安全标准化、时尚美妆等 5 大主题展区。新增"机械安全标准化"主题展区，分为安全标准解读区、安全解决方案展示区以及安全产品展示区三个部分，通过安全标准与安全产品有机结合的方式宣传机械安全标准、技术和方法，向参展商以及采购商推广"大安全"理念。

八、其他教学支持材料

其他会展品牌的相关资料，例如哈尔滨冰雪节、广州广交会等；来自媒体平台的各类展会报道及来自视频平台的视频介绍内容等。

"智奥会展"的国际化经营战略

李萍 赵小宇 何敬儒*

摘 要：本案例介绍了法国智奥会展集团的运营概况，以大事年表的方式梳理了该公司三大业务板块（活动与体育赛事运营、展会主办和场馆管理）的国际化进程，并详细分析其进入国际市场的模式、并购活动及其在中国的业务活动。通过对其国际化经营的案例分析，本文总结出智奥会展的国际化经营战略，以期为各会展企业的国际化战略布局提供一个可借鉴的思路。

关键词：会展 国际化 进入模式 企业并购

1. 引言

智奥会展集团（以下简称"智奥会展"）作为全产业链覆盖的整合型会展公司，是法国最大的会展企业，并在巴黎证券交易所上市。智奥会展已在全球建立了90多个分支机构，国际化经营是其快速成长的重要原因之一。本文首先介绍智奥会展的发展历程、三大业务板块的国际化进程，其次分析其进入国际市场的模式、并购活动及其在中国的业务，旨在引导学生了解并熟悉跨国会展公司的业务范围，分析会展企业国际化经营的动因，思考影响其国际化经营战略制定的相关因素以及如何选择目标市场进

---

* 李萍，北京第二外国语学院经济学院讲师；赵小宇、何敬儒，北京第二外国语学院经济学院国际商务专业硕士研究生。

入模式。

2. 相关背景

1978 年，奥利维尔·吉农（Olivier Ginon）和三位合伙人（Olivier Roux，Gilles Gouédard-Comte 和 Jacques Danger）在法国里昂 Vaubecour 大街，成立了 Polygone Service。为了扩大经营，Polygone Service 和当时主营展览会搭建材料租赁业务的 Cré-Rossi 公司达成联盟，公司更名为 Générale Location。从 1990—1997 年的 8 年时间，Générale Location 将业务战略转向国际化方向，通过收购和创新，推进提供全球解决方案的战略，为大型零售商和博物馆承办展览、家具租赁、优质摊位、标识、固定装置、主办服务的总承包业务。

在战略不断明朗和完善的过程中，2003 年，Générale Location 更名为 GL Events（智奥会展）。2019 年，智奥会展实现营业收入 11.73 亿欧元，约为人民币 80 多亿元，在全球会展公司中位居前列。目前，智奥会展管理 50 个场馆，经营超过 130 万平方米的场馆面积，拥有 300 多个展会和活动自主品牌，每年将近有 200 多万名国际观众和 3 万多家参展商，年均服务超过 4500 场活动与赛事，涉及 100 种不同行业，是推广 27 个会展目的地城市的主力军。[①]

3. 案例正文

3.1 智奥会展的国际化进程

智奥会展的国际化进程起步有赖于其明确的企业战略。如智奥会展中国区 CEO 周建良所言："在混乱中寻找机会，在动态中把握机会，在不确定中创造机会。"扩大企业全球影响力，树立企业国际化形象；在寻求新的市场需求和消费群体的同时也享受东道国所提供的优惠政策；寻求产品

---

① https://www.gl-events.com/en/group.

和服务竞争力的提升等，这些都是智奥会展迈出国际化步伐的原因。

企业战略对于企业国际化经营是至关重要的，核心是创造出有利的态势。如何制定国际化经营战略？

其一，先规划企业国际化经营的使命和战略目标。企业战略是使命和愿景指导下的一个选择，智奥会展综合其三个业务板块的总体方向，明确其使命为"城市会展综合服务运营商；会展体育组织者信赖的合作伙伴；企业客户开拓市场、激活品牌的首选"。

其二，应该考虑制定国际化经营战略目标的影响因素，包括环境力量、企业资源和组织结构现状、决策层的价值取向与目标和竞争对手的举措。针对其企业资源和组织结构现状，以及决策层的价值取向与目标，智奥会展制定其国际化经营战略目标为"一家世界级的整合型会展公司，提供会展活动相关的全套解决方案"。①

1981 年，智奥会展首次承办商贸会，是"展会主办"业务板块的开始；1995 年，在巴黎的 Espace Eiffel Branly 签订首个接待场地管理合同，开始了"场馆管理"业务；1998 年，签订重大国际赛事方面的首个合同，为世界杯提供专业服务，成了"活动与体育赛事运营"业务板块的开端。三大业务板块逐步形成，国际化进程不断推进。

(1) 智奥会展的"展会主办"业务

智奥会展在 1981 年首次承办商贸会，开启"展会主办"业务板块。前期重点业绩较少，大多在搭建三大业务板块基础。而后"展会主办"业务板块逐渐发力。

在"展会主办"业务板块，智奥会展早期的业务布局主要集中在法国国内，进而提供辐射整个欧洲地区的服务，举办的展会类型主要是以商业贸易类展会为主；2010 年起将业务领域拓展到国际市场，服务亚洲、非洲、南美洲等全球市场客户；国际业务密度也在不断增加，2010 年起每年都参与主办了一系列具有较强国际影响力的知名展会，举办展会的类型也逐渐多样化，从商业贸易类展会拓展到博览会等综合性展会，同时也参与了一系列，如缔约方大会、世界青年日等非经济类会展活动。

---

① https://www.gl-events.com.cn/en/glevents.html.

表 3-6　智奥会展在"展会主办"业务板块重点业绩

年份	重点业绩
1981	首次承办商贸会
1996	里昂会展中心承办 G7 峰会
2006	承接 Sepelcom、Kobé、Fagga Eventos 的活动策划
2007	持有纺织品贸易展股权
2008	收购工业领域的 6 个新展览会
2010	上海世博会、刚果和加蓬的非洲纪念活动、巴黎大皇宫的首次年度跳秀比赛
2011	首届卡塔尔汽车展
2012	"里约+20"世界气候会议、全球 7 个首都城市的纺织品贸易展
2013	里约热内卢的世界青年日
2014	举办利马第 20 次缔约方大会（COP 20）
2015	参与圣保罗世博会建设、米兰世博会
2016	圣保罗世博会开幕式、马拉喀什第 22 次缔约方大会的合作伙伴
2017	举办"Global Industrie"全球工业展
2019	秘鲁的泛美运动会、智利和西班牙的"COP 25"大会

资料来源：智奥会展官网，https://www.gl-events.com/en/group.

（2）智奥会展的"场馆管理"业务

自 1995 年开始，该业务板块已成型，2000 年之后进入"场馆管理"的业务爆发期，2005 年首次取得国外会展场馆管理权，2006 年首次取得美洲和亚洲地区国家会展场馆管理权，将服务范围扩大到全球市场，实现了该业务板块的国际化运营。最终历时 20 余年，逐步在法国、巴西、中国等取得了累计 50 个场馆的管理权。

相较于其他两个业务板块，智奥会展"场馆管理"业务的国际化步伐略显缓慢，管理的会展场馆主要集中在法国国内和欧洲部分地区，在亚洲、南美洲市场略有收获，在本业务国际化运营方面仍存在开拓国际市场的空间。

表 3-7 智奥会展在"场馆管理"板块重点业绩

年份	重点业绩
1995	与巴黎的 Espace Eiffel Branly 签订首个接待场地管理合同
1999	获得里昂会展中心特许经营权
2001	开始管理巴塞罗那国际会展中心
2002	获得图卢兹会议中心及展览园管理权
2003	获得 Parc Floral de Paris 和 Grande Halle d'Auvergne 的管理权
2005	获得布达佩斯、帕多瓦和瓦纳地区场地的管理合同
2006	获得里约中心、上海浦东、欧洲博览馆、梅茨博览馆等的场地管理权
2007	获得布鲁塞尔、尼斯、都灵、里约竞技场、库里蒂巴的场地管理权
2008	获得特鲁瓦展览园的管理权
2009	管理海牙世界论坛会展中心、都灵 Paloval、巴黎 Palais de la Mutualité 以及亚眠 MégaCité
2010	取得巴黎布隆尼亚尔宫的管理合同
2011	取得土耳其安卡拉的新会展中心的管理权
2013	签订圣保罗展览园的 30 年管理合同、管理梅茨的会展中心、管理马赛的 Pavilion M 展览馆
2014	管理斯特拉斯堡的会展中心
2015	获得巴黎活动中心场地管理权
2017	签订中国广州会展中心管理合同、被选中负责管理日本爱知展览园
2018	管理爱知、迪拜、卡昂、圣艾蒂安的新场地、里昂会展中心翻新以及罗阿讷的 Scarabée 剧场
2019	更新克莱蒙特费朗（Clermont Ferrand）展览中心和 Polydome 管理特许权

资料来源：智奥会展官网，https://www.gl-events.com/en/group.

（3）智奥会展的"活动与体育赛事运营"业务

在"活动与体育赛事运营"业务板块，智奥会展运营实力强大、经验充足、享有良好的口碑和声誉、业务收获颇丰。智奥会展早在 1998 年参与了重大国际体育赛事"世界杯"的相关举办工作，积累了运营大型国际体育赛事活动的丰富经验，为该业务板块的拓展形成一个良好的开端。随后在近 20 年的发展历程中，智奥会展参与了 2000—2016 年间共 4 届夏季奥运会的相关举办工作，更是提升了自身的服务水平与能力，奠定了其在该领域的领导者地位，为国际市场的开拓打下了良好的基础。

除了奥运会、世界杯等重大国际体育赛事之外，智奥会展在一些专业性体育赛事和小型体育赛事运营上同样具有丰富的经验，并在 2014 年将自身定义为模块化永久体育场的新服务提供商，实现全客户业务范围覆盖和自身服务水平的高质量发展。

表 3-8　智奥会展在"活动与体育赛事运营"板块重点业绩

年份	重点业绩
1998	重大国际赛事方面的首个合同：世界杯
2000	成为悉尼奥运会国际赛事的合作伙伴
2006	合作多哈亚运会
2007	中国香港橄榄球世界杯测试赛、成为 LOU Rugby 的合作伙伴
2008	参与北京奥运会项目、搭建中国香港马术比赛场地、滑雪世界杯
2009	南非 FIFA 联合会杯
2010	南非 FIFA 足球世界杯、印度英联邦运动会
2011	新西兰橄榄球世界杯、亚洲国家足球杯的伦敦测试赛、建造维尼西厄的 Matmut 体育馆
2012	伦敦奥运会、赤道几内亚和加蓬的非洲国家杯
2014	多伦多泛美运动会、模块化永久体育场的新服务提供商
2015	巴库欧洲运动会、米兰世博会
2016	里约热内卢奥运会、欧洲国家杯比赛
2017	建造热尔兰 Matmut 体育馆的橄榄球体育场
2018	印度尼西亚亚运会、欧洲锦标赛、巴黎莱德杯

资料来源：智奥会展官网，https://www.gl-events.com/en/group.

3.2　智奥会展进入国际市场的模式

当一个企业决心进入外国市场时，就会面临"选择怎样的进入模式"

问题。企业进入并参与国外市场进行产品销售或服务提供的方式可归纳为三大类：一是出口；二是非股权进入，即契约模式，比如许可证模式、特许经营模式、合同制造模式、管理合同模式和工程承包模式；三是对外直接投资，即股权进入，包括合资进入和独资进入。每种模式各有优缺点，企业进行目标市场进入模式选择的时候需要考虑进行综合考量。

（1）智奥会展进入国际市场的模式选择——基于核心竞争力

国际市场进入模式的选择依赖于企业的核心竞争力。智奥会展定位于世界一流的活动解决方案和服务提供商，其进入国际市场的模式选择主要基于自身的核心竞争力。

其一，选择性和持久的本地业务战略，以充分利用不同的本地优势。这一竞争力在场馆"管理业务"板块的发挥尤为明显，获得了 50 个场馆的管理权。为了满足全球业务不断扩大的节奏，先后在 20 多个国家设立了办事处，90 多个分支机构。

其二，通过与当地顶级合作伙伴建立联盟或收购在其市场上有强大地位的公司来实现其服务。通过非股权安排和并购模式与当地顶级合作伙伴建立的种种合作联系，这在该公司的发展各重要阶段发挥着重要作用。1998 年，在巴黎证券交易所的第二个 Marché 上首次公开募股后，智奥会展集团在大型国际活动领域迈出了第一步，比如法国的足球世界杯、国家首脑会议、戛纳电影节等，以及集团其他重大项目，比如悉尼的欧洲国家首脑峰会。成立之初，智奥会展便和当时主营展览会搭建材料租赁业务的 Cré-Rossi 公司达成联盟，将业务领域扩展贸易展览家具、配件和租赁领域。时至今日，智奥会展的业务已扩展至设计咨询和生产、固定装置与设施、视听设备与服务、家具服务等领域①。

其三，定期参加大型全球性活动，树立行业服务质量的标杆。智奥会展目前在全球三大业务板块，触达到的国家和城市有不少代表作。智奥会展通过对多个国际活动的贡献来确认其领导地位，如卡塔尔非洲国家杯、苏格兰皇家银行 6 国橄榄球锦标赛、法国 G8 和 G20 轮值主席国峰会、伦敦奥运会、"里约+20"峰会等。以服务案例来看，"活动与体育赛事运营"

---

① https://www.gl-events.com/en/investors-relation.

业务板块中，2019 年在菲律宾举行的第 30 届东南亚运动会（SEA Games），智奥会展担任了当地运动会总承包商的顾问，专业团队小组动员了来自 9 个不同国家的 32 名专家，监督了菲律宾 50 个关键地点的临时建筑、看台、办公室、化学厕所、存储区、安全围栏等的安装。为这一重大赛事提供专业知识，证明了其为组织国际体育赛事提供从咨询、设计到最终实施的定制解决方案的能力[①]。

其四，管理优势，具有管理多国团队和项目的能力。智奥会展的专业团队和项目遍及全球 20 多个国家，不同国别的专业人士也有合作。2017 年，美洲杯决赛在百慕大群岛举行，由于此前服务过奥克兰、巴伦西亚、特拉帕尼和马尔默帆船比赛，智奥会展被选为招待区临时设施供应商。此次项目是一个跨国项目团队，由美国、巴西、法国和英国子公司的员工共同组成[②]。

（2）智奥会展进入国际市场的模式选择——基于全球化经营战略

国际市场进入模式的最佳选择依赖于企业的全球化经营战略（希尔，2019）。智奥会展是一家致力于活动行业的全球性企业，定位为"国际会展专家"，致力于将业务涵盖会展市场三大主要领域：各类会议；文化活动、体育赛事、组织结构类活动；各类展览会，提供全产业链的支持。基于这样的企业使命和服务定位，智奥会展在母国法国国内蛰伏蓄势，进而走向国际市场。

3.3 并购活动

智奥会展国际化经营的进入模式主要是因地制宜采用非股权安排、股权进入模式（合资公司和并购）。非股权安排主要表现在"场馆管理"业务板块，共计签约管理了全球 50 个场馆，遍及巴西、比利时、中国等。2000 年，在中国香港和邻国比利时开始进行外部扩张。场馆管理和活动组织业务增长强劲，为支持其在活动市场的扩张，智奥集团增资 1540 万欧元。

智奥会展的股权进入模式自扩张战略开始便势头强劲，尤其是并购业

---

① https://www.gl-events.com/en/sea-games-2019.
② https://www.gl-events.com/zh-hans/live.

务。2001 年，智奥会展在美国开业，设立纽约销售办事处，并在英国取得发展。2003—2009 年收购了 6 个公司和机构，包括专业活动传播机构 Market Place、英国的 Temp-A-Store、组织专家 AGOR 和布达佩斯展览中心的运营公司 Hunexpo 等。在许多情况下，企业通过并购来抢占市场先机。智奥会展收购了 6 个新的工业贸易展览会，实现了 B2B 部门的活动的强劲增长，还收购了比利时的 Traiteur Loriers 公司以加速其餐饮方向战略的发展。在 2005 年和 2007 年，智奥会展进行了两次增资，分别筹集了 3570 万欧元和 7760 万欧元用以支持和扩大他们的业务活动。2011 年，先后收购了 BRELET（贸易展览会和活动提供临时安装的法国供应商）和 Slick 座椅系统有限公司（在英国、英联邦国家设计和制造看台及座椅解决方案的英国专家）以及 Serenas（土耳其领先的 PCO，即邮政检查业务）。三项收购项目扩充了智奥会展在活动安装、看台设计与制造以及展会物流方面的能力。

智奥会展继续进行增资，将战略重心开始倾向新兴市场的发展，特别是在巴西。Sofina 成为集团股东，将专业活动理念输出到不同的地理区域，期望为集团活动创造高附加值，例如纽约、圣保罗和莫斯科的 Première Vision，纽约的 Bocuse d'or，上海和日内瓦的 Sirha 等等。2013 年，收购了巴西的 LPR 公司，此公司专门供应通用装置和家具。该收购活动扩充了智奥会展在固定装置与设施和家具服务的专业知识领域。2014 年 1 月 1 日，为公司战略发展进一步需要，智奥会展将旗下三家活动代理机构：Alice Événements、Market Place 和 Package 合并，此后专门从事活动的战略和运营沟通。同年，智利的收购活动，使其在拉丁美洲的业务得到了拓展。

2015 年，引入了快速安装和经济高效的基础设施概念，完成模块化和耐用场馆的创新，并完成在美国、智利和秘鲁的发展。2019 年，通过收购 Tolexpo 和 Midest 贸易展，结合 Smart Industries，智奥会展为工业部门创建了一个工业专业活动，打造专业展会，树立行业服务标杆，助力其"展会主办"业务。而后，陆续战略性地收购了 Tarpulin（智利）、Wickd&Flow（迪拜）、Aganto（英国）和 CCC 机构，以此来完善和助力各业务板块。2018 年收购了智利领先的专业展览组织机构 FISA 集团，进一步加强了在智利的市场地位，辐射拉丁美洲。2019 年，智奥会展加速国际扩张步伐，收购了我国活动服务公司"中展众合"51%的股份、约翰内斯堡展览中心管理公司约翰内斯堡博览中心60%的股份、中国国际会展联盟55%股权，并持有我国时尚展主办方Fashion Source 60%的股份。

智奥会展一步步的收购战略不仅扩张了其在全球会展领域的商业版图，还扩充了三大业务板块，使其逐渐扎实稳定。

3.4 目标市场的选择——以中国为例

智奥会展在母国法国坚实的市场基础已经从国内延伸到了国际市场，基于在成熟国家的优势，在具备强劲增长潜力的新兴市场寻求更多商机。2005年，智奥会展上海办事处开业标志其正式开始进入中国。智奥会展集团创始人奥利维尔·吉农也表示："集团将中国市场作为会展产业链的战略中心，非常重视中国市场业务的发展。"[①] 2010年，智奥参与了上海世博会，这是注册类世界博览会首次在发展中国家举行，智奥会展又一次亮相在了中国会展行业活动中。

2019年对于智奥会展来说，是在中国大力扩张的一年。智奥会展在中国完成了4项股权进入安排。首先，牵手广州越秀集团建立合资公司，在中国共同开发活动场地网络。由智奥会展与越秀集团和法国合作打造广州越秀国际会议中心，并由双方合资成立的广州越秀智奥发展有限公司负责运营管理。

2019年2月28日，智奥会展与中国国际展览中心集团公司（以下简称"中展集团"）在中国国际贸易促进委员会大礼堂举行了战略合作新闻发布会暨中展众合（北京）国际展览有限公司合资签约仪式。中展集团是中国展览馆协会、国际展览业协会（UFI）和国际展览会管理协会（IAEM）的成员。智奥会展与中展集团的合作可谓是锦上添花，和中国拥有70多个国家和地区的施工经验和为数百家知名客户服务的专业会展公司合作，对于智奥会展在中国的业务活动开展大有裨益[②]。

5月8日，智奥会展与深圳市鹏城展览策划有限公司合资签约，鹏城

---

① https://www.gl-events.com/zh-hans/sea-games-2019.

② https://www.gl-events.com.cn/cn/20190301155611.html.

展览是市场化运营的中国民营展览公司，此次合作是围绕服装时尚产业供应链、积极搭建技术和贸易交流平台的一次重大合作。智奥会展选择与鹏城展览合作是看中深圳地处粤港澳大湾区的核心，也是未来该地区经贸发展的引擎。这一年，智奥会展在中国一线城市举办了 6 场大型展览，包括中国国际墙纸墙布窗帘暨家居软装饰展览会、上海供热展等。2019 年，智奥会展在中国市场进入了一个业务加速发展的时期，不仅通过一系列的企业并购令公司各业务板块在中国大陆迅速落地，更是初步形成了以北上广深为核心的多城市布局网络。

2020 年，智奥会展在中国参与了淄博首届新材料产业国际博览会、中国东盟博览会、珠海国际设计周和大湾区工业博览会的工作。2021 年，智奥会展集团和今翊资本于 3 月 4 日完成投资合作交割。双方共同向智奥会展中国有限公司增资人民币 20 亿元来发展中国市场的会展业务①。

4. 结尾

智奥会展在明确企业国际化经营的使命和战略目标基础上，综合考虑企业自身优势和市场环境，制定了其国际化的经营战略。通过国际化经营，不断扩大企业全球影响力，树立企业国际化形象；在寻求新的市场需求和消费群体的同时也享受东道国所提供的优惠政策；寻求产品和服务竞争力的提升。

智奥会展的目标是成为一个全产业链集团，已在 5 个大陆和 20 多个国家设立了办事处，通过构成全球 90 多个分支机构的庞大网络，布局三大核心板块。从项目定位和设计到现场执行，已经渗透到了展会活动的各个层面。采用非股权安排和股权进入模式（合资公司和并购）进入国际市场，助力完善三大业务板块，从中建立具有协同作用的综合业务模式，以优化全球的业绩并加强互补性。

---

① https://baijiahao.baidu.com/s?id=1699363129424844640&wfr=spider&for=pc.

英文案例摘要

International Business Strategy of GL Events Group

Li Ping　　Zhao Xiaoyu　　He Jingru

Abstract：This case describes the French company profile of GL Events Group, recorded in the form of time line, the process of its three major business sector (LIVE's, Exhibitions and Venues) internationalization, and the entry mode, mergers and acquisitions, and made detailed instructions in Chinese business activities. By analyzing the international operation cases of GL Event Group, summarize its international management strategy, this paper provides some ideas for the international strategic layout of exhibition enterprises.

Key words：Exhibition　Internationalization　Entry Mode　Mergers and Acquisitions

案例使用说明

"智奥会展"的国际化经营战略

一、教学目的与用途

1. 本案例主要适用于国际商务课程中"企业跨国经营战略""企业进入战略""企业投资与并购"等内容的学习,适用于本科生、MBA、EMBA以及经济管理类研究生等案例教学中使用。

2. 本案例是一篇关于"智奥会展"国际化经营案例及战略的分析,其教学目的:首先,使学生在阅读全文信息中了解"智奥会展"国际化经营战略的选择。其次,进一步结合案例的相关背景材料,引导学生了解并熟悉跨国会展企业的业务范围,分析会展企业国际化经营的动因,思考影响其国际化经营战略制定的相关因素以及如何选择目标市场进入模式。

二、启发性思考题

1. 根据案例的相关描述,结合相关背景资料,总结"智奥会展"三大业务板块有哪些?各个业务板块包含哪些内容?是如何形成起来的?

2. 结合"智奥会展"国际化经营的动因,思考当今会展企业的国际化经营的动因有哪些?

3. 根据案例,总结会展企业跨国经营的战略制定应考虑的因素有哪些?

4. 面对不同业务板块和目标市场,"智奥会展"采取了哪些不同的进入模式选择?为什么?你会选择什么样的进入方式?

5. 如果让你来制订一个完整的国际化运营方案,你会考虑到哪些内容?请以小组的形式,选择你们的企业国际化案例并进行分析,最后进行展示和交流。(可供参考的内容包括但不限于：目标市场的选择、背景分析、国际化动因、国际化经营策略的制定、进入模式的选择及总结等)

三、案例分析思路及要点

分析思路：

1. 本案例分析的逻辑路径：介绍智奥会展公司背景及其三大业务板块国际化的进程，并分析说明其国际市场进入模式、并购活动和在中国的业务活动，引导学生了解并熟悉跨国会展企业的业务范围，分析会展企业国际化经营的动因，思考其国际化经营战略制定流程、影响因素以及目标市场进入模式的选择。

2. 学生识别的关键问题：其一，会展企业跨国经营的战略制定应考虑的因素。其二，国际化经营战略如何制定。其三，跨国会展企业目标市场进入模式的选择。

要点：

(1) 本案例教学中的关键知识点：

①跨国会展企业国际化经营的动因；

②跨国会展企业的经营战略制定及其影响因素；

③跨国会展企业目标市场进入模式的选择。

(2) 本案例教学中的关键能力点：

①了解跨国会展企业国际化经营的动因及其特征，以及国际化经营中的目标市场进入模式。

②能够结合相关理论对跨国会展企业国际化经营的事实和流程进行分析。

③根据案例中所学知识，学生能独立分析不同的跨国会展企业的国际化经营战略模式，为会展企业国际化经营中的国际化战略制定、目标市场进入模式选择提供相应的解决方案。

四、理论依据与分析

1. 跨国企业国际化经营特征和动因

（1）跨国会展企业的定义

跨国公司，又称为多国公司，是指由两个或更多国家实体所组成的公营、私营或混合所有制形式的企业。跨国会展企业指由两个或更多国家实体所组成的公营、私营或混合所有制形式的会展企业。

（2）跨国会展企业的基本特征

跨国会展企业基本特征总共有如下三点：

第一，该会展企业在一国以上拥有或控制资产，从事价值增值活动。战略目标是以国际市场为导向，目的是实现全球利润最大化。

第二，会展企业应具有全球性的经营战略，通过多种方式对位于海外的企业或分支机构实行控制。

第三，该会展企业在世界范围内的各个领域，与全球客户进行资本、商品、人才、技术、管理和信息等交易活动，并对其分支机构必然实行高度集中的统一管理。

（3）跨国会展企业国际化经营的动因

跨国会展企业国际化经营的动因主要有如下五点：

第一，获取投资国稀缺资源，例如人才、技术、场馆、配套基础设施。

第二，享受东道国所提供的优惠政策，例如会展产业发展资金支持政策。

第三，寻求新的市场需求和消费群体，通常是东道国的会展市场。

第四，寻求产品和服务竞争力的提升，并且在会展举办成本上有一定优势。

第五，扩大企业全球影响力，树立企业国际化品牌形象。

2. 国际化经营战略制定

其一，规划企业国际化经营的使命和战略目标。企业跨国经营的使命是规范企业职能、指导原则和思想等内在特性，建立统一且高度认可的企业文化，服务于跨国企业的全球运作，并基于自身利益出发点，规划本公司自身发展的长远方向。战略目标是企业使命的具体体现，在一定时期内指导企业的发展方向和进程，是特定的目标和可量化的指标。

其二，综合考量国际化经营战略制定的影响因素，包括环境力量、企业资源和组织结构现状、决策层的价值取向与目标以及竞争对手的应对举措。

3. 目标市场进入模式的选择

当一个企业决心进入外国市场时，就会出现"选择怎样的进入模式"的问题。进行目标市场进入模式选择的时候需要考虑其影响因素，再选取与跨国企业相适应的进入模式。

（1）影响目标市场进入模式的因素

主要包括技术水平、产品和服务的多样化程度、国际化经营战略、企业自身运营经验。

（2）目标市场进入模式

企业进入并参与国外市场进行产品销售或服务提供时可供选择的方式。归纳起来，主要包括三大类：一类是出口；二类是非股权进入，也称契约模式，比如：许可证模式、特许经营模式、合同制造模式、管理合同模式和工程承包模式；三类是对外直接投资，又称股权进入，包括合资进入和独资进入。当然，每种模式各有优缺点。

通常制造业的企业在全球扩张阶段会选择出口模式。出口模式的优点在于：一方面避免了在东道国当地进行生产经营活动时产生的巨额成本，另一方面可以帮助企业获得经验曲线、区位经济优势。出口模式的缺点在于：第一，国外有更低成本的地方可以生产产品，那么从母国出口显得很不划算；第二，运输费用过高，使得出口不经济，尤其是大宗商品的运输；第三，跨国出口时面临的关税壁垒也使得出口成本增加。

非股权进入的方式有很多种，包括许可证、特许经营、工程承包等。智奥会展的非股权进入与理论知识上的非股权进入方式不同，主要表现在"场馆管理"业务板块，在其过往 20 余年的全球化经营中，累计管理全球50 个场馆。

股权进入包括合资进入和独资进入。智奥会展的国际化经营的进入模式中采用了合资公司和并购模式。合资公司是指有两个或两个以上的独立企业共同出资成立新的企业，其优点：一是可以通过从当地合资者处获得有关东道国的竞争状况、文化、语言、政治体制和经营体制的知识；二是合资企业可以与当地的合作伙伴分摊费用和风险。合资公司的缺点：一是有企业控制权拱手让给合伙人的风险；二是这种共同拥有的股权安排往往会导致双方控制权的冲突和矛盾。

智奥会展股权进入中，以独资进入的方式，具体采用并购模式。独资进入时，企业可以降低核心竞争力丢失控制的风险，同时可以对不同国家的经营进行严密的控制，还可以使企业享受外国市场百分之百的利润。但其缺点是该企业必须承担海外经营的全部成本和风险。

五、教学组织方式

本案例专门用于案例讨论课，黑板板书与幻灯片设计可以根据案例的内容和知识点、能力点进行制作，突出关键要点和理论依据与分析的内容。讨论方式主要适宜采用小组讨论的方式。案例的开场白可以采用"公司背景""三大业务板块的发展进程"等内容，以讲故事式的叙述方式进行。以下是按照时间进度提供的教学计划建议，仅供参考。

计划一：

1. 时间计划：整个案例课的课堂时间控制在 90 分钟为宜。

2. 课前计划：提出启发性思考题，请学生在课前完成阅读和初步思考，并要求通过各种公开途径收集有关本案例涉及的相关信息、资料和文献，以助于课堂讨论。

3. 课中计划：

（1）简要的课堂引言（10 分钟）。

（2）让学生根据自己的观点分组讨论（30分钟）。

（3）各组学生代表发表自己的观点，进行全班讨论（30分钟）。

（4）教师或者学生点评，并总结要点，归纳知识点（20分钟）。

4. 课后计划：

学生根据课前阅读、课堂讨论、指导教师引导、归纳总结，撰写完整的相关案例研究报告。

计划二：

1. 时间计划：整个案例课的课堂时间控制在90分钟为宜。

2. 课前计划：请学生自行组队（每组4~5人），提出企业国际化经营启发性思考题和相应背景，请学生提前选择好自己小组的目标研究对象（某企业的国际化案例），并进行组内分工，最终在课上以PPT的形式向全班进行展示。

3. 课中计划：

（1）简要的课堂引言（10分钟）。

（2）让学生根据分组进行展示（60分钟）。

（3）教师或其他学生进行点评，并总结要点，归纳知识点（20分钟）。

4. 课后计划：

根据课堂上的展示情况以及点评意见，要求学生在课后对自己小组的国际化经营案例分析报告进行改进，并撰写完整的相关案例研究报告。

会展服务企业数字化转型
——以道同共创公司为例

李扬 袁梦瑶 于雨溪[*]

摘 要：疫情的到来加快了企业数字化的步伐，越来越多的企业开始进行数字化转型，取得了一系列良好的成果。而作为会展服务产业，由于其特殊性，该产业的数字化发展却远远落在了后面，截至目前，依然没有一次让整个行业都认同的线上会展案例产生。本文将通过分析线上会展公司道同共创的线上会展商业模式、线上盈利模式以及其解决发展中问题的过程，来阐述目前线上会展存在的困难与主流商业模式。

关键词：会展业 数字化转型 道同共创 商业模式 困境

1. 引言

随着数字经济的不断发展，会展所带来的经济效益正在不断地被网红直播、电商经济和共享经济等削弱。与此同时，参展商撤展、主办方临时取消等事情发生频率也在不断提高，这使得会展业的发展形势日趋严峻。同时在疫情影响下，传统形式的会展受到极大的限制，变得越来越难以开展。在这样的态势之下，越来越多的会展选择了线上举办，数字会展正在成为数字经济新业态的一种呈现方式。而道同共创作为这样一个帮助传

---

* 李扬，北京第二外国语学院经济学院讲师；袁梦瑶、于雨溪，北京第二外国语学院经济学院国际商务专业硕士研究生。

统产业进行数字化发展的企业，在经营之初便进行举办线上会展的尝试，先后成功举办了 2021 春季全球高端食品展览会、第 32 届国际医疗仪器设备展览会等高级别会展活动，助力会展服务产业的数字化转型。

2. 相关背景

道同共创是一家帮助传统产业进行数字化转型、智能化升级的互联网公司。与希望数字化升级、智能化转型的创新企业家成为合作伙伴，以共同建立新经济产业创新社群的方式，帮助企业商业模式创新、数字科技赋能、优化业务流程、变革组织架构、提升运营效率、增加企业盈利以及承担社会责任。道同共创从创立之初，就以数字化发展作为企业生存的主营方式，树立了数字化发展的"在线战略"：从自身建设开始，在办公方式线上化、工作进程数字化、工作协同化等方面做了很多自主实践，不仅减少了很多传统企业的办公开支，整个团队也在这种创新办公方式中，逐渐走上正轨，体验到以数字化为基准的灵活办公模式所带来的益处。

道同共创建立于 2018 年，其创始人周景龙这样写道："我是周景龙，2018 年 4 月份决定按自己理想化的方向做一家公司，以'道相同，共创造'为理念，帮助消费升级相关产业，用智能科技、创新模式和认识去升级进化，让更多的人感到美好生活。组建'道同共创'，新经济产业创新者社群平台。"这样的愿景非常美好，但实行起来十分艰难。在 2018 年时，疫情还未发生，企业数字化发展程度不高，很多人对数字会展是知之甚少，造成发展之初，道同共创便遇到了巨大的困难。

3. 案例正文

3.1 路遇困难，力求突破

（1）商业模式之困

虽然在道同共创创始之初，市面上已经有了许多成熟的科技公司，其中某些产品甚至做到了登峰造极的地步，但是这些几乎完美的产品往往难以变现。许多科技公司无法承受长期亏损而纷纷倒闭，为什么会出现这样的问题呢？说到底，这些企业没有合理的商业模式，所以道同共创在创立之初便没有可以进行参考的商业模式，完全是摸着石头过河，难度可见一斑。由于是新生企业，同时会展行业在 2018 年之前还没有过数字会展的成功案例，所以道同没有一点可以借鉴的经验。但是面对眼前困难，道同共创并没有放弃，企业创始人周景龙开始带领着他的团队进行探索，首先摆在他们面前的第一个问题，便是什么样的商业模式才可以达到道同的目标。经过对以往成功会展的研究，周景龙发现，单兵作战的时代已经过去了，现在是一个抱团取暖、合作共赢的时代，所以这种商业模式一定要整合平台与技术，并且将平台与技术彼此打通，这才是一个合理的模式。

现在目标是有了，那要怎么实现呢？这是一个没有企业成功案例的问题，一时间，大家也没有想法。周景龙召集创业团队，和他们说了现在面临的困难，让大家献计献策。其中一个技术人员说："周总，我觉得我们可以这样，就是从顶层开始进行数据化与智能化，之后实现数据化与智能化向所有环节渗透，也就是全栈式活动数据化管理，这样可能会好一点。"这名员工的话音刚落，另一名员工便说道："这确实是一个好方法，单从一个点去破局，必然有成效这个无可厚非，但是弊端也显而易见，会有明显的'天花板'，我们达到了这个天花板怎么办呢？"一时间大家开始议论纷纷，讨论了多种方式，但都没有发现什么好的方法。这时周景龙说："其实第一个人说得挺好，从顶层开始数据化、智能化，之后逐渐渗透至整个环节。我觉得我们可以先开始尝试，因为这是一个探索的过程，不可能一次就成功，一定会有不断的麻烦。虽然有天花板，但是不好说我们到达天花板时便有好的改进方法了呢？"之后道同共创便开始全新的商业模式探索活动，在探索的路上，道同共创还做出了改变。众所周知，会展业内举办的线上活动大多数是免费的，大家都觉得只有这样才可以吸引更多的人。但是道同共创的在线课堂却反其道而行之，采用了收费模式，开启了在线展览营收模式的探索。而至于收费的原因，主要有两个：第一，提升道同共创团队的在线生存能力，加强会展在线商业模式的探索。近年来，尽管线上会展谈论的比较热闹，但都没有形成独立的商业模式，基本上只是线下展会的营销推广形式，会展业收入依然以线下为主。此次疫情的发生导致线下会展活动取消或延期举办，原来要见面聚集的 B2B 商务形式无法实现，不得不采用远程协作的办公形式，让会展业界开始接受在线商务交流的形式，特别是成本极低的视频直播和视频会议等形式，使信息交流更加充分，使在线会展模式带来收入成为可能。道同共创举办在线讲堂，希望通过尝试，引领在线会展商业模式，而不局限于在线营销、交流，提升影响力或者增加客户黏性等方面。收费模式与免费模式有着本质的差别，在特殊时期，线下没有收入，会展业就要考虑如何使线上产生收入，帮助企业度过危机，从而活下去。第二，重新评估内容价值如何赋能会展产业。近两年来，会展业都在考虑智能会展以及会展数字化转型。疫情发生后，道同共创意识到，可以用积累的经验和实践案例帮助会展企业增强线上的商业能力。如将所具备的技术产品以及实践案例进行重新梳理评估，整理成在线课程内容，提供线上服务商业模式。这与线下产品和服务有着本质的差异，希望会展企业通过在线课程形成数字化转型的认知，了解如何结合自己的管理体系和业务流程选择合适的数字化转型方案，以及如何选择合适的技术平台，让会展企业少走弯路，节约时间，减少投入，快速实现升级转型，促进企业的高速增长。正如周景龙所说，道同共创自开创以来便开启了关于商业模式的探索。

（2）人才之困

人才是一个企业生存与发展的根本。道同共创并不是第一个做数字会展的企业，在此前也有很多的会展企业展开了数字化尝试，甚至不乏一些著名的会展企业，但是它们大多铩羽而归。因为会展的数字化探索并不只是会展企业一两个部门的事情，而是需要上、中、下三个层面保持高度一致。一个是领导层的数字化战略是坚定不移的，再就是中层的执行力和响应力，还需要一批懂得数字化运营的人。而对于这一批人的要求是非常高的。首先，他们必须懂会展运营，这是他们的专业。其次，他们还必须懂客户的需求，也就是必须懂得行业发展和动态。最后，还必须懂数字化运营，也就要求他们要有专业技能。这样的人才在国内是相当短缺的。

道同共创在发展之初便也遇到了这样的问题。一天业务部经理怒气冲冲地推开了人力资源部经理的门，问道："你看看，你都给我找了什么样的人，三个人里有两个是用不了的，要么不懂客户要什么，要么就是不懂数字化运营，你让我怎么开展工作啊！"人力资源经理也不甘示弱，回道："现在的情况你不知道吗？哪是我不想给你好的人，而是根本招不到，难道我给你变出来啊！"就这样两位经理你一言我一语地吵了起来，他们吵架的事情传到了周景龙耳中，周景龙便找来了两位经理，问他们是怎么回事，业务部经理率先开口说："周总，你看，他给我的都是些什么人？这次招进来的新人奇差无比，我们是搞线上会展的，所要的是复合型人才，既要熟悉市场，又要会数字化运营。但是这次的新人，我都不想说，要么很了解市场，但不熟悉运营，要么熟悉运营但是一点都不了解市场，这样下去不行啊，我们部门工作效率会越来越低的。"听到了这里，人力资源部经理也开口说道："周总，目前这个人才市场的情况你也是知道的，愿意来的吧，要么都是有着这样那样的瑕疵，要么就是只了解一方面，复合型人才真的太少了。并且我们也只是刚刚成立的公司，吸引力也没有那些老牌企业那么强，我看现在公司员工真的太少了，各部门也和我反映说人手不够，一个人要干两个人的活，所以我就只能退而求其次……"听了人力资源部经理的话，周景龙陷入了沉思，的确适合公司的人真的太少了。

半晌，周景龙说道："现在的情况，我想两位都已经很明白了，人才是我们的根本，但是我们员工的专业技能和管理水平与发达国家相比有较大差距，这个是老生常谈的话题了。而且现在业内观念更新较慢多是承袭前人的经验或简单地引进国外会展业的经验，缺乏积极进取的创新精神。新兴科技技术应用落后，我认为其最本质的原因还是在于'人才'二字，我们公司确实缺人，但是也要宁缺毋滥，我们还是要把录用标准提起来，要让真正好的人才进来，待遇也可以好点，把待遇提上去，然后你们招人的时候辛苦一点，多跑一下。另外，不是每一个员工招进来就可以胜任所有工作的，他们都有一个学习熟悉的过程，每个部门也应该给予新员工一点耐心，给予他们成长的资源和空间，这样他们才可以成长为人才。不要安排过来的新人一不合适就去人力资源部闹，明白了吗？"就这样，一场争端再次被周景龙巧妙化解，人力资源部也提高了人才招聘质量，慢慢地公司也聚集了一大批人才，大家一起努力推动着公司的快速发展。

（3）成本预算之困

正在公司如火如荼的时候，财务部经理却开始泛起了嘀咕，一次会议之后，财务部经理找到周景龙说道："周总，麻烦你看一下这个报告。"周景龙看了一下，疑惑地说："有什么不对的吗？"财务部经理忧心忡忡地说："账都没有问题，但是周总，你看，都是出账啊，就是我们总是在花钱，虽然有进账，但是也不多啊。虽然生存下去问题不是很大，但是却也没有发展啊。"周景龙一下子被他问住了，当时也没有什么太好的说法，便先让财务部经理回去了。他思考了一下：确实引用这么多的科技手段，大量的资金消耗花费出去后，带来的除了所谓的科技元素展现和"酷炫效果"，实际回报又有哪些？能够深入渗透的点又有多少？线上展会的困境便在于不能解决收费问题：即参展商不会因网上参展而交费，观众也不会因网上观展而付费。此中道理并不复杂：首先，观众从网上获得贸易信息的途径很多，线上展会并非唯一；其次，客商也有多种途径在网上发布贸易信息，线上展会也非唯一。此外，客商即便参加线上展会，其对接的观众和买家也不是集中或明确的，跟踪并筛选信息远不如线下展会直接、真切和有效。如通过广告费或会员费来解决线上展会的收入来源，且不论这种收入能否实现，能否保障维护网站的开支，但可以断言的是，这种收入不可能达到线下展会收入的规模。更为核心的问题是，这种网站必须具有媒体属性，否则难以持续吸引受众。如此一来，线上展会就形同虚设了。不能解决收入来源（包括不能达到与线下展会相当的收费水平）的线上展会，就无法形成商业模式（盈利模式）。主办方长期投钱、少有收益而亏损，自然就搞不下去。这个道理大家都明白，难道就没有办法解决了吗？

周景龙深思熟虑了几天后，一个大胆的想法在他脑中产生。他当即便召开了员工大会，说道："大家知道为什么大多数会展企业都不愿开展线上会展业务吗？那便是损失厌恶法则在起作用，目前的会展模式还是赚钱的，在相当长一段时间内还是盈利的，暂时还没有取代的方式，因为面对面的沟通还是最高效的方式。如果组建一个数字化团队，每年还要投入几十上百万，不但看不到收益，而且还要花费高昂成本，这就是一个最简单的损失厌恶法则，所以现在大家都在担心。现在我决定我们要收费，但是大家注意这个收费，它不是所有都要收费，而是我们的线上课堂要收费。"周景龙此言一出，台下一时间便开始议论纷纷，一个员工说："周总，我们是做会展的，这样突然做一个线上课堂，并且还要收费，这样会不会没有人买账啊？"另一员工说道："数字化模式的收费确实是可行的，并且这也符合收费之前必须有内容的特点，但是这样一来我们的收费也必将是越来越零售化、碎片化的，这样该怎么管理呢？"听到这些质疑，作为老板的周景龙并不惊讶，他说道："大家说的都有道理，大家所担心的也是确实存在的，但是大家想过没有，如果我们不进行尝试，不进行试错，那我们怎么知道哪条路是对的呢？"最终，经过大家多次的商议最终才达成一致，开始试水线上盈利模式。

线上模式被确立之后，用什么开展线上课堂便成了首要的问题。道同共创研究了很多在线协作平台，如钉钉、企业微信、飞书、小鹅通、目睹直播、华为会议、Zoom 等，道同共创一直在使用钉钉和企业微信这两个平台，远程办公和视频会议已是常态。最终，线上讲堂选用了企业微信，缘于这一阶段企业微信几乎每天都在增加新的功能，尤其群直播功能和视频会议功能升级，满足了线上讲堂的场景需求，并能与腾讯微信的生态有机地融合，既不会产生任何费用，又方便传播及使用。之后便是内容的选择，内容的产生能力是会展项目团队面临的挑战。传统会展企业大多以销售驱动型为主的，忽略内容的产生，但是道同共创却克服了这个问题，内容多为"自嗨型"。无论是线下会展还是线上会展，未来拼的都是内容品质、场景体验，如何给观众带来收获才是会展活动的灵魂。

3.2 摆脱困局，快速发展

在周景龙带领之下，道同解决发展困局，进入快速发展模式。首先，道同构建了"会展管家"软件。"会展管家"融入了 20 多年的办展经验，集管理、营销、运营为一体，又是一个开放平台，支持和其他平台数据打通。通过这一数字化平台，企业可以实时了解每次课程的营销效果，并可以及时优化课程内容以及调整邀请目标。实现了线上社群，即一个更细分更垂直领域的一群人可以分享，也可以"关注"，也可以加为好友进行沟通的领英模式构建，并且该平台是 UGC 和 PGC 相互结合的，领英的用户都可以发表文章和观点，也有 Slide Share 这样的 PPT 和视频分享渠道。同时其线上课堂模式也为道同带来了大量的收益。

根据道同统计，第一次线上课堂便有来自 21 个城市的 100 位会展管理层参加——北京 43 人，上海 13 人，天津 7 人，杭州、武汉各 5 人，广州 4 人，厦门、成都各 3 人，福州、常州、郑州、南宁各 2 人，重庆、中山、西安、乌鲁木齐、绵阳、南昌、银川、青岛、长沙各 1 人。平均每 9.02 个有效阅读带来 1 个注册学员。从数据上看，每 10 人有效打开阅读就会产生一个注册。按照这一概率，每次课程要达到 10~20 个人的注册，基本上只要有 200 多次的有效阅读就可以完成，与组织线下活动的逻辑一致。与此同时，根据每次在线课程后所收集的调查问卷显示，在线讲堂学员对课程满意度达到 95.4%。还实现了 2.1 万元收入。虽然不多，但是作为尝试是成功的，特殊时期的线上收入给团队带来了信心。

在会展方面，道同也是收获满满，先后成功举办了各类会展活动，经过这么多次的成功实践，道同总结出了会展线上商业模式不可或缺的元素。道同发现，线上会展不可或缺的首要元素便是场景和体验。首先，在线会展也要重视设计场景的体验感。线上的会展有着无可比拟的优势，参与者只要连上手机或电脑，不管天南海北都可立即实现"面对面"在线交流，也很容易因对内容及体验不满而随时下线。因此，线上会议更要策划好流程，设计好仪式感。事先要明确一些规则，才能有很好的体验感。在线视频的流畅度和清晰度是在线体验的关键，要保证好 Wi-Fi 信号，还要备好 4G/5G 流量的备选方案。收费本身也是仪式感的一个部分，如果该会议不是宣传营销，而注重内容品质，可以考虑收费，哪怕只收一元钱，与免费也有本质的差别。其次，在线展会的极致体验是线下见面。在线讲堂中经常会被问到"线上会展是否会替代线下会展？"事实上，这是不同的场景，有着不同的体验、不同的优势。在线会展有极大的便捷性，随着技术的发展，成本投入还会越来越低，举办的效率也高于线下会展，而且由于视频会议的清晰度流畅度不断增强，传递信息越来越充分。但线下会展具有"亲身体验，深度交流"的不可替代性，可以实现握手、拥抱、碰杯、娱乐等真实的社交场景，是建立信任、加强情感的重要场所。因此，线上会展和线下会展的策划，应突出各自的优势。线上会展的场景，应在交流的基础上，让参与者产生想要线下见面深入交流沟通，建立情感和信任的意愿。而线下会展除了传递信息资讯，还要注重加大场景社交、真实体验、深度交流的部分。未来，线上线下的融合是新会展的重要特点，也是会展人势在必行的变革方向。

4. 结尾

虽然有了很多次的成功案例，并且也做到了行业领先，但是道同共创仍然不断地在努力探索"在线战略"中的平台建设，团队每一日每一人的工作都通过数字化记录在自主研发的"会展管家"平台之上；而每日晨会制度，由最初的微信群音频方式，升级到企业微信视频方式，也将在线战略中的团队协同升级到"视频面对面"的形式上。这些细节，都让团队员工逐渐养成快速反应、高效解决、时时在线、效果数字化的工作习惯。

英文案例摘要

Digital Transformation of Exhibition Service Enterprises —Taking Daottec Company as an Example

Li Yang   Yuan Mengyao   Yu Yuxi

Abstract: The arrival of the epidemic has accelerated the pace of entrepreneurial digitization. More and more entrepreneurs have begun digital transformation and achieved a series of good results. As an exhibition service industry, due to its particularity, the digital development of the industry is far behind. Up to now, there is still no online exhibition case recognized by the whole industry. This paper expounds the current difficulties and mainstream business model of online exhibition through the exploration of online exhibition business model and online profit model created by online exhibition company daottec and its solution to the problems encountered in development.

Key words: Exhibition Industry   Digital Transformation   daottec Co-creation   Business Model   Dilemma

案例使用说明

会展服务企业数字化转型——以道同共创公司为例

一、教学目的与用途

本案例主要适合于会展服务、数字化会展等内容的学习，适用于会展专业本科生。同时本文是一篇道同共创的案例分析，其教学目的在于使学生通过案例分析了解到道同共创在数字化转型过程中做出的探索，结合课程内容与相关理论可以进一步了解到会展行业数字化转型所面临的困境与企业的解决办法。

二、启发性思考题

1. 道同共创公司解决了企业发展的哪些困境，是如何解决的？

（1）商业模式之困

建立一个数字化平台——"会展管家"，从顶层开始数据化、智能化，之后，逐渐渗透至整个环节。道同共创的在线课堂采用了收费模式，开启了在线展览营收模式的探索。而至于收费的原因，主要有两个：第一，提升道同共创团队的在线生存能力，加强会展在线商业模式的探索；第二，重新评估内容价值如何赋能会展产业。

（2）人才之困

公司确实缺人，但是也要宁缺毋滥，还是要把录用标准提起来，要让真正好的人才进来，待遇也可以好点，把待遇提上去，然后招人的时候辛苦一点，多跑一下。另外，不是每一个员工招进来就可以胜任所有工作的，他们都有一个学习熟悉的过程，每个部门也应该给予新员工一点耐心，给予他们成长的资源和空间，这样他们才可以成长为人才。人力资源部也提高了人才招聘质量，慢慢地公司也聚集了一大批人才，大家一起努力推动着公司的快速发展。

（3）成本预算之困

线上课堂收费。试水线上盈利模式，线上模式被确立之后，用什么开展线上课堂便成了首要的问题。线上讲堂选用了企业微信。之后便是内容的选择，内容的产生能力是会展项目团队面临的挑战。传统会展企业大多以销售驱动型为主的，忽略内容的产生，但是道同共创却克服了这个问题，内容多为"自嗨型"。无论是线下会展还是线上会展，未来拼的都是内容品质、场景体验，如何给观众带来收获才是会展活动的灵魂。

2. 道同共创公司线上会展的商业模式有什么优点与缺点？

优点：构建"会展管家"软件，集管理、营销、运营为一体，又是一个开放平台，支持和其他平台数据打通，将所具备的技术产品以及实践案例进行重新梳理评估，整理成在线课程内容，提供线上服务商业模式。采用收费模式，提升道同共创团队的在线生存能力。

缺点：第一，初创公司对比大型互联网公司平台，影响力有限，需要针对特定场景和内容进行破局；第二，参展商和观众选择很多，收费会限制流量，并且收费需要对内容进行精细设计，设计场景的体验感和线下的对比，最后收费也将是越来越零售化、碎片化的，不好管理。

3. 为什么道同共创公司要自己开发平台？

周景龙发现，单兵作战的时代已经过去了，现在是一个抱团取暖、合作共赢的时代，所以这种商业模式一定要可以整合平台与技术，并且将平台技术彼此打通，这才是一个合理的模式。道同共创是一家帮助传统产业进行数字化转型、智能化升级的互联网公司。

4. 提出未来道同共创公司可能出现的问题并给出解决方案。

平台推广受限，解决方法，既可以点破面，针对特定场景和群体，提供更加贴心的服务，还可加强与其他平台的合作；线上线下结合不好，解决方法，比如推广成功案例，总结传统会展企业数字化改造过程中的经验教训。

三、案例分析思路及要点

分析思路：

1. 引导学生了解会展产业发展现状以及数字会展定义与所面临的困难。

2. 本案例解决问题的思路在于考虑问题的成因以及在现实条件限制下问题解决的困难。

要点：

（1）案例分析中的关键知识点：

①会展概念；

②数字会展概念；

③数字化转型概念。

（2）案例分析中的关键能力点：

①能够根据现实情况做出预测，并且已解决。

②能够理解会展运营方式。

四、理论依据与分析

（一）会展业

1. 会展与会展业定义

会展，是指在一定的区域空间内，有许多人聚集在一起形成的定期或者不定期，制度或者非制度，传递和交流信息的群众性的社会活动。有狭义与广义之分，在国际上，会展通常被表示为 MICEE。（M—Meeting，会议；I—Incentive Tour，奖励旅游；C—Convention，大型会议；E—Exhibition/Exposition，展览会；E-Events，大型节事活动）

会展业是会议业和展览业，节事活动，奖励旅游的总称，是一个新兴的服务行业，影响面广，关联度高。会展经济逐步发展成为新的增长点，而且会展业是发展潜力很大的行业之一。在新时期，必须大力发展会展业，全面提升会展经济。

2. 会展类型

（1）会议

会议是人们为了解决某个共同的问题或出于不同的目的聚集在一起进行讨论、交流的活动。当今，会议已成为人们经济政治生活中主要的沟通形式。

（2）展览

展览，从字面上分析，可直接理解为有"展"有"览"的活动，即把产品陈列出来让人参观。展览是一种具有一定规模和相对固定日期，以展示组织形象和产品为主要形式，以促成参展商和参观者之间交流洽谈的一种活动。

（3）节事

节事，顾名思义是节庆活动和特殊事件活动的总称。它包括了各种传统节日和新时期的创新节日以及具有纪念性的事件。主要包含文化节庆、文艺娱乐事件、商贸及会展、体育赛事、教育科学事件、休闲事件、政治/政府事件、私人事件这八类，一般都有一个特定主题。由于节事是群众性的休闲娱乐活动，大众的参与性很强，所以，节事活动呈现一片热闹景象，目前也被许多城市列为发展自身经济和提高城市形象的突破口。

（4）奖励旅游

奖励旅游，即一种向完成了显著目标的参与者提供旅游作为奖励，从而达到激励目的的一种现代管理工具。该种团体娱乐活动，有助于企业文化建设，给员工和管理者创造一个比较特别的接触机会，同事们可以在比较放松的情景中做一种朋友式的交流，从而增强企业的亲和力和凝聚力。奖励旅游因其综合效益高、客人档次高而引起各大旅游公司的注意。

3. 会展业地位与作业

（1）会展的举办能产生强大的互动共赢效应。会展业不仅能带来场租费、搭建费等直接收入，而且还能拉动或间接带动数十个行业的发展，直接创造商业购物、餐饮、住宿、娱乐、交通、通信、广告、旅游、印刷、房地产等相关收入；不仅能集聚人气，而且能促进各大产业的发展，对一个城市或地区经济发展和社会进步产生重大影响和催化作用。

（2）会展能获得优质资源。会展业汇聚巨大的信息流、技术流、商品流和人才流，意味着各行业在开放潮中，在产品、技术、生产、营销等诸方面获取比较优势，优化配置资源，增强综合竞争力。会展业发展可以不断创造出"神话"。

（3）会展能提升支持力度。各产业的发展，特别是制造业要生存和提升竞争力，需要相关服务行业的协作，加快新型工业化、新农村建设，更离不开会展业的支持和助力。其中会展是一项极其重要的服务内容，作为特殊的服务行业，会展经济能服务和增强城市面向周边地区的辐射力和影响力。所以，会展经济有巨大的效能。

（4）会展也是经济发展的"风向标"。会展紧扣经济，展示经济发展成果，会展经济的发展将直接刺激贸易、旅游、宾馆、交通、运输、金融、房地产、零售等行业的市场景气，大型和专业性会展往往是产品或技术市场占有率及盈利前景的晴雨表，推动商品贸易、投资合作、服务贸易、高层论坛、文化交流等各方面的发展与进步。

4. 会展产业现状

（1）国外

作为世界会展业的发源地，欧洲会展业整体实力强，规模最大，其中德国是世界头号会展强国。除此之外，北美会展业发展也突飞猛进，仅次于欧洲。之后，会展产业发展排名依次为亚洲、大洋洲、拉丁美洲、非洲。

（2）国内

随着我国经济的快速发展，我国会展行业也随之快速发展，我国会展产业的发展主要表现在建设规模不断扩大。据有关部门统计，全国现有大中型会展场馆150多个，会展面积300万平方米以上；会展活动空前活跃。据有关调查表明，举办和参加会展的数量不断增多，2004年我国会展项目数量超过3000个，出国办展近800个；参展企业500多万家，参会专业观众近2000万人次；节庆活动5000多个。会展形式丰富多彩。经过多年发展，一些由政府主导的综合会展向专业会展转变，有的随着市场化、专业化、国际化水平的提高而成为著名会展，我国已培育出一批具有特色的、高水平的、较大影响力的会展知名品牌。组展主体呈多元化。随着会展产业的发展，组织主体也由开始时的政府逐渐多样化，逐渐变为了民营企业甚至外资企业，会展产业发展空前蓬勃。

（二）产业数字化

1. 定义

产业数字化是指在新一代数字科技支撑和引领下，以数据为关键要素，以价值释放为核心，以数据赋能为主线，对产业链上下游的全要素数字化升级、转型和再造的过程。

2. 意义

微观——数字化助力传统企业转型，再造企业质量效率新优势。传统企业迫切需要新的增长机会与发展模式；快速迭代及进阶的数字科技为传统企业转型升级带来新希望；传统产业成为数字科技应用创新的重要场景。

中观——数字化促进产业提质增效，重塑产业分工协作新格局。提升产品生产制造过程的自动化和智能化水平；降低产品研发和制造成本，实现精准化营销、个性化服务；重塑产业流程和决策机制。

宏观——孕育新业态新模式，加速新旧动能转换新引擎。数字科技广泛应用和消费需求变革催生出共享经济、平台经济等新业态新模式；促进形成新一代信息技术、高端装备、机器人等新兴产业，加速数字产业化形成。

3. 发展趋势

（1）数字科技赋能企业数字化转型提档加速。数字科技新生态体系驱动企业数字化转型升级加速；数字科技成为传统实体经济与数字化虚拟经济的重要"连接器"，数字化基础较好的传统产业由原来小范围探索阶段步入规模化应用阶段，数字化基础较薄弱的传统产业将利用数字科技重塑企业格局实现弯道超车。

（2）产业价值创造突出终端消费者需求导向。终端消费者正在由商业价值链的 C 端向"C 位"转变，拥有较高数字技能与素养的数字化消费者广泛参与到研发、设计、生产、销售等各个环节并成为连接产业链诸多环节的关键"结点"，在商品生产创新及商业模式变革中的话语权不断增强。

（3）产业组织关系从线性竞争向生态共赢转变。以用户价值为出发点建立合作关系而形成的数字化生态及平台取代企业成为未来企业生产的基本单位；要素资源流动自由化，产业分工精细化、协同化和平台化，最终实现向生态共赢关系的转变。

（4）场景化应用引领企业数字化发展新方向。未来场景化应用将呈现出标志化、深度化等特点。"标志化"场景定制成为企业数字化加速落地的"试验器";"深度化"场景应用是引领企业数字化发展的"助推器"。

(5) 共建共享共生成为企业数字化转型关键。企业数字化转型是一项以"融合共赢"为关键的耐力赛,只有通过共建共享共生构建起广泛联盟、合作共赢的跨界多边融合生态模式,才能真正实现企业数字化成功转型。其中,传统企业是转型的主力基础,以"信息化、SaaS 化、移动化、AI 化"为主要特征的数字化企业服务是转型的技术动力。

(三) 数字展会

1. 定义

数字展会是一种互联网技术和思想下的新型会展生态圈和展示方式,其本质是以互联网为基础,将云计算、大数据、移动互联网技术、社交社群、会展产业链中的各个实体一体构建一个数字信息集成化的展示空间,从而形成全方位立体化的新型展览和服务模式。

2. 功能与效益

(1) 管理与互动升级让会展更具黏性

传统展会需要发邀请函、现场人工签到,有时还会存在展会现场标识混乱找不到展台等现象。此外,备展一个月,开展两三天这样的高成本投入确实让参展和观展各方感觉头疼。数字展会将应用最新的二维码签到、移动互联网 LBS、人脸识别方式给筹办方和参展方提供便捷的管理和应用,同时也会应用 3D 技术、直播互动、VR、AR、MR 等再造展会现场(ZR)让用户全景感受展会氛围和认识展会品牌和企业,延伸会展展示销售经济效益。应用 H5 技术制作强互动感的宣传方案在展前、展中、展后进行精准化推广,让用户与会展展览方、参展方在主动互动的同时,加深熟悉,进一步提升用户对会展的黏性。

(2) 技术和数据让会展更具价值

2015 年国务院颁布的《关于进一步促进展览业改革发展的若干意见》提出了会展行业的数据收集和推进信息化进程,马云也提出过"数据是越用越值钱的东西"。数字展会将通过利用云技术,建立 O2O 的共享数据库:实现线上会展与实体会展的信息共享和互通,消除信息孤岛,同时实时跟踪会展各方的动态数据，将系统数据、公共数据、目标数据与经济数据进行集成、积淀形成大数据。这样不仅能够实现数据共享的实时性，有效保障数据同步、数据的精准性与一致性，同时利用大数据分析让会展产生更高的价值。

（3）加速会展的品牌化和国际化建设进程

传统会展存在着出现一个市场热点的时候，所有的展览公司都会去举办相同的主题展会，进行恶性竞争。另外，在行业内要打造一个品牌展会可能要经历 5~10 年的积淀，走向国际化的更是一个漫长的修炼进程。数字展会本身就具有互联网的先天优势，在国际化的建设中具有先天的基因优势，而且国内外企业共同推进会展国际化的进程是有同样的需求和热情。同时数字展会是一个开放公平，汇集了会展各方和观众的大数据的会展，会展品质高低不再是能够用营销包装所能忽悠的，而是实打实的数据和口碑沉淀的。因此数字展会能自然驱逐低品质展会，让高品质展会"桃李不言，下自成蹊"，也为新型品质展会提供了一个打造品牌的服务平台。

（4）开启个性化定制会展新时代

个性化定制有两层含义：第一，数字展会模式可以为无法或难以举办线下展会的各行各业和用户带来新的福音；第二，会展的 B2C 传统模式将逐渐转变为 C2B 模式，由用户和参展商自主主导会展主题和具体展出内容，这将是一种新型的会展形态和经济模式。

（5）打造新型双线会展生态圈和模式

数字展会将线下地理上分散的会展企业和组织连接在一起：在这个新空间里，打破了地域、时间、空间、距离和成本限制，将资源流、信息流和资金流通过互联网充分交织，反哺到各个需求点，刺激再需求—再生产—再消费的循环互动，极大地拓展了行业空间与商业空间，提高了信息化转化对接与交易效率。同时数字展会是对会展行业产业链、价值链的升级和扩展，通过互联网平台化的运营实现去限制化、成本化、中介化等传统痛点环节。生态圈的建立将原本 B2B2C 固有的商业模式升级为 C2B 等新型未来模式，让会展业的生态得到健康长久的发展。"未来的经济完全基于互联网"，会展行业的发展肯定也离不开"数字展会"，尤其对于中国会展业相比于国外发达国家起步晚，发展还相对较慢的情况下，利用数字展会弯道领先也是一个市场机遇。会展人应该坚信"数字展会经济"将会成为这个时代的一大关键词，掌上世博作为"双线会展"和"数字展会"的倡导者和实践者，更希望与会展行业各方一起共同打造会展业美好的未来。

五、教学组织方式

本案例可用于专门的案例讨论课。以下是按时间进度提供的教学计划建议，仅供参考。

时间计划：整个案例课的课堂时间控制在 90 分钟左右。

课前计划：提出启发性思考题，请学生在课前完成阅读和初步思考，并要求通过公开途径收集本案例涉及的信息，以有助于课堂讨论。

课中计划：

（1）简要的课堂前言（10 分钟）。

（2）让学生根据自己的观点分组讨论（30 分钟）。

（3）各组学生总结陈述自己的观点（30 分钟）。

（4）教师或学生点评，并进行归纳总结（20 分钟）。

课后计划：学生根据课前阅读、课堂讨论、指导教师的引导和归纳总结，撰写完整的案例研究报告。

国际商务案例

第一辑

INTERNATIONAL BUSINESS CASES

SERIES 1

第四章　投融资与国际金融

新三板挂牌公司有效融资模式探究：
以诺思兰德公司为例

何俊勇[*]

摘　要：本案例主要聚焦于北京证券交易所和新三板中的精选层企业诺思兰德公司，从诺思兰德公司的公司简介、公司的融资方式、报表分析等方面，对该公司的有效融资模式进行分析，并以此公司代表中小企业的创新融资模式，为其他中小企业在未来的发展模式提供参考。

关键词：挂牌公司　案例研究　金融　融资

1. 引言

2021 年 11 月 15 日，北京证券交易所（以下简称"北交所"）开市，这是我国资本市场改革发展的又一标志性事件，对于促进多层次资本市场高质量发展、探索具有中国特色资本市场普惠金融之路和落实创新驱动发展国家战略等都具有十分重要的意义。诺思兰德作为本次上市的多家企业之一，在此之前已成功挂牌新三板精选层，这次成功上市也为其他中小企业提供了独特的融资模式，后文就诺思兰德一路走来登上新三板精选层和北交所的模式进行分析。

2021 年，诺思兰德在北交所成功上市，这标志着公司在开拓创新、不

---

* 何俊勇，北京第二外国语学院经济学院副教授。

断发展的道路上再上新台阶，站上新起点。诺思兰德公司于 2009 年 2 月挂牌新三板，成为新三板前 50 家试点企业之一。之后的十余年时间里，公司先后历经多轮融资，并通过股权融资、定向增发等方式多次进行融资，最终在 2020 年年底，达到了新三板精选层挂牌的第（四）项标准——市值不低于 15 亿元，在那前后两年的研发投入合计不低于 5000 万元，成功挂牌精选层。诺思兰德成功挂牌新三板精选层也意味着其成了精选层中第一支亏损股。在北交所成立的大背景下，诺思兰德公司又荣登北交所，使得公司上下倍受激励和鼓舞。诺思兰德公司作为一家中小企业，能够走到这个阶段，与公司重视原创核心技术以及核心团队建设息息相关。

2. 相关背景

北京诺思兰德生物技术股份有限公司（以下简称"诺思兰德公司"）成立于 2004 年，公司总部位于北京，是一家专业从事基因治疗药物、重组蛋白质类药物和眼科药物研发、生产及销售的创新型生物制药企业，是北京证券交易所首批上市企业。公司是国家火炬计划重点高新技术企业、北京科技研究开发机构、北京市裸质粒基因治疗药物工程技术研究中心、北京市国际科技合作基地、北京市生物医药产业 G20 创新引领企业、北京市"专精特新"中小企业。

作为一家医药方面的企业，诺思兰德在临床前研究、临床研究、生产与质量管理、药厂建设、药品经营等方面积累了丰富的经验。其中，公司在基因载体构建、工程菌构建、微生物表达、哺乳动物细胞表达、生物制剂生产工艺及其规模化生产技术以及滴眼剂药物开发等领域建立了核心技术平台，为持续开发项目提供了保障，并坚持以临床需求为导向，依托自主核心技术平台，主要致力于心血管疾病、代谢性疾病、罕见病和眼科疾病等领域生物工程新药的研发和产业化。

诺思兰德公司在自主研发方面成果卓著，尤其在药品管线自主研发方面已经具有较高的成熟度，目前有 12 个在研生物工程，其中 3 个工程已经进入临床研究阶段；公司拥有授权专利 20 项，先后承担"重大新药创制"课题 8 项。公司在坚持自主研发的同时，与国内外药物研发机构建立了长期稳定的合作关系，通过共同研发、技术转让等多种方式，及时跟踪生物技术的国际发展方向和动态，以保证公司药物研发的技术优势并符合药物研发国际规范。例如，在 2012 年，公司与韩国的一家药厂合资创立高品质眼药企业，并在此期间实现了研发、生产、销售一体化，具备了药品营收能力。

从表 4-1、表 4-2 中，可以看到诺思兰德公司在基因治疗药物和重组蛋白质类药物两项药物研发上成果突出，多项药物已经进入临床试验阶段。这些研发是医药公司的立身之本，一旦某种药物能产生显著性或差异性效果，公司就可能实现扭亏为盈。

表 4-1　诺思兰德公司基因治疗药物种类及研发情况

	在研产品	注册分类	适应证		临床前	Ⅰ期	Ⅱ期	Ⅲ期
基因治疗药物	重组人肝细胞生长因子裸质粒注射液（NL003）	1类	下肢缺血性疾病	缺血性溃疡	——————————————→			
				静息痛	——————————————→			
				间歇性跛行	——————→			
	注射用重组人甲状旁腺激素裸质料（Y001）	1类	绝经后妇女骨质疏松症		—→			
	注射用重组人胰高血糖素样肽－1裸质粒（Y002）	1类	2型糖尿病		—→			
	重组2019新型冠状病毒DNA疫苗注射液（Y003）	1类	预防2019新型冠状病毒感染		—→			
	重组带状疱疹病毒DNA疫苗注射流（Y004）	1类	预防带状疱疹感染		—→			
	重组发热伴血小板减小综合征布尼亚病毒DNA疫苗注射液（Y005）	1类	预防发热伴血小板减少综合征（SFTS）		—→			

资料来源：诺思兰德公司官网。

表4-2　诺思兰德公司重组蛋白质类药物种类及研发情况

	在研产品	注册分类	适应证	临床前	Ⅰ期	Ⅱ期	Ⅲ期
重组蛋白质类药物	注射用重组人胸腺素β4（NL005）	1类	急性心肌梗死所致缺血更灌注损伤	→			
	重组人胸腺素β4滴眼液（NL005-1）	1类	干眼症	→			
	注射用重组人胸腺素β4（NL005-2）	1类	急性肺损伤和急性呼吸窘迫综合征	→			
	注射用重组人改构白介素-11（NL002）	2类	肿瘤化疗导致的血小板减少症	→			
	注射用重组人凝血因子Ⅷ（NL202）	3类	血友病A患者出血的控制和预防	→			
	注射用重组人凝血因子Ⅶa（NL201）	3类	血友病患者的出血发作及预防	→			

资料来源：诺思兰德公司官网。

3. 案例正文

3.1　融资模式

（1）初创融资及普通融资

诺思兰德公司于2004年成立，尽管在2009年2月，公司就成功在新三板基础层挂牌，成为新三板前50家试点企业之一，但直到2010年10月，公司才获得了A轮的初创融资，这也让公司看到了希望。

在这之后的第二年，公司开始进行普通融资。在B轮普通融资中，从多方获得融资共计1800万元，这笔融资主要来自长沙国家生物产业基地管委会。当时国内创新药行业的投融资环境并不好，对于风险投资机构来说，创新药行业相关企业的专业性强，专业壁垒高，没有熟悉相关产业的投资专家，诺思兰德公司能成功完成B轮融资是十分难得的。

2014 年，大量海外人才回到国内，越来越多的投融资公司开始进军医药行业，仅在 2014 年一年内，创新药公司获取融资近 31 亿美元。诺思兰德公司也在 2014 年完成了 C 轮的普通融资，共计获得 6000 万元的资金支持，并吸引到了多家专业机构的青睐。

分析：初创时期，公司营业额和现金流都十分受限，对产品和市场还十分不熟悉，需要来自初创投资者的帮助，诺思兰德公司的 A、B 轮融资让它能在市场中活下来，并去探索市场中仍然存在的机会。找到机会之后，公司会需要更多的资金来开发产品并投入市场检验。诺思兰德显然抓住了 2014 年创新药的风口，这极大地助推了公司进行药物研发和临床实验。

（2）股权融资

股权融资是企业融资的常见形式。股权融资是指企业的股东愿意让出部分企业所有权，通过企业增资的方式引进新的股东的融资方式。通过股权融资所获得的资金，企业无须还本付息，但新股东将与老股东同样分享企业的赢利与增长。股权融资的特点决定了其用途的广泛性，既可以充实企业的营运资金，也可以用于企业的投资活动。

股权融资具有以下几个方面的特点：首先是长期性。股权融资所筹集到的资金是可以永久持有的，无到期偿还日，也无须归还，这给进行融资的企业更多的发展可能性。其次是不可逆性。资金只能由投资方给予融资方，投资方没有权利向融资方索要回本金，只能借助于流通市场来收回本金。最后是无负担性。股权融资没有固定的股利分配负担，具体分配股利数目需要取决于融资方的经营情况。由以上的特点可以看出，股权融资给予了融资方极大的发挥空间，为融资企业的发展创造了极大的优势条件。

股权融资一般可以通过公开市场发售和私募发售两种渠道进行。公开市场发售就是通过股票市场向公众投资者发行企业的股票来募集资金，包括一般所说的企业上市、上市公司增发以及配股等形式；私募发售指企业自行寻找特定的投资人，吸引其通过增资入股企业的融资方式。具体的操作形式需要取决于公司的经营模式和发展状况等。

分析：诺思兰德公司在完成了初创融资和普通融资之后，在 2016 年又进行了股权融资，投资方为武汉科技投资有限公司，投资金额超 2000 万元。股权融资的方式可以让公司获得更优质的资源和富裕的资金，融资的对象也可以提供政府资源、客户资源等，进而提高公司的长期发展速度。

（3）战略融资

企业的战略融资一般是一种短期的融资形式，通过短期的债务融资来满足企业的短期资金需求。从企业的长期可持续经营角度来看，战略融资遵循的匹配原则是有利于降低公司的融资成本。如果公司不遵循匹配原则，战略融资为公司带来的短期债务就会影响到企业的永久性营运资本需求或长期资金需求融资，会使公司面临较大的不确定性。

分析： 诺思兰德公司在 2016 年的上半年，吸引到了多家专业机构的战略融资，几家专业机构为诺思兰德公司提供了达到 1500 万元的战略融资。公司选择战略融资可以降低公司的融资成本，为公司带来最大的收益。

（4）定向增发

定向增发属于增发的一种，是向有限数目的资深机构（或个人）投资者发行债券或股票等投资产品，也被称为定向募集或私募。一般认为这种融资方式适合融资规模不大、信息不对称程度较高的企业。我国的《证券法》也对定向增发的对象有一定的限制，包括发行对象不得超过 35 人，发行价不得低于市价的 80%，发行股份 6 个月内（大股东认购的则为 18 个月）不得转让，募资用途需符合国家产业政策，上市公司及其高管不得有违规行为等。

定向增发进行融资的优点是不会失去控制权，同时这种方式的融资费用及成本极低，且申请程序较之其他融资模式来说更加简单。这些优点让定向增发成为我国资本市场上大众追逐的宠儿，成为我国上市公司进行股权再融资的首选考虑方式。

分析： 新三板简化了挂牌公司定向发行的核准程序，在股权融资方面，允许公司在申请挂牌的同时或挂牌后定向发行融资，可申请一次核准，分期发行。公司于 2016 年和 2019 年进行了两次定向增发，两次增发总金额超过 1 亿元人民币。公司在 2020 年向不特定合格投资者公开发行股票，并在精选层挂牌公告书，成功进军新三板精选层，这给公司带来了巨大提升。公司选择增发也带来了一定风险，在公司定增公告书中显示，公司需要在进入新三板精选层一段时间内稳定公司股价。如果股价不能满足要求，则需进行包括回购股票在内的操作。新三板精选层的审核条件极其严格，在公司股票公开发行书中提到，公司拟向不特定合格投资者公开发行不超过 5000 万股，合计资金超 3 亿元，其中约 2.8 亿元将用于公司生物工程创新研发，剩余约 3000 万元用于补充流动资金。公司于 2020 年 11 月进军新三板精选层，为公司在之后的产品研发奠定基础。

（5）银行借款

除去一般的融资方式以外，银行借款也是企业筹措资金的有效方式之一。与贷款不同，向银行借款是暂时使用银行的钱款，确定了具体的还款时间的一种融资方式。银行借款的优点在于程序比较简单，融资成本相对低，灵活性强。只要企业效益良好，融资较容易。缺点是一般要提供抵押或者担保，筹资数额有限，还款付息压力大，财务风险较高。

诺思兰德公司在 2020 年 6 月分别向北京农商银行和北京银行进行了两次以银行借款的形式的融资，金额分别为 1000 万元和 3000 万元，借款期限均为 36 个月。公司期望以银行借款的形式来补充公司的流动资金，公司及控股股东在借款条款中将公司以土地及房屋和专利权进行质押，并由股东及其配偶提供个人无限连带担保责任。

分析：公司在 2020 年进行借款融资后，尽管负债有所增加，但之后至今整体保持稳定，2021 年和 2022 年资产负债率保持在略高于 20% 的水平，对于高技术研发企业来说实属不易。

3.2 融资数据

分析诺思兰德公司自成立以来的融资模式、融资效果及融资意义，将为公司今后可能发生的融资活动奠定基础，并为其他中小型企业的经营活动及融资活动提供数据参考。

（1）公司上一财年年报分析

诺思兰德公司 2020 年营业收入为 4143.86 万元，同比增长 471.44%；总资产达到了 35743.68 万元，净资产达到了 31438.04 万元。公司在这一年中获得了成功的融资，公司的总资产和净资产同比增长都超过了 100%。净资产收益率方面较前一财年有了明显增长，但仍为负值；另外，公司的流动比率与速动比率较前一财年有了超过十倍的增长（见表 4-5）。综合

213

上述数据可以看出，公司在 2020 年的经营情况较 2019 年发生了较大的变化。

表 4-3 公司 2016—2020 年利润表

报告期	2016 年年报	2018 年年报	2019 年年报	2020 年年报
报表类型	合并期末	合并期末	合并期末	合并期末
截止日期	2016-12-31	2018-12-31	2019-12-31	2020-12-31
利润表				
营业总收入/万元	1032.86	1029.23	725.17	4143.86
同比/%	1024.58	101.66	−29.54	471.44
息税折旧摊销前利润/万元	1566.86	−1915.41	−3323.12	−1036.55
利润总额/万元	−2068.42	−3201.71	−4390.84	−2019.55
净利润/万元	−2070.81	−3194.08	−4392.42	−2016.47
同比/%	−3.22	13.74	−37.52	54.09
归母净利润/万元	−1379.47	−2522.01	−3700.03	−2535.10
同比/%	24.54	5.04	−46.71	31.48

资料来源：企业预警通。

表 4-4 公司 2016—2020 年资产负债表

资产负债表	2016 年年报	2018 年年报	2019 年年报	2020 年年报
总资产/万元	18758.61	23288.06	15251.78	35743.68
同比/%	−11.69	27.68	−34.51	134.36
总负债/万元	3338.34	17315.11	4825.30	4305.64
同比/%	−51.85	94.37	−72.13	−10.77
短期债务/万元	300.00	3457.50	490.00	—
长期债务/万元	—	1212.50	—	—
有息债务/万元	300.00	4670.00	490.00	—
净资产/万元	15420.27	5972.94	10426.48	31438.04
同比/%	7.76	−35.99	74.56	201.52

续表

资产负债表	2016 年年报	2018 年年报	2019 年年报	2020 年年报
归母净资产/万元	10883.10	3529.57	7296.82	27789.76
同比/%	13.22	-43.21	106.73	280.85

资料来源：企业预警通。

表 4-5　公司 2016—2020 年偿债能力

偿债能力	2016 年年报	2018 年年报	2019 年年报	2020 年年报
资产负债率/%	17.80	74.35	31.64	12.05
流动比率/%	103.90	178.73	106.70	1628.08
速动比率/%	102.30	176.72	101.89	1606.54
EBIT 保障倍数/倍	-419.13	-9.65	-54.06	-148.79
EBITDA 保障倍数/倍	-318.25	-6.37	-41.67	-76.88

资料来源：企业预警通。

（2）资产负债表分析

对公司资产负债表中流动资产部分各项数据进行比较。

在货币资金的项目中可以看到，公司在 2018 年的货币资金与其他各年的货币资金数据相差较大，超过了 8000 万元的数额，较之其他各年有 5～10 倍的差距。在各年货币资金的组成中可以看到，销售占比较高，仅 2020 年占比较之前年份有所下降，主要的原因可能是 2020 年受困于疫情，公司的销售能力受到了一定的制约，导致销售占比较少；2018 年的货币资金突增主要原因可能是当年的药品研发成果显著，使得药品销售量呈井喷式增长。值得注意的是，在 2020 年的资产负债表年报中，新增加了一项交易性金融资产，在之前的各年资产负债表中未曾出现过。经过查询一些数据发现，公司在 2020 年增发了一定量的新股。通过增发新股筹集到的资产额达到了近 20000 万元，这使得公司的流动资产总计较之前的年份有了明显的增长。

表 4-6　公司货币资金历史趋势

序号	报告期	货币资金/万元	同比增长率/%	销售百分比/%	资产百分比/%
1	2016 年年报	1266.86	-72.26	122.66	6.75

续表

序号	报告期	货币资金/万元	同比增长率/%	销售百分比/%	资产百分比/%
2	2017 年年报	1573.23	24.18	308.24	8.63
3	2018 年年报	8147.50	417.88	791.61	34.99
4	2019 年年报	915.09	-88.77	126.19	6.00
5	2020 年年报	1895.38	107.12	45.74	5.30

资料来源：企业预警通。

表 4-7 公司流动资产概况

单位/万元

报告期	2016 年年报	2017 年年报	2018 年年报	2019 年年报	2020 年年报
报表类型	合并期末	合并期末	合并期末	合并期末	合并期末
截止日期	2016-12-31	2017-12-31	2018-12-31	2019-12-31	2020-12-31
流动资产					
货币资金⏚	1266.86	1573.23	8147.50	915.09	1895.38
交易性金融资产⏚	—	—	—	—	18923.74
应收票据及应收账款⏚	—	3.30	5.37	13.63	602.82
预付账款⏚	28.99	11.53	34.74	328.11	493.37
其他应收款项⏚	45.15	26.22	19.84	16.33	33.29
存货⏚	34.87	105.30	101.64	91.63	301.96
其他流动资产⏚	901.22	823.52	732.39	668.61	581.37
流动资产合计⏚	2277.09	2543.10	9041.48	2033.40	22831.93

资料来源：企业预警通。

在资产负债表的非流动资产中，各项数据在近 5 年中的波动幅度不大，没有显著变化。从表 4-8 中可以看到非流动资产自 2016 年以来逐年略有下降，但下降幅度有限。

表 4-8 公司非流动资产合计历史趋势

序号	报告期	非流动资产合计/万元	同比增长率/%	销售百分比/%	资产百分比/%
1	2016 年年报	16481.52	4.92	1595.71	87.86

序号	报告期	非流动资产合计/万元	同比增长率/%	销售百分比/%	资产百分比/%
2	2017 年年报	15696.19	-4.76	3075.35	86.06
3	2018 年年报	14246.57	-9.24	1384.19	61.18
4	2019 年年报	13218.38	-7.22	1822.81	86.67
5	2020 年年报	12911.75	-2.32	311.59	36.12

资料来源：企业预警通。

在公司的负债方面，流动负债中应付账款及其他应付款项占据了主要部分，两者之和在近年来数值相差不大，除 2020 年以外，各年基本持平；在公司 2018 年的流动负债统计中，在一年内到期非流动负债项目之下出现了金额接近 3500 万元的流动负债，该笔负债应当是用于企业的资金周转而做出的短期融资，导致 2018 年的流动负债明显高于其他年份。

表 4-9　公司流动负债概况

单位/万元

报告期	2016 年年报	2017 年年报	2018 年年报	2019 年年报	2020 年年报
报表类型	合并期末	合并期末	合并期末	合并期末	合并期末
流动负债					
短期借款📉	300.00	—	—	—	—
应付票据及应付账款📉	46.21	79.28	66.34	132.45	695.51
应付账款📉	46.21	79.28	66.34	132.45	695.51
预收账款📉	—	—	51.02	3.09	—
合同负债📉					267.67
应付职工薪酬📉	47.15	216.03	189.14	167.78	331.45
应交税费📉	—	—	2.24	7.17	4.06
其他应付款项📉	1798.35	1299.04	1292.51	1105.30	89.71
应付利息📉	—	6.51	8.45	1.00	—

续表

报告期	2016 年年报	2017 年年报	2018 年年报	2019 年年报	2020 年年报
其他应付款	1798.35	1292.53	1284.06	1104.30	89.71
一年内到期非流动负债	—	—	3457.50	490.00	—
其他流动负债	—	—	—	—	14.00
流动负债合计	2191.71	1594.35	5058.75	1905.79	1402.40

资料来源：企业预警通。

所有者权益是由资产总计减去负债总计。从股本上来看，公司在 2016—2018 年的股本一直保持稳定，为 10503.92 万元，在 2019 年开始增加，数额较之前增长一倍左右；公司的资本公积在 2018 年后也发生了较大幅度的变化，在 2019 年时资本公积相较于其他年份，基本归零，而在 2020 年时则突然增加至接近 20000 万元。资本公积的增加可能与资本（或股本）溢价、接受现金捐赠、拨款转入、外币资本折算差额和其他资本公积汇入等有关。对于诺思兰德公司，在 2020 年，股东进行了现金转入，造成了资本公积的增加和股本的增长，说明公司接收到了一定程度的融资。其他的数据在近五年中未发生明显波动。2020 年公司通过增发股票获得了交易性金融资产，使得公司在流动资产总量（见表4-7）和所有者权益合计上发生了大幅增长（见表4-10）。

表4-10 公司所有者权益概况

单位/万元

报告期	2016 年年报	2017 年年报	2018 年年报	2019 年年报	2020 年年报
报表类型	合并期末	合并期末	合并期末	合并期末	合并期末
股东权益					
股本	10503.92	10503.92	10503.92	21311.35	25424.02
资本公积	5280.76	3633.95	3633.95	452.38	19240.46
其他综合收益	664.76	597.25	200.27	41.70	168.97
盈余公积	1.06	1.06	1.06	1.06	1.06

续表

报告期	2016 年年报	2017 年年报	2018 年年报	2019 年年报	2020 年年报
未分配利润⚊	−5567.41	−8520.70	−10809.63	−14509.66	−17044.76
归属于母公司的股东权益合计⚊	10883.10	6215.48	3529.57	7296.82	27789.76
少数股东权益⚊	4537.17	3115.44	2443.37	3129.65	3648.28
所有者权益合计⚊	15420.27	9330.92	5972.94	10426.48	31438.04

资料来源：企业预警通。

(3) 利润表分析

对公司的营业总收入和营业总成本进行比较，可以发现在近 5 年中，公司在前 4 年的营业总收入保持较为稳定的水平，没有发生过大的波动，而在 2020 年营业收入发生巨大增长；在营业总成本方面，公司在近 5 年成本逐年以较小幅度稳定增长，可以看出在近 5 年中，尤其是近 5 年的前 4 年中，公司的营业总成本远高于公司的营业总收入，在第 5 年也就是 2020 年成本与收入的状况略有好转，但在近 5 年中营业利润（营业总收入−营业总成本）一直为负值。对公司的营业成本具体分析，可以看出公司在管理方面所支出的费用占到了营业总成本的大部分。另外在 2018 年之后，公司作为一家创新类药企花费了大量资金用于药物研发，这也是公司的营业总成本逐年略有增加的原因之一。公司的营业总成本常年高于营业总收入，导致了公司的营业利润、利润总额和净利润几项数据一直以来处于负值，且上下波动较大，并未处于一个稳定的状态中。

表 4-11 公司利润表概况

单位/万元

报告期	2016 年年报	2017 年年报	2018 年年报	2019 年年报	2020 年年报
报表类型	合并期末	合并期末	合并期末	合并期末	合并期末
截止日期	2016-12-31	2017-12-31	2018-12-31	2019-12-31	2020-12-31
营业总收入⚊	1032.86	510.39	1029.23	725.17	4143.86
营业收入⚊	1032.86	510.39	1029.23	725.17	4143.86
营业总成本⚊	3480.20	4666.73	5120.55	5950.72	6237.67

续表

报告期	2016 年年报	2017 年年报	2018 年年报	2019 年年报	2020 年年报
营业成本⊔	197.47	106.35	346.42	251.32	394.41
营业税金及附加⊔	20.15	40.13	42.33	24.46	27.34
销售费用⊔	7.24	128.12	80.71	40.84	974.85
管理费用⊔	3270.32	4125.40	2234.82	2316.05	2441.09
财务费用⊔	−16.21	222.20	380.91	15.69	−14.45
利息费用⊔	—	—	300.54	79.75	−33.61
利息收入⊔	—	—	2.61	66.32	21.36
研发费用⊔	—	—	2035.35	3302.37	2414.44
资产减值损失⊔	1.22	44.52	—	—	—

资料来源：企业预警通。

（4）现金流量表分析

在现金流入方面，公司在销售商品、提供劳务等方面收到的现金在2016—2019 年间保持较为稳定的水平，而在 2020 年有了较大幅度的增长，达到了较高的水平。这主要是因为公司在 2019 年之后多次通过股东增加持股、增发股票等融资活动为公司增加了现金，加之在 2020 年新冠疫情的暴发，会对医药企业的发展多多少少产生一定的利好。在现金流出方面，购买商品、劳务支付以及职工的工资占到了主要部分，且同样在 2019 年之后发生了较大幅度的变动，这与公司在 2019 年之后的多次融资活动和发展有着密不可分的联系。经营活动现金的流入与流出之差为经营活动产生的现金流量净额。从整体上来看，公司的经营活动现金流出多于流入，导致了净额一直以来处于负值的状态，但是在 2020 年，公司的现金流量净额有了一定程度的改善。

表 4-12　公司现金流量表概况

单位/万元

报告期	2016 年年报	2017 年年报	2018 年年报	2019 年年报	2020 年年报
报表类型	合并期末	合并期末	合并期末	合并期末	合并期末
截止日期	2016-12-31	2017-12-31	2018-12-31	2019-12-31	2020-12-31

续表

报告期	2016 年年报	2017 年年报	2018 年年报	2019 年年报	2020 年年报
经营活动产生的现金流量					
销售商品、提供劳务收到的现金⑪	607.66	712.39	1243.64	768.14	4012.69
收到的税费返还⑪	—	—	—	66.20	—
收到的其他与经营活动有关的现金⑪	590.58	812.53	549.36	893.33	190.11
经营活动现金流入小计⑪	1198.24	1524.92	1793.00	1727.67	4202.80
购买商品、接受劳务支付的现金⑪	384.01	911.30	1310.12	2591.84	2092.22
支付给职工以及为职工支付的现金⑪	1449.69	1696.03	1734.29	1838.70	1817.27
支付的各项税费⑪	63.80	46.98	44.45	24.34	30.31
支付的其他与经营活动有关的现金⑪	1532.99	1106.33	863.09	955.58	1301.04
经营活动现金流出小计⑪	3430.50	3760.65	3951.96	5410.46	5240.83
经营活动产生的现金流量净额⑪	-2232.26	-2235.73	-2158.96	-3682.79	-1038.03

资料来源：企业预警通。

公司在 2019 年之前，投资活动并没有过多的现金流量。而在 2020 年，公司进行了大手笔的投资，投资所支付的现金达到了 18900 万元（见表 4-13），这使得 2020 年的投资活动产生了很大的现金流量负净额，这主要是由于公司在 2020 年希望通过进行投资来吸收一定的融资，这一点可以从筹资活动所产生的现金流量看出来。在近 5 年中，2020 年通过吸收投资而收到的现金是最多的。在这一年中，即使有过大的投资活动，公司也通过筹资活动使期末的现金余额保持在正向水平线上。近 5 年中其他年份没有过大的投资与筹资现象发生，5 年来期末现金及现金等价物余额也一直处于正值。

表 4-13 各年投资活动产生的现金流量表

报告期	2016 年年报	2017 年年报	2018 年年报	2019 年年报	2020 年年报
报表类型	合并期末	合并期末	合并期末	合并期末	合并期末
投资活动产生的现金流量					
收回投资所收到的现金山	—	—	165.06	—	—
取得投资收益所收到的现金山	—	—	233.08	—	—
处置固定资产、无形资产和其他长期资产而收到的现金净额山	—	—	—	—	0.12
投资活动现金流入小计山	—	—	398.14	—	0.12
购建固定资产、无形资产和其他长期资产所支付的现金山	504.97	571.70	171.62	56.67	291.16
投资所支付的现金山	—	—	—	—	18900.00
投资活动现金流出小计山	504.97	571.70	171.62	56.67	19191.16
投资活动产生的现金流量净额山	−504.97	−571.70	226.52	−56.67	−19191.04

资料来源：企业预警通。

表 4-14 公司期末现金及现金等价物余额历史趋势

序号	报告期	期末现金及现金等价物余额/万元	同比增长率/%
1	2016 年年报	1266.86	−72.26
2	2017 年年报	1573.23	24.18
3	2018 年年报	8147.50	417.88
4	2019 年年报	915.09	−88.77
5	2020 年年报	1895.38	107.12

资料来源：企业预警通。

4. 结尾

通过前期的分析，可以看出诺思兰德公司在近5年中多次进行了融资，且在近5年的融资过后，诺思兰德公司近年年报较之之前各年的年报，各项数据指标均有所好转。尽管诺思兰德公司仍然处于亏损之中，但诺思兰德公司的前景向好。

诺思兰德公司的偿债能力方面，2020年的流动比率与速动比率达到了16倍的高值，营运资金高达超过2亿元，可以说诺思兰德公司的短期偿债能力极强。另外，诺思兰德公司的资产负债率一直保持在一个较低的水平（见表4-5）。近2年，诺思兰德公司的流动资产逐渐占据了诺思兰德公司资产的主要部分。但在负债中，主要是非流动负债占据主要部分，可以分析出诺思兰德公司可流动的部分较多，诺思兰德公司资金周转较为灵活，而在负债方面可能主要是长期负债，给了诺思兰德公司更长的时间周期进行投资发展等活动。

诺思兰德公司的营运能力方面，诺思兰德公司的应收账款的周转率在近5年中最高超过200次，处于较为不错的地位，应收账款周转率越高，意味着诺思兰德公司的资金周转越灵活；与之相对的应付账款周转率近5年中平均大约为2次一年，这个数值越低，说明诺思兰德公司可以有更多供应商货款来补充营运资本，而不用向银行借款，进而说明诺思兰德公司在获得他人融资之后，能够有更长时间进行商业操作和发展。这两个指标证明了诺思兰德公司的营运能力相当之强，在未来的发展空间相当之大。

表4-15　公司营运能力概况

指标名称	2016 年年报	2017 年年报	2018 年年报	2019 年年报	2020 年年报
类型	合并报表	合并报表	合并报表	合并报表	合并报表
营运能力					
营业周期	85.65 天	239.58 天	109.05 天	143.14 天	206.40 天

续表

指标名称	2016 年年报	2017 年年报	2018 年年报	2019 年年报	2020 年年报
现金周期	-39.55 天	111.81 天	32.57 天	-5.15 天	-40.04 天
存货周转天数	85.65 天	237.25 天	107.53 天	138.43 天	179.62 天
应收账款周转天数	—	2.33 天	1.52 天	4.72 天	26.78 天
应付账款周转天数	125.20 天	127.78 天	76.47 天	148.29 天	246.44 天
存货周转率	4.20 次	1.52 次	3.35 次	2.60 次	2.00 次
应收账款周转率	—	154.43 次	237.29 次	76.34 次	13.44 次
应付账款周转率	2.88 次	2.82 次	4.71 次	2.43 次	1.46 次
流动资产周转率	0.26 次	0.21 次	0.18 次	0.13 次	0.33 次
固定资产周转率	0.34 次	0.08 次	0.16 次	0.12 次	0.78 次
总资产周转率	0.05 次	0.03 次	0.05 次	0.04 次	0.16 次

资料来源：企业预警通。

在诺思兰德公司的成长能力方面，诺思兰德公司在近 5 年进行了多次融资之后，每股收益连年增长，且融资所带来的最直接的效应是诺思兰德公司的营业总收入连年大幅增长，带动了营业利润等指标的上涨。尤其在 2020 年，企业增发新股后，诺思兰德公司的每股净资产、总资产相应都有了上涨，而总负债也相应下降，证明了诺思兰德公司融资模式起到了有效的作用。

值得一提的是，诺思兰德公司在 2020 年 12 月初时披露了再融资方案，主要通过定向募集的方式向特定对象发行股票募集资金，拟用于投资药物研发项目、生物工程新药产业化项目及补充流动资金。诺思兰德公司的这则消息吸引到大家注意的主要原因是这是北交所开市交易以来第一家披露再融资方案的上市公司，标志着北交所助推"专精特新"企业发展的再融资便利功能已经开始发挥作用。

另外值得大家关注的一点是，诺思兰德公司 2021 年登陆上市，但是首家未盈利的创新药研发企业。就是这样一家连年亏损的企业，不仅成了北交所首家获得再融资的企业，更是在公开发行阶段受到机构投资者的追捧，募集资金达 22900.76 万元，导致公司股本和资本公积大幅增长，进而推动 2020 年末归属于母公司所有者的净资产较 2019 年末增加 20492.94 万元，增幅达 280.85%（见表 4-4）。

虽然诺思兰德公司仍然处于亏损状态，但是从机构调研情况和二级市场的反馈来看，诺思兰德公司得到了正向积极的评价，且在机构调研后的股市反应来看，诺思兰德公司继续高举高打，曾在 8 个交易日累计涨幅超过 50%。诺思兰德公司得到青睐的过人之处，可能与诺思兰德公司主打药品的商业化有关。其主打的创新药品陆续进入后期的临床研发阶段，该公司不仅拥有自己的原创核心技术和自主知识产权，还获得了"十一五""十二五""十三五"国家重大科技专项的支持。可见，诺思兰德虽然持续亏损，但是几个重点新药项目已不同程度接近成功。诺思兰德公司主要业务正在从研发向商业化过渡，充满希望的等待对于投资者来说当然是甜蜜的。

除此之外，诺思兰德公司的产业化也在稳定有序地推进，既有自主创新的决心，又有稳健进取的理性，还有前瞻战略的视野。在清醒地看到生物创新药具有研发周期长、风险大、投入高的特点之后，选择以仿制药的高成功率和短平快收益来为市场前景巨大但研制风险同样巨大的创新药保驾护航。在此基础上，诺思兰德公司看到了产业规模扩张的必要性和仿制药的上升快车道，选择了把握机遇进行再融资，现在看来这次的再融资可以说获得了前所未有的成功。

综合各方面信息，诺思兰德公司具有强劲的"专精特新"核心竞争力，本次募集资金拟投资项目紧密围绕提高核心竞争力，着力于把握战略发展机遇，具有合理性和发展想象空间，值得投资者关注。

英文案例摘要

Exploration of Effective Financing Models for Companies Listed on the New Third Board: A Case Study of the Northland Corporation

He Junyong

Abstract: The case mainly focuses on the Beijing Stock Exchange and Northland Corporation, a selected tier enterprise on the New Third Board. The case analyzes the effective financing mode of Northland Company through its company profile, financing methods, and report analysis, and represents the innovative financing mode of small and medium-sized enterprises, providing a foundation for the future development mode of other small and medium-sized enterprises.

Key words: Listed Company Case Study Finance Financing

案例使用说明

新三板挂牌公司有效融资模式探究：以诺思兰德公司为例

一、教学目的与用途

1. 本案例的适用课程：国际商务专业硕士的专业必修课——对外投资与跨国公司经营。

2. 本案例的教学对象：国际商务专业硕士一年级的学生。

3. 本案例的教学目标：理解价值投资与投机的区别，学会通过基本面分析判断公司的价值点，根据公司的特点选择适当的销售模式。

二、启发性思考题

1. 什么是融资？公司进行融资的意义是什么？

2. 企业进行融资的主要方式有哪些？

3. 企业进行创业投资与其他融资模式有何区别？

4. 如何理解不同时期公司的融资模式？

【启发性思考题分析思路以及参考答案要点】

1. 融资是一个企业的资金筹集的行为与过程，也就是说公司根据自身的生产经营状况、资金拥有的状况以及公司未来经营发展的需要，通过科学的预测和决策，采用一定的方式，从一定的渠道向公司的投资者和债权人去筹集资金，组织资金的供应，以保证公司正常生产需要，经营管理活动需要的理财行为。公司筹集资金的动机应该遵循一定的原则，通过一定的渠道和一定的方式去进行。

2. 从来源上可以分为内部融资和外部融资。内部融资是依靠企业内部产生的现金流量来满足企业生产经营、投资活动的新增资金需求；外部融资是指从企业外部获得资金，具体包括直接融资和间接融资两种方式，其中直接融资是指企业不通过银行等金融机构，而是通过证券市场直接向投资者发行股票、公司债券、信托产品等方式获得资金的一种融资方式，间接融资是指企业通过银行等金融机构获得资金的一种融资方式。因而，银行贷款就成为企业间接融资的一种重要方式。

3. 创业投资是指创投资金对创业企业进行股权投资，以期所投资的创业企业发育成熟或相对成熟后通过股权退出，获得资本增值收益的投资方式。创业投资的目的是希望取得少部分股权，促进创业公司发展，增加资本，而非以掌控公司实际控制权或控股等目的进行投资。

4. 以公司从初创为例分析。在公司种子期，融资方式主要为天使投资、民间借贷和政府资助等，主要由于此时公司的产品和市场都没有明确定位，风险极大。进入创建期后，企业已经完成了公司筹建、产品研发、生产组织等工作，但人员、设备、技术、市场等方面还未能协调配合。企业经营入不敷出、没有进入正轨，随时有破产清算的危险，这一阶段企业可通过股权融资和创业投资引入战略投资人，除常规的增资扩股方式外，还可根据双方意愿设计债转股融资，以调整双方风险和利润分配。进入成长期后，企业已经进入正轨并开始盈利，人才、设备和管理都有一定结构，产品也有了一定的市场占有率和知名度，这一阶段的企业经营风险已经大为降低，而发展前景好，投资价值远大于成熟企业，国内、国际的资金会不请自来。

三、背景信息

诺思兰德公司是一家专业从事基因治疗药物、重组蛋白质类药物和眼科药物研发、生产及销售的创新型生物制药企业。公司成立于 2004 年 6 月，2021 年 11 月在北交所首批上市，股票代码 430047。诺思兰德公司是国家火炬计划重点高新技术企业、北京科技研究开发机构、北京市裸质粒基因治疗药物工程技术研究中心、北京市国际科技合作基地、北京市生物医药产业 G20 创新引领企业、北京市"专精特新"中小企业。

北交所于 2021 年 9 月 3 日注册成立，是经国务院批准设立的中国第一家公司制证券交易所，受中国证监会监督管理。经营范围为依法为证券集中交易提供场所和设施、组织和监督证券交易以及证券市场管理服务等业务。据证监会官网消息，深化新三板改革，设立北交所，是资本市场更好支持中小企业发展壮大的内在需要，是落实国家创新驱动发展战略的必然要求，是新形势下全面深化资本市场改革的重要举措。证监会将进一步深化新三板改革，以现有的新三板精选层为基础组建北交所，进一步提升服务中小企业的能力，打造服务创新型中小企业主阵地。

四、案例分析思路及要点

1. 什么是融资？公司进行融资的意义是什么？

融资是一个金融学术语，从狭义上讲，即是一个企业的资金筹集的行为与过程。从广义上讲，融资也叫金融，就是货币资金的融通，当事人通过各种方式到金融市场上筹措或贷放资金的行为。公司进行融资主要基于以下几方面原因：

资金不充足：企业要想发展，做大做强，会增加很多新业务，进行产品研发、扩展新领域，这些都需要巨额的资金做支持。

资源优势：融资很多时候就是看中了投资人或团队背后的各种资源，投资方给这些公司带来的绝不仅仅是资金，还有背后各式各样的资源，各式各样的帮助，然后强强联合，撬动杠杆。

对于中小企业来说，融资的意义更加重大。融资不仅可以解决企业对于资金的燃眉之急，也避免了大量员工的失业，有利于企业的重新崛起，有利于国家的稳定；另外，对于中小企业来说，起步阶段往往是最艰难的，资金会是企业发展最大的绊脚石，此时进行融资就相当于为企业装上了腾飞的翅膀，不仅有利于企业自身的发展壮大，更是实现创新型国家之必需。

2. 企业进行融资的主要方式有哪些？

本案例主要分析的是新三板的上市企业，对于这部分企业来说，它们进行融资的主要方式如下：

（1）定向增发，可以简化新三板企业的融资模式，进行一次核准分析发行。

（2）中小企业私募债，审核采取备案制，审批周期更快，资金使用的监管较松，资金用途相对灵活。

（3）优先股，对于投资者更有吸引力，满足了创始人和核心管理层股权不被稀释，且让投资者得到相对稳定的回报。

（4）资产证券化，更加适用于现金流稳定的企业。

（5）做市商制度，便于客户开立新三板投资权限，从而增加整个新三板交易量，盘活整个市场。

（6）银行信贷，新三板已和多家银行建立了合作关系，为挂牌企业提供专属的股票质押贷款服务。

3. 企业进行创业投资与其他融资模式有何区别？

创业投资是一种接受风险而不是厌恶风险的投资活动。创业投资以其谋求长期资本收益、分散投资、专业化管理的特点适应了高新技术产业的资金需求，以其特别的投资方式、合同方式、组织架构部分地解决了信息不对称和激励约束不当所带来的问题。而高新技术企业高成长、高收益的特点也使之成了创业投资实现自身目标时的首选对象。

而一般投资是确立了一定的市场地位、现金收益较为稳定的企业，其形式包括各种期限的贷款、优先股和普通股等。投资计划往往要求投资的安全性，投资者一般不参与公司管理，而且往往是待情况发生变化之后再做出反应。只要公司的业务活动与投资的预期大致相同，投资者就不会给公司的管理者施加太大压力。

4. 如何理解不同时期公司的融资模式？

根据企业生命周期论，管理者需要根据企业所处时期，采取相应的管理方法。一般可将企业分为初创期、成长期、成熟期和衰退期。

初创期企业规模小，盈利能力差，但却需要大量资金投入进行品牌和产品的推广，融资能力也会因为市场认可度和自身能力而受到限制。

成长期企业已经初具规模，在得到市场认可的同时，盈利能力逐渐提升，自身现金流可能较为宽松，但仍然需要大量资金维持企业高速增长，融资能力较强，融资规模较大。

成熟期企业应当在同业竞争中占据优势和主导地位，客户及资源稳定且充足，盈利能力及现金流情况理想，融资能力强，但可能不需要很大的融资。

衰退期企业经历了辉煌时期，由于创新能力弱等问题无法在同业竞争中获得优势，融资需求小，获得融资的可能也较小。

由该理论结合本案例，诺思兰德仍然是一家处于成长期的企业，经历了企业自身的初创期，度过了最为艰难的时期。从融资经历来看，公司也遇到了最初无法获得融资的情况。随着主业生物医药研发进程较好，加之行业发展速度较快，规模逐步扩大，公司进入了快速成长期。公司未来如果能够在运用合适融资的前提下，配合自身资源，有望成为成熟期企业，并在行业内占据头部位置。

五、教学组织方式

1. 在上课前，老师应当把案例发给学生，让学生针对案例以及网上自己搜集到的信息，对案例里提出的问题，给出自己的答案。

2. 老师在上课前整理课件，分析学生思考问题的角度，即已经掌握的部分和未掌握的部分，找出讲课的重点。在上课时，引导学生进行讨论，并对于课前预习情况进行点评。

3. 老师在上课后，整理学生的问题，总结反思授课过程。

亚马逊退出中国——基于文化差异视角分析

薛彤 曹修哲*

摘 要: 随着世界经济一体化的发展,选择跨国经营是大型企业发展、扩张到一定阶段,参与国际竞争、谋求利益的一种方式,也是企业发展的大趋势。但在跨国经营过程中,企业也应当充分认识由政治层面、法律层面、社会文化层面等诸多因素导致的风险点。

本文以亚马逊电商业务在中国经营不利,从而败走中国这一事件作为典型研究案例,以跨国经营中的文化差异视角作为切入点,重点剖析亚马逊进行跨国经营所暴露出的问题,并提出相应的建议。

关键词: 跨国经营 亚马逊中国 文化差异

1. 引言

2019 年 4 月 17 日,据当时的外媒报道,亚马逊中国打算关闭中国电商业务,且在 90 天内关闭配送中心,逐步减少对中国内销商户的支持,除了 kindle 和跨境贸易保留,其他业务全部裁撤。

后来,亚马逊回应称,自 2019 年 7 月 18 日起,停止为亚马逊中国网

---

* 薛彤,北京第二外国语学院经济学院副教授;曹修哲,北京第二外国语学院经济学院国际商务专业硕士研究生。

站上的第三方卖家提供卖家服务，至于其自营业务何去何从，亚马逊并未有正面回应。

从当初的阿里收购雅虎中国，到 eBay 将易趣网业务转给 TOM 实际退出中国，再到优步中国宣布被滴滴收购，又一位国际巨头败走中国。

2. 案例正文

2.1　亚马逊登陆中国

（1）收购卓越网切入中国市场

成立于 1994 年、总部位于西雅图的亚马逊是美国最大的一家 B2C 网络电子商务公司。亚马逊作为世界上最早开始经营电子商务的公司之一，一开始只经营线上的书籍销售业务，后来随着自身规模的扩大逐渐扩及了范围相当广的其他产品，现已成为全球商品品种最多的网上零售商和全球第二大互联网企业。

亚马逊进入中国市场的时间可以追溯到 2004 年，当年斥资 7500 万美元收购由雷军、陈年等人创办的卓越网，成功占领中国电商业务一角。这一点不得不说亚马逊布局中国电商业务的时机极为巧妙，要知道在 2004 年，哪怕如今声名赫赫的电商巨头也才刚刚起步，彼时淘宝网才成立一年，并且淘宝与 eBay 的战争还没有结束。京东也才开始进行全面电商业务布局，而亚马逊已经是市值超过 160 亿美元（按照当时汇率计算超过 1000 亿人民币）的全球电商霸主。所以，近 20 年前，亚马逊开辟中国业务之时，所有人都看好这个有着雄厚实力的公司。

毋庸置疑的是亚马逊的实力之雄厚。2004 年，亚马逊年销售额已经达到 70 亿美元（近 600 亿元人民币），而同时间段淘宝的年销售额仅有 10 亿元人民币，当当、京东更分别仅有淘宝的十分之一和百分之一。

这一年，亚马逊的全球战略正是高速扩张期，对卓越网的收购也标志着亚马逊业务版图从北美到欧洲再延伸到东亚。

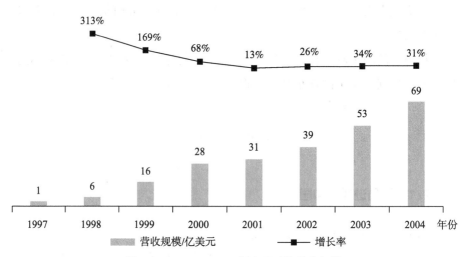

图 4-1 1997—2004 年亚马逊的营收规模

数据来源：根据亚马逊公开财报统计。

表 4-16 亚马逊全球业务布局

开辟国家	网址	入驻时间	网站排名（Alexa）
亚马逊主站	amazon. com	1995 年 7 月	10
亚马逊英国	amazon. co. uk	1998 年 10 月	104
亚马逊德国	amazon. de	1998 年 10 月	78
亚马逊法国	amazon. fr	2000 年 8 月	342
亚马逊日本	amazon. co. jp	2000 年 11 月	89
亚马逊加拿大	amazon. ca	2002 年 6 月	1452
亚马逊中国	amazon. cn	2004 年 8 月	280
亚马逊意大利	amazon. it	2010 年 11 月	1260
亚马逊西班牙	amazon. es	2011 年 9 月	1406

数据来源：根据公开资料整理。

在那个年代，海外互联网巨头们还是中国企业高山仰止的对象，从大洋彼岸传回的每一个新鲜的创意都能在国内找到多个模仿者。当团购鼻祖 Groupon 试图通过一贯的收购模式进入中国时，深受中国企业青睐。亚马逊也并不例外，在正式宣布收购卓越网半年之前，亚马逊高层曾造访中国，并对在线图书购物商城当当网报价 1.5 亿美元，这个数字大概是最终卓越网卖身价的两倍。

此次收购对亚马逊来说是一桩好生意，以当时当当网与卓越网的业绩表现计算，卓越网的价值绝不止当当网的一半（而当当网的心理价位是 5 亿美元）。中国最早的电商平台 8848 创始人王峻涛在得知这个价格之后，婉转表示，"7500 万美元是亚马逊市值（按 2004 年 8 月 19 日计算，下同）160.1 亿美元的 4.6%、盛大市值（约 14.19 亿美元）的 5%、腾讯 IPO 时市值（大约 8 亿美元）的 9.3%"。

资料显示，卓越网原属金山公司，2000 年 1 月分拆独立，同年 5 月金山和联想共同投资单独成立卓越公司。公司定位于中国 B2C 电子商务业务，并专注于网上零售图书以及音像制品。

无论价格高低，亚马逊是否占了便宜，这家无数中国电商模仿的对象终于亲自来到中国，在这片充满想象空间的沃土上，诞生了一家巅峰市值超过 5000 万美元的超级巨头以及多家百亿美元级别的小巨头。但当时亚马逊面对的还仅仅是一片"沃土"，亚马逊创始人、CEO 贝索斯表示："我们非常高兴能参与中国这一全球最具活力的市场。"

重要的是，在这片市场上，不仅有最具活力的消费者，还有最具活力的商家。和亚马逊诞生时不得不要改变美国零售商、消费者成熟的消费习惯相比，亚马逊的中国学徒们面对的是一个完全不成熟且落后的实体零售业，这意味着他们能够很快将亚马逊验证过的经验进行应用，这其中包括全品类、低价格、完善的用户数据库、网上支付以及成熟的物流仓储。

（2）从卓越亚马逊到亚马逊中国

进入中国市场后，外界普遍认为亚马逊将会很快完成轰轰烈烈地变革，但出人意料的是，亚马逊反而放慢了进击的脚步。在今天看来，这样的缓慢有些让人难以想象。

亚马逊在收购卓越长达 1 年之后，才开始启用亚马逊的数据库系统替代卓越网以前的系统，这一替换过程历经 3 年时间。而直到 2007 年 6 月 5 日，卓越网才改名为"卓越亚马逊"，其域名 joyo.com 改为 amazon.cn。就在这一段时间里，亚马逊中国在国内的市场份额一度达到最高的 20%。直到 2011 年，再次更名为"亚马逊中国"。也就是说，亚马逊用了 7 年时间，才慢慢抹掉卓越网的痕迹。

比技术层面的整合更加复杂的是商业模式层面的整合。很多人认为，卓越网当年的成功走的是精品路线，与靠规模取胜的亚马逊气质并不相同；而且中国市场也有别于美国。当当网原 CEO 李国庆并不看好两者的结合，他接受媒体采访的时候曾表示："亚马逊和卓越网在商业模式上的差异太大，要想顺利实现业务转型和管理磨合，难度太大。"事实上也正是如此，亚马逊足足花了 5 年时间才实现了卓越网和亚马逊二者商业模式的整合。

（3）停滞不前的亚马逊中国

时间来到了 2008 年，一个中国电商发展史上值得被纪念的年份。入驻中国 4 年的亚马逊正火力全开高速前进，在当时中国电商领域的份额达15.4%，成功登顶；这一年，成立 5 年的淘宝，成交额逼近千亿大关，发展势头强劲；刚刚度过 10 岁生日的京东，也在拿到今日资本的千万美元投资后，开始大举转型，从 3C 正式向全品类电商扩张，并开始自建仓配一体的物流体系。后来这一物流体系迅速发展，甚至直逼其学习范本——亚马逊自营物流。

与此相比，亚马逊的按兵不动则形成了鲜明的反差。亚马逊在入华之初，一直试图复制本土的成功路径，坚持在全球范围内不给电商业务打广告的传统，把更多精力用于建设物流、仓储。亚马逊中国的不同高管在不同场合均多次表示"用户体验"才是他们关注的第一目标，时任亚马逊中国总裁王汉华就曾表示："亚马逊天天平价，不参加价格战，因为价格战是忽悠，非持续经营之道。亚马逊追求价值战，也就是比拼从前台零售端体验到后台运营端体验的综合价值。"

亚马逊的战略打法可能在一个成熟的市场会奏效，但在中国这样一个庞大的市场上，生存才是第一动力，"用户体验"？那是活下去之后才去考虑的东西。在中国当时的电商环境中，武器有且只有一个：低价，而且是低到亏本的低价。

2012 年，号称电商史上最惨烈的价格战开打：4 月，苏宁易购、国美旗下库巴网、当当网等电商平台先后推出优惠活动；618 京东店庆日，诸多电商平台选择跟进，试图狙击京东；8 月，京东集团创始人刘强东以微博的形式宣布在大家电领域向国美、苏宁宣战，国美、苏宁随即迎战，表示价格只会比京东更低，这被称为电商史上的"815 价格战"。经此一役，电商新玩家苏宁易购流量涨幅达 706%，国美涨幅达到了 463%，而京东也有 132% 的高涨幅。

那此时此刻的亚马逊中国在哪里？他就像看客一样站在炮火连天的战场之外，毫无反应，嘴里默念着"用户体验"，似乎那是一个能够避开子弹的符咒。可惜，当战斗结束，参与者均各有收获，只有这个看客两手空空。

在围观了这场"群殴"之后，亚马逊中国也曾试图做出改变，促销和价格战也开始成为他们的常备选项，但和那些更加疯狂搏命的中国同行相比，他们还是显得"留有余地"。事实上，这个故事在亚马逊中国主力开拓的跨境电商战场上又重演了一遍：2014 年，中国电商行业进入跨境元年，天猫国际、聚美优品、网易考拉、洋码头、小红书等跨境电商平台先后斥重金并疯狂投入资源，而拥有令人艳羡不已的国际品牌资源的亚马逊中国却直到该年年底才跟上节奏，并依然恪守原则，"重视用户体验，让价格战靠边站"。

战略上的按兵不动也使得亚马逊中国吞下了苦果。2015 年 2 月，亚马逊中国甚至不得不靠入驻天猫旗舰店来获取流量（目前已下线）。2015 年，亚马逊在天猫开设了 Kindle 官方旗舰店，售卖自己的阅读器终端，此后还在天猫开设过 amazon 官方旗舰店和亚马逊图书官方旗舰店。一家电商平台居然要借助自己的竞争对手拓展流量，亚马逊的尴尬不言而喻。

这次合作被外界以四字进行评论：饮鸩止渴。

此时亚马逊中国正在跨境电商业务领域与天猫国际展开刺刀见红的白刃战，这本被认为是亚马逊中国能够借助本部直采优势崛起的最好时机，亚马逊本部将海外货品直接与天猫对接，意味着将亚马逊中国唯一的胜机拱手让出。长此以往，天猫将成为亚马逊在国内的销售渠道，而亚马逊中国则弱化到售后服务。

（4）退出已成唯一选择

在亚马逊放弃中国电商业务时，一个评价看起来是如此残酷，"亚马逊中国在中国的销售额或许还比不上天猫上一个巨型卖家"。

2008 年，亚马逊中国曾占有 15.8% 的市场份额，这也是亚马逊中国仅有的一次高峰值。在此之后的年份里，亚马逊中国的市场份额便逐年减少。

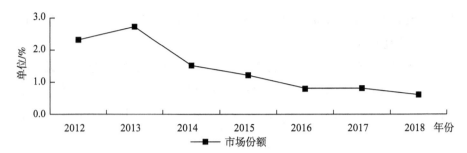

图 4-2 2012—2018 年亚马逊中国市场规模

数据来源：公开市场资料收集。

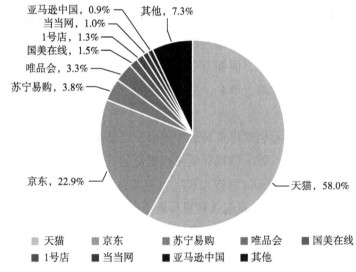

图 4-3 2018 年 B2C 购物网站交易市场规模

数据来源：艾瑞咨询。

数据充分印证了亚马逊中国正在被中国激进派的电商们挤压，留给亚马逊中国发展的空间越来越小。亚马逊中国想要在主营的电商领域跟中国本土的巨头们竞争下去，切回份额，几乎是不可能完成的任务。如今中国本土电商行业的竞争格局，亚马逊已经无法找到自己的立足之地，选择进行战略调整，关掉本土第三方电商业务，不失为一种明智的抉择。

中国电商市场竞争的失利让亚马逊中国不得不重新做出考虑，与其继续在中国苟延残喘，倒不如到他国开疆拓土。于是亚马逊瞄准了印度市场，想必亚马逊是想到电商格局还未成熟的印度市场，以此弥补在中国电商市场的遗憾。

根据公开资料，2018 年 4 月，亚马逊官方亲自向商家发出邮件通知——自 2018 年 8 月 30 日起，亚马逊中国不再为中国第三方国内卖家提供 FBA 服务（Fulfillment by Amazon，是亚马逊向第三方卖家提供的外包物流服务）。

2018 年，亚马逊中国开始上演裁员风波，运营团队从 2000 多人压缩到不足 1000 人，总体人员下降超过 50%。

同时，2017 年年底，亚马逊在中国的库存金额相比 2015 年同期大幅下降 50%，在中国的仓库面积也比 2016 年减少 50%。到 2018 年年底，亚马逊在中国的 13 个运营中心只剩下北京、昆山和广州三个城市，广州运营中心也于 2019 年初关闭。

2019 年 2 月，"收购合并"消息传出，有传言称亚马逊中国的跨境业务将和网易考拉合并。对此，双方拒绝做出评论。

但目前来看，收缩的业务基本都是电商服务领域，无论是根据外媒的报道，还是亚马逊的官方回应，此次战略调整首先被关闭的，都将是中国本土的"第三方"商户服务。

亚马逊的自营业务目前仍然"前途未卜"，但亚马逊已经明确称，有意继续从事海外销售业务的卖家可入驻海外购。这也就意味着，中国消费者不再能从中国本地第三方商家那里购买商品，但他们仍然可以通过亚马逊的全球商店从美国、英国、丹麦和日本订购商品。

2.2　中西方文化和价值观的碰撞

"亚马逊失败的最大原因在于中西文化价值观上的冲突"，京东总裁刘强东给出了这样的评价。

"文化共通性"是企业成功输出产品和品牌的诀窍。当一个品牌来到完全陌生的土壤，面对截然不同的文化，如果还是硬着骨头保持着自己原来的做派，不愿意融入当地文化的基因，那也只能是一个"异类"。

那些剑指本国以外市场的企业在跨国经营过程中，往往会经历一个不可避免的"阵痛期"。针对此问题，企业通常的做法是不断地进行自我调整与革新，逐步去除企业本土化特质的不足之处，并扎根当地的风土人情，将其与企业自身发展方向相融合，进而在慢慢适应大环境的基础上，以更加稳健的步伐前行。比如肯德基、麦当劳、7-Eleven 等跨国企业都在实践中取得了不错的成效。

然而就亚马逊在中国市场跨国经营的十五年历史来看，亚马逊显然没有深入了解中国人的文化内核，因地制宜地确定中国化战略方向，最终造成了现在水土不服、败走中国的窘境。

（1）总体战略——全球化战略僵化

亚马逊总裁贝佐斯曾经说过："我们大多是把在日本、德国、英国、西班牙、法国、意大利、美国等取得成功的做法复制到中国，事实上，在中国，我们需要更多的市场定制。"

正如贝索斯所言，亚马逊失败的最大原因就在于缺乏融入中国的文化的意识。亚马逊接手卓越网之后，没有在其基础上进行"嫁接"，而是将其"克隆"成一个中国版的"亚马逊"。亚马逊中国致力于用户体验达到全球统一，且十余年如一日，改动很小。但中国电商行业发展瞬息万变，放之四海而皆准的全球化策略，显然很难适应中国市场的飞速变化。更为致命的是，以牺牲新鲜感和满足感来维系的"统一"策略，让亚马逊中国的客户，纷纷选择逃离。当亚马逊惯用的本土化战略失败时，强劲的竞争对手顷刻就将其蚕食，使其失去了"绝地反击"的机会。

（2）市场策略保守

如果说亚马逊刚来中国时的市场还是一片蓝海，那么从市场蓝海一直等到红海，亚马逊在这个本该大展身手的中国市场"翻船"了。有意思的是，关于此次亚马逊的大撤离众说纷纭，甚至有网友调侃道："亚马逊中国不过是贝索斯在中国的试错成本，毕竟亚马逊总部有钱，剥夺了一个中国市场，丝毫不影响亚马逊在国际的排名。"

调侃归调侃，但也不无道理。电商服务的核心对象是用户，然而亚马逊对中国的消费者还是不够用心。15 年可以让一个襁褓婴孩长成苗壮少年，亚马逊在华的 15 年同样有足够的时间了解中国的消费者，但亚马逊中国表现得更多的是不屑的态度。

都知道亚马逊在美国的电商品牌影响力巨大，因此业务能力毋庸置疑。于是亚马逊将在美国的那套打法在中国直接进行复制粘贴，并以高姿态傲立市场。但水土不服导致其美式网站设计，以及几乎不存在的营销节日让不少国内消费者失望。从这也可以看出亚马逊中国没有做好市场调研。

而彼时的阿里、京东为了迎合消费者偏向惠利的需求进行了各类促销节，比如天猫双十一、京东 618 等等，这些建立在充分的市场调研之后产生的市场效应，进一步抬高了阿里、京东的商业价值。

实话说，以上的低价格促销打法的确野蛮且疯狂，但是这正符合中国消费者的需求。只不过，亚马逊高贵的身份似乎与激进的市场格格不入，接受不了"降级"竞争的亚马逊中国只好选择旁观促销竞争。亚马逊就此错过了与国内本土电商们正面交锋的市场竞争，避开竞争也意味着亚马逊中国失去了占领中国电商市场的机会。

另外，照搬亚马逊在美国的策略引起了中国消费者的"不适"，也因此抓不住中国消费者的核心需求。

（3）管理层策略授权不足

曾任亚马逊中国 CEO 的王汉华在亚马逊历史上留下的最著名的一句话，就是在 2011 年说的。他说：以后亚马逊中国在全球市场将扮演运营中心，而非决策中心。从此亚马逊中国被定下了一个基调——身体在中国，大脑却在美国。

任何一家跨国公司在本土化执行层面都绕不开两个核心问题：第一，总部给不给授权；第二，执行的最高领导是不是给力。

不幸的是，亚马逊中国在这两点又都出了问题。

首先，王汉华本人确实不够狼性，他喜欢讲谋局而后发，稳健过头了就是保守；其次，更大的原因在于总部放权非常不够，据多名亚马逊前员工透露："王汉华的权限有限，而总部的很多决策又脱离实际，比如建仓库按照美国地广人稀的模式，建中心大仓库，希望辐射周边；但你看京东建仓库的原则就是多地建设多个仓库，以保持灵活性和效率。"据称王汉华本人也谈过："亚马逊中国是运营中心，而不是决策中心。"

李开复在 2018 年达沃斯年会上总结过美国公司进入中国市场后的问题：美国公司在中国的负责人（总经理或 CEO）越来越多的是不懂国情的老外，他们的事业轨迹是从小国业务区域任总经理，后提升到中国区域任总经理磨炼，之后回总部再升官。但是他们主要销售出身，不懂、不在乎也管不了产品技术，不懂中国、不接地气、不讲中文，而且个人对中国没有长期承诺，主要对总部指标负责，最大的愿望是保护自己的金饭碗，报喜不报忧。这批人在中国本土公司的角斗士面前，根本不堪一击。

据此可知，亚马逊中国管理层并没有充分得到总部信任和授权，这导致总部的决策容易出现信息时滞和忽略实际情况等问题。如此看来，管理架构的问题和管理层之间不信任导致了组织和创新效率的低下。任何改变都要经过总部，自身没有太多决策权，提出的计划不被理解（美国高层对中国情况不够了解充分）和信任，这也让中国管理层团队形同虚设，只负责简单的日常运营，甚至被人诟病为"只为取悦美国"的管理团队。

（4）用户理解偏差

再者，亚马逊中国对用户的消费理念存在误区。市场在变，用户也在变。过去，兴许消费者的消费理念是以主动搜寻商品去满足消费需求，但时过境迁，随着互联网推荐机制的不断完善以及用户消费观不断升级，如今的中国消费者更加青睐于商品推荐机制。

况且对于本土电商而言，目的从来都不限于只满足用户需求，他们真正的目的还包括了创造需求，创造源源不断的需求。然而这些，在亚马逊身上看不到，在亚马逊中国几任 CEO 身上同样看不到。

界面新闻曾经报道，张军表示："亚马逊最核心的理念是让消费者主动去搜寻东西满足他们的需求，这是一直以来不变的宗旨。"这也就直接表达了亚马逊将"满足需求"的策略贯彻到底，也意味着亚马逊不会突出商品品牌给予消费者引导。

一步错，步步错。亚马逊守旧的价值观与国内被淘宝、京东充分教育的用户消费观背离，因为创造用户需求已经成了国内电商市场的主流。因此，在电商直播、电商 KOL 们持续输出 PUGC 的时代，亚马逊已经与这个时代背离。因为亚马逊不搞直播，甚至商品的信息介绍都是文字及图片简单的描述，吸引力度远远不如国内电商们。

总的来说，亚马逊败走中国主要的原因还是因为不够了解中国消费者，以及不能遵循中国电商市场的变化。亚马逊败走中国，也为尚在中国的外资电商们留下了几点深刻的教训。

2.3　亚马逊败走中国的前车之鉴

真正的勇士敢于直面惨淡的人生，亚马逊这位美籍勇士正在面对中国电商市场不足1%的份额。从避开市场竞争，到用户需求探索的脱节，亚马逊在步步撤离中国市场。对于中国电商市场而言，亚马逊是赶了个早集，但最后结束的时候却什么也没有带走。

在唏嘘亚马逊离开中国电商市场的之余，亚马逊的败走有几点启示仅供尚在华的外资电商们参考。

第一，战略要因地制宜。没有人会否认亚马逊在美国电商市场的成功，只不过亚马逊在美的护甲反倒在中国成了软肋。因为美国消费者与中国消费者的消费思维不一样，营销策略也好，网站设计也罢，所以外资电商们在制定市场战略的时候，应该因地制宜，根据消费者的消费习惯去改变战略的实施。

另外，众多外企在入驻他国市场时往往因为舍不得放权而导致市场反馈减速，这点是外企的通病，同时也是亚马逊的心结。尽管亚马逊已经入驻中国15年，并且已经换了几届中国区CEO，但是依然没有改变中国是亚马逊一个运营中心，而不是决策中心这个事实。

所以说，外资电商们既然已经确立了要在中国电商市场分羹的意识，那么就应该信任与授权，并根据市场的变化实时改变市场战略。外资电商们应该明白，束手束脚并不是谨慎，而很可能会让企业错过发展的最佳时期。

第二，本土化速度要快。一边是淘宝、京东、拼多多们以低价、广告营销浴血厮杀，另一边是亚马逊不急不慢地观战。结局可想而知，战到最后的淘宝、京东们都在中国电商界写下了神话，而一路沉默的亚马逊最终败走中国。不是亚马逊中国有意走得太慢，是别人走得太快了。

天下武功唯快不破。外资们在进入中国市场后，应该"入乡随俗"，接受中国电商市场的打法，比如折扣、促销、节日营销等惠利对中国消费者而言乐此不疲。因此外商们只有本土化速度足够快，顺着消费者思维去刺激消费者需求，才可能在短时间内将品牌知名度远扬。

第三，放下傲慢与偏见。亚马逊在刚进入中国市场时最有占领先机的胜算，因为当时的阿里巴巴以及京东还没有长成巨兽。但亚马逊低估了竞争对手，在国际有着举足轻重地位的亚马逊保持着高姿态不愿拉下面子与早期的淘宝、京东交锋，这就让淘宝、京东们有足够多的时间在竞争中不断成长。

所以说，以傲慢的姿态低估了竞争对手是商界的禁忌，无论是外商还是中国本土企业，都应当放下对对手的偏见，放下对用户需求的偏见，以及降低姿态顺应市场，才可能在中国电商市场存有一方势力。

总的来说，亚马逊败走中国还是因为不够了解中国电商市场的变化，不够了解中国消费者需求的变化，不够了解亚马逊实际在中国消费者心中的地位。所以，目前尚在中国的外资电商应该引起注意，巨头的退场并不是因为实力不够，而是因为迟迟放不下面子与对手交锋，才导致了仓皇退场。

3. 结尾

"文化共通性"是企业成功输出产品和品牌的诀窍。当一个品牌来到完全陌生的土壤，面对截然不同的文化，如果还是硬着骨头保持着自己原来的做派，不愿意融入当地文化的基因，那也只能是一个"异类"。

作为运营的一把好手，亚马逊不是不懂这个道理，亚马逊失败的最大原因就在于缺乏融入中国的文化的意识，于是产生中西方文化和价值观的碰撞，最终亚马逊彻底失去了中国的电商市场。

英文案例摘要

Amazon's Exit from China—
an Analysis from the Perspective of Cultural Differences

Xue Tong   Cao Xiuzhe

Abstract: With the development of world economic integration, the choice of transnational operation by large enterprises is not only a way for enterprises to develop and expand to a certain stage, participate in international competition and seek interests, but also a general trend of enterprise development. However, in the process of transnational operation, enterprises should also fully understand the risk points in the process of transnational operation caused by many factors, including political level, legal level, social and cultural level and so on.

This paper takes the event that Amazon's e-commerce business is disadvantageous in China and thus loses China as a typical research case, takes and from the perspective of cultural differences in transnational operation as the starting point, focuses on the problems exposed by Amazon's transnational operation, and puts forward some suggestions on how to avoid localization problems in transnational operation.

Key words: Transnational Operation   Amazon China   Cultural Differences

案例使用说明

亚马逊退出中国——基于文化差异视角分析

一、教学目的与用途

本文以亚马逊电商业务在中国经营不利从而败走中国这一事件作为典型研究案例，从跨国经营中的文化差异视角作为切入点，重点剖析亚马逊进行跨国经营所暴露出的问题，并提出如何避免跨国经营中出现的本土化问题的建议。

1. 本案例主要适用于国际商务专业硕士研究生国际商务课程，也适用于跨国企业经营与管理课程。

2. 本案例的教学目的主要是让学生了解跨国经营过程中容易出现的全球标准化战略导致的文化价值观冲突问题，并且提出相应的对策以供参考。

二、启发性思考题

1. 你是如何看待亚马逊中国的跨国经营文化冲突？

2. 为什么亚马逊将美国市场的战略应用在日本取得了成功，但将这一战略应用在同属东亚的中国则最终以失败收场？

3. 亚马逊中国采取哪些应对策略？你如何评价这些策略的作用？

4. 如果你是亚马逊中国的 CEO，面对这一局面你将如何决策？

5. 通过亚马逊中国退出中国市场你能得到什么启发？请结合跨国企业管理相关理论作答。

三、背景信息

全球电子商务市场规模持续扩大，在国际贸易中地位也越来越重要。进入 21 世纪以来，随着经济全球化不断深入及网络信息技术快速发展，被誉为"朝阳产业"的电子商务受到越来越多国家和地区的重视。据 eMarketer 的统计数据，2011 年全球 B2C 电子商务市场交易额仅为 8570 亿美元，2012 年突破万亿美元大关，2013 年交易总额为 12210 亿美元，到 2014 年全球 B2C 电子商务市场规模达到 1.47 万亿美元，每年平均增长率为 20%，继续在全球上演增长的神话。以网络信息技术为手段、以商务为主体的电子商务将传统的销售渠道转移到网络平台上，实现了交易过程的信息化、虚拟化、电子化，有效地节约了交易成本，提高了交易的效率，对传统的国际贸易主体、营销方式、监管方式及国际市场产生了重大影响，推动了全球贸易的发展。

随着互联网的兴起，我国电商行业高速发展。线上购物凭借方便、快捷、省时的优点迅速吸引数量众多的消费者，电商行业市场规模持续扩大。如今，我国电商行业以电商三巨头阿里巴巴、京东、拼多多构成的较高垄断性的竞争格局已大致形成。阿里巴巴、京东创立时间较早，为互联网普及后第一批成功开拓市场的电商网络平台，行业领先地位牢固；拼多多虽是后起之秀，但是依靠其频繁的广告营销以及拼单低价出售商品的战略，也成功抢占了部分市场。

亚马逊进入中国市场的时间可以追溯到 2004 年，当年斥资 7500 万美元收购由雷军、陈年等人创办的卓越网，成功占领中国电商业务一角。亚马逊收购卓越之后，随后并不是轰轰烈烈地变革，而是温和地、按照其全球战略改造卓越。在收购完成一年多之后，开始启用亚马逊的数据库系统替代卓越网以前的系统，这一替换过程历经 3 年时间，使得亚马逊中国的 IT 系统成为行业最为领先的系统。2007 年卓越网才改名为"卓越亚马逊"。2011 年，再次更名为"亚马逊中国"，用了 7 年时间，才慢慢抹掉卓越网的痕迹。当年，亚马逊年销售额已经达到 70 亿美元，而同时间段淘宝的年销售额仅有 10 亿元人民币，当当网、京东网更分别仅有淘宝的十分之一和百分之一。这一年，亚马逊的全球战略正是高速扩张期，对卓越网的收购这也标志着亚马逊业务版图从北美到欧洲再延伸到东亚。

在电商业务完全退出中国之前，亚马逊中国徘徊在电商企业的第二阵营，一副与世无争的面孔，亚马逊中国在中国电商圈里有些特立独行。在纷乱、浮躁的电商竞争中，亚马逊中国坚守着其全球的理念与策略，虽然在中国市场的竞争中，并没有占到便宜，但也被圈内公认为"很有潜力"的企业。

四、案例分析思路及要点

1. 基于文化差异视角分析亚马逊中国在中国进行跨国经营过程中出现的问题。

2. 结合跨国经营战略理论和文化差异理论开展研究。

3. 造成亚马逊中国市场份额逐步被蚕食的根本原因在于亚马逊没有根据中国消费者的文化特质制定相应的战略应用于中国市场上，导致亚马逊中国在与同业者的竞争中处于劣势。

4. 市场策略保守和管理层授权不足也是亚马逊中国市场份额一步步被蚕食的部分原因。

5. 解决跨界经营出现文化差异困境的关键在于主动了解该国的文化基因，抓住本质的文化特征，以此确定合适的市场战略。

6. 回到案例的情境中，应该因地制宜地制定适合中国市场的战略，快速本土化，以及放下外来巨头的傲慢与偏见，主动融入中国的文化基因。

五、理论依据与分析

1. 跨国经营战略理论

企业国际化经营环境远比国内环境更为复杂和多变。国际经营环境的复杂多变性是由多种因素相互交织而成的，包括政治法律因素、经济因素和社会文化因素。所以，企业在国际化经营过程中，必须对环境变量给予更加充分的重视，要在深入考察各环境变量的基础上精心准备应对之策。

企业国际化经营的战略基本上有四种类型，即国际战略、多国本土化战略、全球化战略与跨国战略。这四种战略可以通过由"全球协作"的程度和"本土独立性和适应能力"的程度所构成的两维坐标体现出来。

国际战略，企业将其在母国所开发出的具有竞争优势的产品与技能转移到国外的市场，以创造价值的举措；多国本土化战略，一个企业的大部分活动，如战略和业务决策权分配到所在国外的战略业务单元进行，由这些单元向本地市场提供本土化的产品，从而把自己有价值的技能和产品推向外国市场而获得收益；全球化战略，在全世界范围生产和销售同一类型和质量的产品或服务；跨国战略，企业既寻求多国本土化战略所具有的当地优势，又注重全球化战略带来的效率，因而，运用这种战略的企业在本土化响应和全球效率上都能获得优势。

企业国际化经营战略的选择包括两部分的内容：一是本公司的国际化战略；二是选择适当的国际市场进入方式。

企业的国际化战略是公司在国际化经营过程中的发展规划，是跨国公司为了把公司的成长纳入有序轨道，不断增强企业的竞争实力和环境适应性而制定的一系列决策的总称。企业的国际化战略将在很大程度上影响企业国际化进程，决定企业国际化的未来发展态势。企业的国际化战略可以分为本国中心战略、多国中心战略和全球中心战略三种。

本国中心战略。在母公司的利益和价值判断下做出的经营战略，其目的在于以高度一体化的形象和实力在国际竞争中占据主动，获得竞争优势。这一战略的特点是母公司集中进行产品的设计、开发、生产和销售协调，管理模式高度集中，经营决策权由母公司控制。这种战略的优点是集中管理可以节约大量的成本支出，缺点是产品对东道国当地市场的需求适应能力差。

多国中心战略。在统一的经营原则和目标的指导下，按照各东道国当地的实际情况组织生产和经营。母公司主要承担总体战略的制定和经营目标分解，对海外子公司实施目标控制和财务监督；海外的子公司拥有较大的经营决策权，可以根据当地的市场变化做出迅速的反应。这种战略的优点是对东道国当地市场的需求适应能力好，市场反应速度快，缺点是增加了子公司和子公司之间的协调难度。

全球中心战略。全球中心战略是将全球视为一个统一的大市场，在全世界的范围内获取最佳的资源并在全世界销售产品。采用全球中心战略的企业通过全球决策系统把各个子公司连接起来，通过全球商务网络实现资源获取和产品销售。这种战略既考虑到东道国的具体需求差异，又可以顾及跨国公司的整体利益，已经成为企业国际化战略的主要发展趋势。但是这种战略也有缺陷，对企业管理水平的要求高，管理资金投入大。

企业进入国际市场的方式可以通过进出口商品、许可协议、并购、合资以及建立新的全资子公司。每一种方式都有自己的优缺点，选择最合适的方式进入国际市场对于公司能否达成预定的国际化经营目标至关重要。

2. 文化差异

文化是十分宽泛、极具人文意味的概念，给文化下一个精准的定义，的确非常艰难。Edward Tylor（2005）指出，就其普遍意义上来说，文明或文化是包括全部道德、艺术、知识、法律、风格以及社会成员们所接受和掌握的任何其他的习俗和才能的复合体。Herskovits（2015）认为，除天然的原生态外，一切由人类的作用而发生的，人工发明的，都可以被称为文化。Geert Hofstede（2010）认为，文化不是一种个体特征，而是在长期的生活、教育、工作等背景下形成的，一个群体区别于另一个群体的"共同心理程序"。国内学者庞朴（2015）将文化划分为三个层面：物质层面、制度层面和心理层面。他认为文化的物质层面处于最外层，是对象化了的劳动；心理层面处于核心层，包含道德、思维、审美、价值观念、民族性格、宗教信仰等；制度层面处于二者之间，包括自然和社会理论、社会组织制度等。

文化不是一种个体特征，而是具备相同社会阅历、受过相同教育的许多人所共有的心理程序。不同的群体、国家或地区的人们教育、社交和工作，因此会有不同的思维方式。所以，这种共有的心理程序就会有所差异。一般来说，我们从社会文化的不同方面，如语言、习俗、价值观、宗教信仰、行为习惯等方面来研究文化差异。另外，国外的学者也构建了不同的维度来衡量文化差异。Geert Hofstede（2010）总结出衡量价值观的6个维度：权力距离、不确定性规避、个人主义与集体主义、男性化与女性化、长期取向与短期取向、自身放纵与约束。Fons Trompenaars（2007）的文化架构理论则从普遍主义与特殊主义、个人主义与集体主义、中性化与情绪化、关系特定与关系散漫、注重个人成就与注重社会等级、长期取向与短期取向、对人与自然环境关系的看法7个维度分析了不同国家之间的文化差异。苑路、于红霞（2015）认为，不同的国家、民族和地区有各自的社会文化特征，并且受不同文化的影响，消费者的生活方式和习惯有较大的差异，从而影响着国际营销活动的进行。

3. 跨文化挑战

跨国公司的企业文化建设是一个难题。成员背景不同，导致认知、价值观、信仰、语言等方面存在着差异，使得跨国公司充满了文化的异质性。这种异质性使跨国公司面临着额外的沟通障碍，导致企业协调困难和成本增加，与同质型团队相比，异质型跨国企业仍将面临更大程度的过程成本损失。这种跨文化沟通的类型是因为各文化之间的距离形成的，总结可能出现以下4种跨文化沟通类型：一是理想型。这种类型的特点是文化现实和文化价值观距离都比较小，跨文化团队间容易沟通与合作，人们的沟通是畅通无阻的，由于成员间和平相处、互助互爱，相应的划分文化的界限不甚明显。二是可发展型。这种类型的特点是经过一段时间的磨合可以超越现实障碍，实现有效沟通。三是隐患型。表面平静，但是长期交往会产生摩擦。四是难以调和型。这种类型的特点是文化现实和文化价值观距离均比较大，由此沟通双方均能感受到沟通上存在明显的障碍，但因各种原因使得双方不可调和。从上述4种类型，可以看出，价值观是其中的关键。差距越小，沟通障碍越低；反之价值观距离越大，人们就越难以互相理解，造成理解偏差，产生沟通摩擦。其中，理想型和难以调和型最为清楚明了，可发展型和隐患型则比较微妙。

通过分析跨国公司跨文化沟通的问题与挑战，关于跨国公司为何总是存在沟通障碍，还存在几种特殊原因：语言障碍、理解误差、想当然的相似性、评估倾向、错误的观点以及偏见的存在等。跨文化沟通中的民族物质可能会造成信息流失、失真以及理解错误。文化异质性模糊了表达者的信息，增加了交流的不确定性和复杂性，这都对跨国经营中成员间的交流提出了极为严峻的挑战；文化异质性使不同文化背景的人们对相同事物有不同的理解。由于理解差异性和种族优越感等问题，还会影响管理者与员工的和谐关系，这些都对跨国公司中管理者与员工的关系提出了挑战。跨国企业的整合性和凝聚力会比较低，不同的文化背景使成员之间难以达成共识，沟通失误、错误观点的存在以及日益增长的偏见，容易导致冲突的发生。

六、教学组织方式

整个案例课的课堂时间控制在 80~90 分钟。

1. 课前计划：提出启发性思考题，课前阅读相关文献与资料，进行小组讨论与初步思考。

2. 课中计划：

简要的课堂前言，明确主题（2~5 分钟）。

案例回顾（10 分钟）。

分组讨论（30 分钟）。

告知发言要求，进行小组发言（每组 5 分钟，控制在 30 分钟）。

引导全班进一步讨论，并进行归纳总结（15~20 分钟）。

3. 课后安排：选择案例进行深入分析，形成案例分析报告。

七、案例后续进展

对于亚马逊退出中国市场一事，亚马逊官方曾经这样回复："过去几年中，亚马逊中国持续聚焦并发力跨境在线零售业务，获得了中国消费者的积极反馈和认可，为了深化这一战略转型，我们将于 2019 年 7 月 18 日停止为亚马逊中国网站上的第三方卖家提供卖家服务。我们将与所有卖家紧密合作，完成后续交接事宜，以确保持续为用户提供优质的购物体验。同时，此次调整中受到影响的卖家如希望继续与亚马逊合作并拓展全球市场，可以联络亚马逊全球开店团队获得帮助。亚马逊始终对中国市场有着长期承诺。在现有的良好业务基础之上，我们将继续投入并大力推动包括亚马逊海外购、亚马逊全球开店、Kindle 和亚马逊云计算等各项业务在中国的稳健发展。"

根据外媒消息，亚马逊的退出是因为其中国电商业务既无盈利也无增长。中国本土的电商企业，相比亚马逊有着巨大的优势。随着中国市场的不断发展，阿里巴巴以及京东这样的电商巨头，也随即展开了自己的经营态势，亚马逊的一部分市场被分割出来。

　　虽然在中国遇冷，但是亚马逊的本土电商业务在其他国家仍然在积极扩张中。例如在印度，亚马逊和其本土电商巨头 Flipkart 争夺主导地位的战争就进行得如火如荼。

鞍钢集团跨境并购的融资方式分析

昝小娜 程治钧[*]

摘 要： 在我国提出"走出去"战略后，国内企业在国际市场上的跨境并购活动愈发活跃，而跨境并购最重要的问题之一就是融资，往往需要进行跨境融资来解决资金问题。本案例阐述了跨境并购的融资方式，描述了鞍钢集团并购澳大利亚卡拉拉矿企的融资过程及其方式，并对其提出了相关建议，有助于理解跨境并购的融资模式并引发思考。

关键词： 跨境并购 跨境融资 国际投资

1. 引言

2007 年，为建立海外矿产资源基地，提高我国在国际铁矿石谈判中的地位和话语权，积极贯彻国家鼓励国内大型企业集团开展海外矿业项目的"走出去"战略，在自身已经拥有我国半壁铁矿石资源的基础上，鞍钢集团与澳大利亚上市公司——澳大利亚金达必金属公司（以下简称"金达必"）合资成立卡拉拉公司，共同开发西澳大利亚卡拉拉地区的铁矿。该项目所涉金额较大，融资成本一度高达数十亿美元，鞍钢集团在合资开发项目的过程中逐步完成了对卡拉拉公司的股权收购，获得实际控制权。在对卡拉拉的开发及其股权收购过程中，鞍钢集团采取了多种跨境融资方

---

* 昝小娜，北京第二外国语学院经济学院；程治钧，北京第二外国语学院经济学院国际商务硕士研究生。

式，具有一定的代表性。本案例借此展开讨论跨境并购的融资方式，在我国不断推进改革开放及"一带一路"倡议的时代背景下，对于理解企业国际投资过程中的具体融资方式有着积极的作用。

2. 相关背景

2.1 鞍山钢铁集团有限公司（简称"鞍钢集团"）介绍

鞍钢集团是中央直接管理的国有大型企业，是新中国第一个恢复建设的大型钢铁联合企业和最早建成的钢铁生产基地，为国家经济建设和钢铁事业的发展做出巨大贡献，被誉为"共和国钢铁工业的长子""新中国钢铁工业的摇篮"。

鞍钢集团是世界500强企业，在中国东北、西南、东南、华南等地有9大生产基地，具备5330万吨铁、6300万吨钢、4万吨钒制品和50万吨钛产品生产能力。鞍钢集团是中国最具资源优势的钢铁企业，有效生产位于中国辽宁、四川和澳大利亚卡拉拉的丰富铁矿和钒、钛资源，年产铁精矿5000万吨，是世界上最大的产钒企业，中国最大的钛原料生产基地。工业服务事业涵盖工程技术、化学科技、节能环保、信息技术、金融贸易和现代服务业等领域。

鞍钢集团拥有31家境外公司及机构，500多家国内外客户及合作伙伴，产品销售覆盖全球70多个国家和地区，是众多国际知名企业的全球供货商。

鞍钢集团是中国首批"创新型企业"，中国首家具有成套技术输出能力的钢铁企业，汽车用钢、铁路用钢、造船和海洋工程用钢、桥梁钢、核电钢、家电用钢、集装箱用钢、电工钢、石油石化用钢、高端制品用钢和特殊钢等系列产品国内领先，产品广泛应用于"西气东输"、青藏铁路、高铁建设、三峡水利枢纽、国家体育场"鸟巢""华龙一号"核电站、"蓝鲸一号"超深水钻井平台、港珠澳大桥、神舟系列等重大工程。

2.2　澳大利亚金达必金属公司及卡拉拉项目介绍

金达必金属公司是澳大利亚一家开发矿产资源的上市公司，1994年在澳大利亚证券交易所上市。卡拉拉矿业公司原名莲花公司（Lotus Minerals-Limited），是金达必100%控股的下属子公司，于1995年8月29日在澳大利亚注册成立。卡拉拉铁矿位于西澳大利亚州中西部地区，南距珀斯460千米，西距杰拉尔顿港220千米；矿区面积150平方千米。

作为实施鞍钢集团和金达必金属公司合资开发卡拉拉铁矿项目的经营实体，由鞍钢集团在澳大利亚注册成立鞍钢澳投与金达必相应对莲花公司进行改组增资，将莲花公司更名为卡拉拉矿业有限公司，最终鞍钢与金达必的持股比例都达到50%。2007年正式完成了合资公司的重组及名称变更，重组后卡拉拉矿业公司作为本项目的直接实施管理、经营实体及项目贷款的借款人，拥有包括磁铁矿项目和赤铁矿项目在内的156平方千米区域的探矿权和采矿权。

经过双方股东多轮增资，截至2014年末，鞍钢与金达必金属公司共对卡拉拉铁矿项目注资13.904亿澳元，其中鞍钢集团注资7.252亿澳元，金达必注资6.652亿澳元。公司总股份数321987283股。其中，鞍钢持股167947283股，占比52.16%；金达必持股154040000股，占比47.84%。同时鞍钢通过鞍钢集团香港控股有限公司持有金达必金属公司35.9%的股份，故鞍钢集团公司为卡拉拉的实际控制人。

卡拉拉矿业公司计划分步开发蒙嘎达赤铁矿和卡拉拉磁铁矿，一期直接发运高级别赤铁矿，年产能达到300万吨；二期同步建设卡拉拉磁铁矿，最终年产能达到800万吨铁精矿。

卡拉拉矿业公司依托股东鞍钢集团的技术、团队、管理优势，借助鞍钢集团丰富的开发磁铁矿项目建设经验，从而确保本项目能够按时、按质建成投产。目前该铁矿石市场紧缺，项目具有良好的市场前景。

2.3　项目决策时间和过程

鞍钢集团国际经济贸易有限公司（简称国贸公司）系鞍钢集团公司全

资子公司，是鞍钢集团统一的对外贸易窗口和国际贸易业务结算平台。

2005年5月，按照国家"走出去"战略的要求，国贸公司根据鞍钢集团领导的指示精神，摸清了澳大利亚可能合资、合作铁矿项目的基本情况。

2005年9月，国贸公司和矿业公司联合组团对西澳大利亚州多个铁矿项目进行了实地考察。

2005年12月，鞍钢集团时任总经理刘玠带队对西澳大利亚州矿山项目进行考察，结合前期所做的调研情况，于12月10日与澳大利亚金达必金属公司签署了合作意向书。

2005年12月23日，鞍钢集团上报国家发改委《关于鞍钢拟与澳大利亚金必达金属公司合资办矿信息报告及前期费用核准的请示》，2006年2月17日，国家发改委外资司对鞍钢的请示报告做了批复。

2006年2月28日，国贸公司向刘玠总经理请示《关于准备签署卡拉拉项目合资可研合作协议若干问题的请示》，3月1日刘玠批复同意。

2006年3月7日至3月17日，根据集团公司安排，国贸公司与鞍钢矿业公司组成联合调查组，对卡拉拉的球团矿和赤铁矿项目进行了尽职调查并向集团做了汇报。

2006年4月3日，时任国家总理温家宝访澳期间，鞍钢集团与澳大利亚金达必金属公司正式签署了卡拉拉铁矿可研合资协议，双方各出资50%，合资进行该项目的可行性研究工作。

2007年5月5日，鞍钢集团在科技馆召开了澳大利亚卡拉拉合资铁矿项目阶段性工作会议，决定相关事项。

2007年7月9日，时任总经理张晓刚批复《关于赴澳大利亚签署卡拉拉铁矿全面合资协议的请示》。

2007年8月24日，时任总经理张晓刚等公司领导批复《关于澳卡拉拉铁矿合资协议的要点及相关情况的请示》。

2007年9月6日，双方正式签署全面合资主协议：鞍钢和金达必合作开发卡拉拉铁矿项目协议书；时任国家主席胡锦涛、澳大利亚前总理霍华德见证了协议的签署。

2007年10月4日，鞍钢矿业公司、国贸公司对《卡拉拉磁铁矿项目

800 万吨/年银行可接受的可行性研究报告》和《蒙嘎达赤铁矿项目银行可接受的可行性研究报告》做出评估意见。

2007 年 11 月 21 日，合资双方批准银行可接受的可行性研究报告，并按主协议规定和澳大利亚的法律要求签署了"确认继续开发卡拉拉项目"的正式法律文书。

2007 年 11 月 23 日，时任总经理张晓刚批复《关于签署实施开发卡拉拉铁矿项目确认书的请示》。

2008 年 1 月，鞍钢集团采用入股金达必子公司——莲花公司的方式与金达必金属公司合资，同时将莲花公司更名为卡拉拉矿业有限公司（KML），合资公司负责管理卡拉拉项目。

2008 年 2 月，双方签署卡拉拉矿业有限公司股本金注资协议。

2008 年 5 月 12 日，国家发改委颁发鞍钢集团与澳大利亚金达必金属公司合资开发卡拉拉等铁矿项目核准的批复。

2009 年 4 月 28 日，收到西澳大利亚州环评委员会推荐报告，同意批复磁铁矿项目。

2009 年 7 月，为筹措卡拉拉铁矿项目的建设资金，金达必金属公司向鞍钢集团定向增发 19065.88 万股股票，认购价格为 0.85 澳元/股，认购总金额约 16206 万澳元。鞍钢集团持股比例达到 36.28%，成为金达必金属公司第一大股东。

2009 年 10 月 30 日，环评得到联邦政府批复。

2009 年 11 月 28 日，举行进场开工仪式，卡拉拉铁矿项目正式动工建设。

2010 年 6 月至 2011 年 8 月末，经国家发改委及商务部批准，根据卡拉拉项目安排，鞍钢分批次增资卡拉拉 12550 万澳元。

2010 年 10 月，鞍钢集团认购金达必 8010.75 万股股票，认购价格为 0.93 澳元/股，认购总金额约 7450 万澳元，股权比例 36.12%。

2011 年 3 月 19 日，获得国家发改委批复，同意鞍钢所持鞍钢集团香港控股有限公司和鞍钢集团投资（澳大利亚）有限公司 100% 股权转由攀钢钒钛持有。

2011 年 12 月 15 日，鞍钢集团认购金达必股票 11192.21 万股，认购价格为 0.67 澳元/股，认购金额为 7498.78 万澳元，持股比例 35.89%。

2011 年 12 月 31 日，经证监会核准，鞍钢集团通过鞍澳公司及鞍钢香港公司持有的卡拉拉及金达必股权以 63 亿元的评估价置入到攀钢钒钛，并完成了置换资产交割。

2013 年 3 月 28 日，鞍钢集团认购金达必股票 8780.41 万股，认购价格为 0.255 澳元/股，认购金额为 2239 万澳元，持股比例 35.89%。

2013 年 4 月 9 日，卡拉拉项目举行竣工仪式，标志着项目由建设期转入调试运营期。

2013 年 7 月，鞍钢和金达必签署《有约束力的备忘录》，金达必同意鞍钢将 6000 万澳元股东借款转为卡拉拉股权。规定鞍钢向卡拉拉派出 3 名董事，并提名董事长，董事长同时任执行董事，对除与鞍钢关联之外的其他事项有决定权，鞍钢取得卡拉拉公司控制权，调整了卡拉拉管理层。

2014 年 3 月，鞍钢将卡拉拉 6000 万澳元股东借款转为股权，鞍钢持有卡拉拉股权比例由 50% 提高到 52.16%。

之后，鞍钢集团还委派了 4 名董事组成卡拉拉董事会。

3. 相关理论：跨境并购融资方式分析

跨境并购的融资不同于单纯的境内并购融资，因为跨境并购融资通常情况下筹集的都是外币，是标的企业所在国的主要货币，而非人民币。因此对于跨境并购的融资方式，可以按照支付货币的不同筹集渠道而划分。基于此，从资金来源方面来说，跨境并购融资有三种典型的融资方式：一种是境内融资方式，一种是境外融资方式，还有就是组合融资方式。

3.1 境内融资方式

所谓境内融资方式是指企业于境内通过各种融资方式（内源融资、股权融资、债权融资等）筹集人民币，然后向我国相关部门申请并通过审批或备案后，从商业银行换取标的企业所在国外汇进而完成并购支付的一种融资方式。境内融资方式有两个关键点：一是企业在境内的融资方式有哪些，成本风险如何；二是人民币换汇出境的注意事项等。

根据境内并购的一般理论，按照企业并购的资金来源，境内融资可进一步划分为内源融资和外源融资。

内源融资是企业内部融通资金的一种方式，即企业利用经营活动产生的自有资金进行的一种融资行为，内源融资主要由留存收益和折旧组成。实践中，在发达的市场经济国家，内源融资是企业在并购活动发生时首先选择的融资方式，是企业重要的资金来源。然而，跨境并购相比大部分的境内并购而言，其所需的资金量更加巨大，内源融资所能筹集的融资量往往不能满足需求，因此还需要借助外源融资方式。

外源融资是指企业通过内源融资以外的方式向其他经济主体筹集资金的一种方式。外源融资按照性质可进一步分为权益融资、债务融资、混合融资几种方式。其中，权益融资又称股权融资，是指公司股东通过让出部分所有权，从而引进新股东，同时使企业总股本增加的一种融资方式；债务融资又称债权融资，是指企业通过向其他经济主体借款进行融资的一种方式，债务融资获取的资金除了要偿还借款主体的本金外，还要根据具体情况承担相应利息；混合融资，顾名思义是指既有权益融资又有债务融资的一种混合融资方式，混合融资通常包括优先股、可转换证券、认股权证等。在实践中，企业并购在自有资金不足以支付对价时会采用外源融资方式。而外源融资方式的具体选择往往涉及企业资本结构等因素的影响。

3.2　境外融资方式

相对境内融资方式而言，境外融资方式是指企业借助国际资本市场直接融资，或向境外经济主体间接融资，从而可以直接筹集标的企业所在国货币的一种融资方式。实践中，境外融资方式按照融资性质进一步分为境外权益性融资和境外债务性融资。境外债务性融资的常用操作方式有内保外贷、境外发债、银团贷款或境外借款等；而境外权益性融资的常用操作方式或未来可用方式包括境外过桥融资、跨境换股融资等。每种方式都有自己的适用性、成本、风险等不同的特点，但所有方式的共同点则是不需要动用我国外汇储备，降低我国外汇储备规模缩减的幅度，符合国家"控流出"的方针。

（1）内保外贷

根据现行有效的法律规定，内保外贷是指担保人注册在境内、债权人和债务人均注册在境外的一种跨境担保模式。内保外贷融资方式是"境内担保+境外融资"的有机结合。"内保"即境内担保，指由申请企业（反担保人）向境内银行（担保人）申请开立保函或备用信用证；"外贷"即境外融资（包括贷款、融资租赁等），指境外金融结构（债权人）向境外借款人（债务人、被担保人）提供融资；当出现担保履约时，境内银行需将资金汇出境外以向境外债权人偿还债务。在内保外贷融资方式中，境内银行在向境外银行出具担保时往往采用银行保函或者备用信用证的形式。实务中，如果跨境并购买方的主要资产位于境内，通常会考虑以"内保外贷"作为境外融资的措施。

（2）境外发债

境外发债指的是我国企业直接或通过其境外子公司在国际资本市场上发行债券，从而筹集外币的一种融资方式。目前境内企业境外发债的主要方式有四种：境内公司直接海外发债、境内外银行提供备用信用证担保、境内集团公司跨境担保、境内公司提供维好协议及股权回购承诺函等。

（3）跨境换股融资

根据《关于外国投资者并购境内企业的规定》，狭义的跨境换股融资是指境外企业以其增发的股份作为支付手段或者以其持有的境外企业股权，购买境内企业股权或者其增发的股份；广义的跨境换股融资则是指境内公司将自身股票作为对价，支付给境外公司股东的行为，其表现形式为买卖双方互相持有对方的股权。

我国企业跨境换股通常做法是买方采用增发的方式与标的企业原有股票进行交换，从而达到收购的目的。

（4）境外过桥融资

境外过桥融资是指境内买方企业由于交割时间紧急、审批不确定性较大或资金出境渠道不畅，而由过桥方临时提供资金并代为收购，待买方各方面就绪后再退出的一种境外融资方式。

（5）银团贷款或境外借款

根据《银团贷款业务指引》（银监发〔2011〕85 号）的定义，银团贷款指由两家或两家以上银行基于相同贷款条件，依据同一贷款合同，按约定时间和比例，通过代理行向借款人提供的本外币贷款和授信业务。实践中，我国银团贷款常用分组贷款的方式。所谓分组银团贷款是指银团成员通过分组的安排，在同一货款合同中向借款人提供不同期限、不同种类、不同条件的贷款或授信。在跨境并购中，通常是国内外银行共同组建银团，向境外借款人提供贷款。跨境银团的境外参与方一般是包括境内银行的境外分行在内的境外银行或者是境内银行的离岸业务部门。需要注意的是，与传统境内银团不同的是，通常在跨境银团下，借款人需提供多种境外担保措施以满足银团的担保要求。

3.3　组合融资方式

所谓组合融资方式是指多种融资方式的组合，既包括境内融资方式或境外融资方式中多种具体方式的组合，也包括境内融资与境外融资的组合使用。在外汇新规背景下，并购资金的出境审核趋严，仅靠境内融资购汇出境已经满足不了大额跨境并购的资金需求，而一些企业又由于自身经营情况及境外资产情况等因素，使用境外融资方式筹集的资金也无法满足需求。因此，在实务中，许多我国企业在实施跨境并购时多采取境内境外组合融资的方式来筹集并购所需资金。

结合外汇新规的背景，通常而言，企业在跨境并购时如果支付对价金额较小，往往采用境内融资方式的单纯组合即可满足并购资金需求；但若并购支付对价金额较大，在资金出境困难的前提下，企业往往选择跨境融资和境内融资的组合方式。实务中，一般有两种具体的组合方式：一种是"境外债务融资+境内权益融资"，这种融资方式是企业先采用境外融资方式直接筹集标的企业所在国货币完成支付，然后通过境内权益融资偿还境外融资的债务；另一种是"境外债务融资+境内债务融资+境内权益融资"，这种融资方式的思路是充分利用境内境外资本市场，使一部分资金出境，剩余资金在境外筹集，最后再通过发行股份的方式置换境外债务。除此之外，实务中还有其他多变的组合方式，但总的原则是能保证资金顺利出境，且融资成本可以最小化。

4. 案例正文

4.1 鞍钢集团跨境并购融资概况

鞍钢集团跨境并购融资主要分为两个方面：分别为融资方面和股东投资及借款方面，具体如下：

（1）融资情况

鞍钢集团在卡拉拉项目中主要采取组合融资的方式，包括权益融资、跨境换股、内保外贷、银团贷款等。资金的主要来源为银团贷款，其融资过程如下：

2009年11月，卡拉拉铁矿项目启动，2010年中国银行与国家开发银行联合牵头组建银团。同年6月，卡拉拉矿业公司与银团签订总金额为12亿美元的银团贷款协议，协议规定中国银行及国家开发银行各占三分之一贷款份额，其余三分之一贷款份额由工商银行及农业银行均摊。2010年8月，在各项授信批复条件得到落实后，卡拉拉矿业有限公司开始提款。截至2012年3月，已向银团提款12亿美元，其中中国银行为4亿美元，一次贷款全部提款完毕。

2012年6月，卡拉拉矿业有限公司二次中长期贷款总额2.64亿美元，中国银行占三分之一贷款份额。中国银行将额度切分至海外，由珀斯分行提款，全部提款完毕。

2012年11月，卡拉拉向银团提出第三次银团贷款需求，金额2.5亿美元，其中国家开发银行提款2.3亿美元，中国银行珀斯分行提款0.2亿美元。

2014年9月，因卡拉拉在未来一年内仍有短期的流动资金需求，中国银行同意将2.3亿美元内保外贷额度展期一年。同时，招商银行提供3年期内保外贷3亿美元，用于补充卡拉拉的流动资金。

2015年3月，广发银行鞍山支行提供3年期3亿美元流动资金贷款，用于补充卡拉拉的日常经营周转。2015年5月，卡拉拉向各参贷行提出对第一期、第二期及第三期银团再融资，总金额约为14.81亿美元，贷款期限为 15 年。

2015 年 5 月 18 日，卡拉拉与以国家开发银行和中国银行辽宁省分行作为联合牵头行、中国农业银行辽宁省分行作为高级参与行的银团签署了 14.81 亿美元优先贷款协议，并于 2015 年 5 月 19 日全部提款，用于全部偿还 2015 年 5 月 20 日到期的前期优先贷款欠款余额 14.81 亿美元，顺利完成了贷款重组。优先贷款期限 15 年，由卡拉拉的全部资产权益和未来现金流入作为抵押，卡拉拉股东以其在卡拉拉中的股权作为担保，鞍钢集团公司提供发起人贷款担保。

（2）股东投资及借款情况

①股东投资情况：卡拉拉双方股东鞍钢集团和金达必金属公司对卡拉拉总投资 13.9 亿澳元，其中：鞍钢投入卡拉拉项目资金 8.3 亿澳元（包含支付的入门费 1.05 亿澳元），持股比例 52.16%，金必达投资 5.6 亿澳元，加上鞍钢支付的入门费 1.05 亿澳元，相当于金达必注资 6.65 亿澳元，持股比例 47.84%。

②股东借款情况：双方股东借款 2.69 亿澳元（其中鞍钢借款 2.19 亿澳元，金达必借款 0.5 亿澳元。为解决卡拉拉资金短缺问题，鞍钢与金达必分别向卡拉拉提供股东无息借款 0.5 亿澳元，合计 1 亿澳元；鞍钢提供有息股东借款 1.69 亿澳元，利率为 6%），鞍钢矿石预付款 2 亿美元。

4.2 完善跨境并购融资的建议

根据鞍钢集团跨国并购融资案例可以得出以下完善建议：

（1）合理选择并购融资方式

跨境并购融资有其自身的特殊性，一方面要参照企业融资的一般原则，另一方面又区别于此。对于买方企业而言，应当根据自身实际情况选择合适的融资方式，并注意分析不同融资方式及资本结构对自身财务状况的影响。选择合适的融资方式，一方面，要保证资本结构安排的合理科学，并将资金流动性作为融资决策的关键点，明确并购融资金额，设计债务融资的结构安排；另一方面，企业应根据自身财务状况和资金需求量，对资金支出进行预算和安排。此外，还应根据具体情况及时调整资产负债期限结构，通过风险管理有效防范融资风险。实践中，跨境并购的买方企业在选择融资方式时主要考虑 3 个维度：一是融资政策和融资方式对企业及时筹集充足资金是否有保证；二是哪一种融资方式的资本结构最优，且成本和风险加权平均最低；三是该种融资方式是否符合监管部门资金出境的要求，能否保证资金及时出境，从而完成付款交割。以上 3 个维度本质是基于市场和企业自身两方面而总结的。在完善的金融市场环境下，融资工具的丰富性和融资政策的有效性有利于我国企业合理选择跨境并购融资方式，融资成本和风险的控制约束了企业的融资行为，资金出境的流畅性则表现为融资能否落实的关键条件。因此，企业融资应综合考虑融资政策、融资工具、融资成本和风险以及资金出境等方面，科学设计恰当的融资结构，合理选择合适的融资方式。

（2）完善跨境换股相关规定

目前我国资本市场还处于发展阶段，对应我国企业的融资渠道单一，融资效率有待提高。相比于西方国家，我国有关跨境并购的政策也不够灵活，对并购企业的帮助有限。此外，我国 A 股市场波动性大、估值高，境内资本市场融资风险较大，不管是发行股票还是债券都面临着较长的审批周期，这些因素制约了我国企业跨境并购融资渠道的扩大。虽然有关政策法规在不断完善，但是我们应该更加完善并购融资相关的法规政策，更好地促进债务融资和权益融资的均衡发展，积极推进国内金融体系的国际化进程。由前文分析及实践情况可知，上市公司跨境并购要符合国家发改委、商务部、国家外管局、国务院国资委、证监会、交易所等监管部门的要求，层层审批增加了我国企业跨境并购的时间成本，许多跨境并购的机会往往转瞬即逝。因此，国家应减少法律法规以外的因素对并购主体融资的限制。尽管我国在许多监管环节已在简政放权，但对于上市公司融资而言，尚需提出更好的制度设计，提升审批效率，从而为我国上市公司采用跨境换股融资方式进行收购提供可能。此外，我国股票市场和债券市场建设不协调，整体结构有些失衡，一方面上市公司偏好权益融资，加之债券市场缓慢发展等因素使得我国企业有时会放弃发债融资，转而采用银团贷款等其他融资方式。另一方面，跨境换股等权益融资方式也受到严格限制，尽管商务部将跨境换股面临的审批制改为备案制，但却没有说明新规中是否废止跨境换股境外公司的主体资格要求，也没有重新定义或改变跨境换股并购的适用条件，因此我国企业通过跨境换股方式并购可能仍然会存在一些问题。所以，我国政府部门应修订完善现有并购相关政策，为符合要求的企业提供更便利的融资方式。

（3）努力提高金融中介水平

与境内并购不同，跨境并购不只融资需求量大，而且因为地理位置、政治环境等不同，在跨境并购中买方企业和卖方企业往往处于信息不对称的位置，这样无疑会增加收购的难度。所以，拥有较强实力的金融中介可以助力整个跨境并购过程，解决信息不对称的问题，通常而言，优秀的金融中介可以事半功倍，不仅可以帮助企业与卖方及监管层沟通最终完成收购，还可以帮助企业拓展融资途径，甚至提供并购资金。因此，中介机构的选用对并购达成具有重要的作用。在跨境并购中，我国金融中介机构应努力提升自身水平。第一，中介机构应重视对人才的栽培，跨境并购需要繁多复杂的法律及财务知识，对专业人才提出了更高的要求，中介机构若要胜任则需能够保证人才质量。第二，国内券商行业应积极整合，提高服务质量，提升整体实力。我国目前的市场容量有限，而证券公司的数量又众多，极易导致券商恶意竞争的现状。在美国，为数不多的投行占据了绝大部分的市场业务，它们规模巨大且良性竞争。所以，整合业内券商有利于增强我国中介机构的总体实力，有利于更完善地服务我国企业的跨境并购。第三，中介机构应重视内控，同时增强风险管理意识。因为我国资本市场目前仍处于成长初期，各方面还不成熟，存在一定的系统性风险，容易出现意料之外的状况，这就对中介机构所能承受的风险压力提出了要求。所以当前环境下，中介机构应该重视人才培养，提高服务质量，制定出合理的风险管控制度，规范高效地参与到跨境并购交易的活动中来。

（4）尝试发展跨境并购基金

完善我国企业跨境并购融资，不只是从现有融资渠道中合理安排，还应积极拓展创新的融资渠道，取长补短，改善传统融资的弊端。在外汇新规背景下拓展融资渠道，可以尝试从人民币跨境并购基金等方面入手，扩大并购资金来源。尝试发展人民币跨境并购基金，对我国企业"走出去"具有积极意义。人民币跨境并购基金可以更充分地发挥资本在产业发展中催化和润滑的作用，提升自主创新实力；人民币跨境并购基金在外汇新规下的跨境并购交易中，不仅能为大额并购提供充足及时的资金支持，保证资金出境顺利，同时还能帮助企业有效整合并购后的各种资源，促进企业消化、吸收、再创造，培育企业自身的创新能力。人民币跨境并购基金商业化运作，有助于打造宏观经济新常态下的投融资闭环，有利于服务我国企业"走出去"，推进人民币国际化进程。除了人民币跨境并购基金外，我国企业还应尝试通过其他方式扩展资金来源。就以往而言，我国企业在进行跨境并购融资时，资金多数来源于境内自有资金、银行贷款、发行证券融资等。但在外汇新规背景下，资金出境监管更为严格，传统境内资金来源渠道容易受到审批监管的限制；但我国一些机构投资者在海外因为业务需要拥有着一定的外汇资金，这些资金不会影响我国外汇储备，如果能够放松投资限制并充分利用，合理地将这些机构投资者的资金进入跨境并购市场，则可以降低我国企业跨境并购的融资成本，充分发挥其最佳作用。

5. 结尾

本文借助鞍钢集团跨境并购卡拉拉公司的案例探讨了目前较为主流的跨境融资方式，并对完善跨境并购融资提出了相关建议，旨在通过本案例的教学增强学生对跨境融资的理解，同时引发思考。实践中，跨境并购经常由于融资问题受到约束，尤其在外汇新规的背景下，企业跨境并购监管趋严，资金出境难度加大。

英文案例摘要

Analysis of Financing Methods for Cross-border Mergers and Acquisitions of Ansteel Group

Zan Xiaona   Cheng Zhijun

Abstract: After China put forward the "go global" strategy, domestic enterprises are increasingly active in cross-border mergers and acquisitions in the international market, and one of the most important issues in cross-border mergers and acquisitions is financing, which often requires cross-border financing to solve the capital problem. This case elaborates the financing method of cross-border merger and acquisition, describes the financing process and method of Ansteel Group's merger and acquisition of Australian Carrara mining enterprise, and puts forward relevant suggestions, which is helpful to understand the financing mode of cross-border merger and acquisition and trigger thinking.

Key words: Cross-border M&A   Cross-border Financing   International Investment

案例使用说明

鞍钢集团跨境并购的融资方式分析

一、教学目的与用途

为使学生更好地了解企业国际跨境融资相关知识及其在鞍钢集团案例中的应用，并能够举一反三、学以致用，本案例提供思路引导如下：首先是对鞍钢集团、澳大利亚金达必金属公司及卡拉拉跨境并购项目进程的整体把控；其次，进行跨境并购融资方式学习，充分掌握理论知识；随后，结合相关背景及理论知识对鞍钢集团在跨境并购中的具体应用进行思考与分析；最后，在此基础上，引导学生由鞍钢集团的案例循序渐进，凝练出完善跨境并购融资的建议，从而实现案例背景→项目进程→理论知识→案例分析实践→政策建议的由浅到深、层层递进的自主启发式教学目标，充分发挥学习过程中的主观能动性。

1. 本案例主要适用于国际投资课程，也适用于跨国企业投资与管理课程，教学对象为国际商务专业学生。

2. 本案例的教学旨在通过鞍钢集团的跨境并购项目使学生了解企业在国际投资过程中如何进行跨境融资及其主要方式。

二、启发性思考题

根据案例正文相关内容，为充分发挥学生在学习过程中的主观能动性，实现由浅到深、层层递进的自主启发式教学目标，由此提出以下问题：

1. 跨境融资主要分为哪几种方式？其分别具有哪些特点？

2. 鞍钢集团跨境并购具体采用了哪些融资方式？

3. 什么情况下适合采用"银团贷款"的融资方式？有哪些利弊？

4. 结合完善跨境并购融资的建议，思考：如果你作为鞍钢集团跨境并购项目负责人，你会选择怎样的跨境融资方式？

三、背景信息

1. 项目概况

卡拉拉铁矿位于西澳大利亚州中西部地区，南距珀斯 460 千米，西距杰拉尔顿港 220 千米；矿区面积 150 平方千米。

2005 年，鞍钢集团对澳大利亚可能合资合作的铁矿项目开展调研筛选，最后确定与金达必金属公司合作共同开发卡拉拉项目，于 2006 年签署风险探矿意向书，2007 年完成项目可行性研究并签署合资协议，还成立卡拉拉矿业有限公司（以下简称卡拉拉），双方各占 50% 股份，合资开发卡拉拉铁矿项目。2014 年 3 月，鞍钢集团持有卡拉拉股权由 50% 增加到 52.16%。

卡拉拉项目于 2009 年 12 月开工，2013 年 4 月建成投产试运行，主要建设内容为采场、选厂以及铁路、港口、供水、供电、营地等，包括磁铁矿项目和赤铁矿项目。

2. 项目建设变化情况

（1）工程内容变化

2007 年银行可接受的可行性研究报告完成，经批复的卡拉拉铁矿项目总投资 19.42 亿澳元。卡拉拉项目建设内容包括：在澳大利亚建设一座年产 2050 万吨磁铁矿石的铁矿、一座年产 800 万吨铁精矿的选矿厂和一座年产 300 万吨赤铁矿石的铁矿；在中国建设一座年产 400 万吨球团的球团厂。

由于澳元升值及项目界内实际勘探资源量增加到 25 亿吨和基础设施扩容需要，项目总投资变更为 30 亿澳元。卡拉拉项目建设内容的变化主要有三点：一是考虑到未来扩产的需要，选矿厂基础设施按 1600 万吨铁精矿规模配套建设；二是选厂建设投资比可研（指可行性研究）增加；三是推迟球团厂的建设。

（2）建设进度变化

可研阶段的建设进度安排：计划于 2008 年一季度开始前期准备，2008 年 7 月开始建设，至 2009 年年底建成。2010 年开始销售产品，2011 年达产（指达到设计生产能力的产量）。

因项目环评审批延期，使得卡拉拉铁矿项目开工日期由可研报告确定的 2008 年 7 月 31 日延迟到 2009 年 11 月 28 日，滞后 16 个月；同时由于工程进展迟缓，施工工期延长 27 个月；完工日期一再调整，由可研报告确定的 2009 年 11 月 30 日，推迟到 2013 年 6 月 30 日。

（3）工程投资变化

①项目投资预算的变动

2007 年 12 月，鞍钢集团向国家发改委上报《鞍钢集团公司与澳大利亚金达必公司合资开发铁矿项目申请报告》。2008 年 5 月，国家发改委对报告核准批复，国家卡拉拉项目建设总投资为 19.42 亿澳元。

2009 年 5 月，由卡拉拉矿业公司管理层提出经董事会审核批准，将总投资由 19.42 亿澳元调增到 24.05 亿澳元。其中包括项目成本 19.75 亿澳元和非项目成本 4.3 亿澳元。此次预算增加的主要原因是由于环境批复的延期，管理及工程预算增加 2710 万澳元；原 19.42 亿澳元投资预算中未包含建设和发展此项目的非项目成本，增加的非项目成本包括备件、融资成本和采矿生产前成本等，这些非项目成本约 4.3 亿澳元。

2011 年 7 月，卡拉拉董事会对项目投资预算在 24.05 亿澳元的基础上进行了重新调整，调整后卡拉拉项目投资预算为 30 亿澳元，包括项目成本 25.7 亿澳元和非项目成本 4.3 亿澳元。预算增加的主要原因是详细设计工作接近完成、建筑合同的签署所显现出的原材料数量的增加以及通胀压力造成的原材料、劳动力和燃料的成本上升，导致选矿厂建设及其他设施建设增加投资 39230 万澳元；由于勘探资源量由 14.3 亿吨增加到 25 亿吨，考虑未来扩产需要，基础设施按 1600 万吨产量规模配套，相应增加投资 16200 万澳元；项目管理和设计增加投资 6240 万澳元；业主成本减少 2170 万澳元。

②超预算情况

由于卡拉拉投产期拖后，截至工程基本结束，工程建设资金实际支出从 30 亿澳元升至 34.2 亿澳元，主要原因如下：

第一，建设投资增加 9900 万澳元。其中：选厂准备和混凝土成本增加 5900 万澳元；补救双翻车机地下室成本 1500 万澳元；管理和设计成本降低 1500 万澳元；保持卡拉拉项目建设团队时间长于计划时间，增加业主成本 4000 万澳元。

第二，运营成本增加 31400 万澳元。其中：延长项目期间增加利息 4000 万澳元；前期销售磁铁矿采矿、选矿和照付不议增加成本 11700 万澳元；库存及备件增加成本 1700 万澳元；非项目资本性支出增加成本 1300 万澳元，如车辆、设备及信息系统；蓝山北低品位铁矿造成红矿采矿亏损 2500 万澳元；试车期间产量较低导致销售收入减少 9600 万澳元；寻找新的红矿资源发生勘探费用 600 万澳元。

综上，截至 2015 年 6 月末，卡拉拉项目已累计注入资金约 48.8 亿澳元，工程建设投资约 34 亿澳元。其中，鞍钢集团投入资金 13 亿澳元，目前贷款余额为 26.06 亿美元。

四、案例分析思路及要点

在分析案例的过程中，要注意区分体制优势与市场经济的融资便利性不同，着重分析跨境融资的主要方式。其中，建议将银团贷款作为主要分析要点。

随着中国经济的不断发展，我国银团贷款的总体规模和对公占比不断提升，银团贷款也成为银行信贷投放和同业合作的主要方式。银团贷款具有聚合资源、分散风险、促进合作、提高效率的优势，是银行支持重大项目建设和缓解风险集中度的重要方式和手段。

1. 我国银团贷款市场发展现状

（1）总体规模

近年来，我国银团贷款的规模迅速扩大。根据中国银行业协会 2019 年 12 月发布的《银团贷款行业发展报告》，截至 2018 年末，银团贷款余额 7.39 万亿元，同比增长 15.43%，相比 2012 年增长了 3.6 倍，占对公贷款余额 11.07%，不良率远低于银行平均不良率。

（2）市场主要参与者

截至 2018 年末，政策性银行和大型商业银行继续发挥主导作用，银团贷款余额占比 86% 以上，是银团贷款市场的主要参与者，排名前五的金融机构分别是国家开发银行、中国农业银行、中国工商银行、中国银行和中国建设银行。

（3）区域分布情况

从区域分布看，银团贷款主要分布在经济发达的长江三角洲、珠江三角洲和京津地区，长江三角洲地区继续保持领先地位，上海、江苏、浙江三省占到 2018 年新签银团贷款合同金额的 32%。从行业投向分布看，交通运输、仓储和邮政业类项目占 44%，房地产类占 21%（其中棚改和保障性住房占 43%），制造业类占 17%，以上 3 个行业为银团贷款的重点投向行业，占到了新签银团贷款金额的 82%。

（4）不良率保持较低水平，远低于银行平均不良率

2018 年末，银团贷款平均不良率 0.49%，虽然较上年末上升 0.06 个百分点，但是远低于银行平均不良率，增幅也远低于不良贷款平均增长率。由此可以看出银团贷款在分散信贷风险、提升风险防控能力方面的优势。

2. 我国银团贷款存在的问题

我国银团贷款市场近年来稳步发展，但与中国经济和金融发展规模以及市场实际需求相比还不匹配，整个银团贷款市场的政策、观念、模式和环境有待提升。

（1）银行间竞争激烈，分散风险的意识不够

自 2019 年以来，全球经济下行压力显现，融资需求减少，资本市场的发展也给银行贷款规模带来直接冲击和负面影响，优质项目资源稀缺。在这样的大背景下，银行自觉组建银团意识不强，同业合作和风险分担的需求被考核指标冲淡，抢抓市场份额的独家承贷意识更加强烈。银团贷款成为银行信贷规模受限时的被动选择。特别是在一些优质客户、热点行业的大型项目中，银行即使组建银团，牵头行的承贷份额往往占比 50% 或以

上，银团贷款的分销作用没有得到很好地发挥。

（2）银团费用的收取和多边谈判受限，企业组团意愿不强

组建银团的往往都是大型或特大型项目，这种项目的借款人或者实际控制人融资能力强，在双边贷款谈判中通常处于强势地位，利率也享受最优惠价格。由于银团贷款牵头行牵头组建银团、代理行从事代理委托工作等原因，借款人需相应做出补偿，额外收取银团费用。而实际操作中，企业往往更重视降低当下财务成本，而忽视可获得长期稳定大额融资渠道、管理更加便利、提升授信效率和企业声誉等潜在优势，导致组团意愿不强。

此外，与多家银行同时商谈贷款条件，谈判对象的增加导致借款人转圜余地变小、话语权减弱，这也是很多企业不愿意组团的原因。

（3）牵头行和贷款支持对象限于少数，促进经济发展影响力受限

目前我国银团贷款市场牵头行局限于国家开发银行和少数几个国有大行，参加行范围同样狭小，中小银行市场占比低，同样中小企业、民营企业获得银团贷款的比例也不高。大多数银团贷款支持的都是国有企业和少量龙头民企，项目主要集中在高速公路、轨道交通、港口、化工和大型基础设施项目，属于中长期固定资产投资项目，流动资金和中小企业占比极少。牵头行和贷款支持对象的局限性，弱化了银团贷款在"稳增长、调结构、促转型、惠民生"方面的杠杆驱动和导向引领作用。

（4）参与主体单一，市场缺乏活力和流动性

目前我国银团贷款市场参与者都是银行，资产负债结构类似，导致活跃度低，参与交易的资金量有限，银团贷款资产流动性差，风险在银行体系内部流转。根据境外成熟银团贷款市场的经验，除了银行业金融机构之外，投资银行和基金公司等非银机构投资者的积极参与促进了银团贷款市场的蓬勃发展。EMEA（欧非）和美国银团贷款市场排名靠前的银团牵头行中就有不少投资银行。机构投资者的参与扩充了银团贷款市场的资金量，增强了二级市场的流动性。

（5）缺乏信息系统支撑，银团信息不透明

国际银团相关信息可通过查询路透、彭博等第三方资讯机构了解银团贷款实时和历史交易数据，上述机构也对银团贷款进行统计分析和分类排

名。而我国银团贷款市场由于缺乏电子信息系统，项目信息和市场合作渠道并不畅通，效率不高。缺乏信息披露制度，容易造成部分企业多头授信，银团贷款虽然可部分避免此情形，但是难以掌握跨省融资情形。近年来，监管部门开展的联合授信试点工作，就是为了避免多头授信、过度授信，但仅限于部分试点企业，尚未全面铺开。缺乏专门的银团贷款统计数据，也不利于银行业务开展和监管部门进行监管。

（6）银团贷款分销和转让机制有待加强

银团贷款分销和转让市场的不完善，导致银团贷款市场规模进一步发展受限。目前我国银团贷款市场均是场外交易完成，无中介机构的介入和电子交易系统，同时也缺乏完善的银团贷款转让管理制度，标准化、电子化和公开化程度低，具体操作依靠人工进行，还处于初级发展阶段。银团贷款周转率低，很多优质客户的银团贷款通常持有到期，占用大量资本，也反向影响银团贷款总量的发展。

3. 策略和建议

国外银团贷款市场发展的成功经验、金融科技互联网技术的高速发展以及金融市场间相互借鉴交融的时代背景，对银团贷款市场的发展带来很多启迪。

（1）结合当前热点和客户需求进行模式创新，提升客户组团意愿

近年来，随着中国金融市场的逐渐成熟，结合客户的实际需要，银团贷款模式也在不断创新，市场上也出现了如债务优化银团、备用银团、母子银团、并购银团、综合授信银团等个性化定制的新银团模式。

在政府债务重组和国企混改的当前热点中，银团贷款也积极发挥了杠杆撬动作用，取得良好效果。如2018年由国家开发银行牵头组建、多家国有大行参与的山西交控融资再安排银团项目，优化债务结构、降低利息负担，以时间换空间成功化解2600亿元高速公路债务风险，成为全国成功处置政府债务的典型案例。

再者，由天津市国资委主导、交通银行牵头的天津津智资本并购银团项目，是国有资本与金融机构共同创新实现双赢的典型案例。还有欧美市场上大型企业普遍使用的备用银团贷款，向客户提供短期资金，或者不提

供资金仅提供流动性储备，支持公司评级发债，目前国内也有个别银行尝试，通过满足客户流动性需求锁定中长期服务关系。

（2）鼓励中小银行参与银团贷款市场，普惠众多中小企业

银团贷款要惠及中小企业，就必须增加中小银行在银团贷款市场中的占比。目前中小企业融资仍以间接融资为主，但中小银行为中小企业组建银团的情形不多见，而组团去争取大客户是市场的常见现象。但当前我国经济正处于转型升级的关键期，中小企业是活跃市场、保证就业的基本力量。银行应重点思考如何利用好银团贷款的特点，做到风险分担、信息共享、联合授信，为中小企业、民营企业获得银行贷款做好金融服务。国家也可以考虑通过减税、补贴等形式，或降低中小银行小企业贷款风险系数和资本占用要求，以此来鼓励银行为中小企业组建银团贷款的积极性。

（3）增加市场参与者，研究非银行机构参与银团贷款市场的方式

考虑引入非银行金融机构参与银团贷款市场的具体方式，如保险、养老基金、财务公司等，盘活存量信贷资产，使银团贷款成为常见的投资品种。如不能突破分业经营的约束，资产转让仅限于银行之间，由于经营模式和资产结构的相似性，即使政策层面呼声再大，市场发展也难以突破瓶颈。

（4）加快信息系统建设，做好银团贷款信息公开披露工作

银团贷款统计和信息披露工作需要制度和信息系统的支撑。参照债券市场建立银团贷款项目信息披露制度，加快信息平台建设，对一、二级银团贷款成交情况、利率、费率、期限、担保和信用评级情况进行分类统计，并定期发布，实现信息共享，促进市场参与者间的交流，也为银团贷款一、二级市场发展提供可靠的参考依据。

（5）搭建统一规范的银团贷款转让场内交易市场，提高效率，有利监管

考虑借鉴成熟证券市场模式，建立银团贷款电子交易系统，银行和其他机构投资者以成员身份进场交易，以标准化、电子化方式推动银团贷款二级市场发展。场内交易在提高市场交易效率和透明度的同时，对于以资产转让为名，实则规避监管、转移不良资产、盲目扩大信贷规模等假转让可起到预防、监测作用。

五、教学组织方式

本案例可以作为专门的案例讨论课来进行。如下是按照时间进度提供的课堂计划建议，仅供参考。

1. 整个案例课的课堂时间控制在 80~90 分钟。

2. 课前计划：提出启发性思考题，请学生在课前完成阅读和初步思考。

3. 课中计划：简要的课堂前言，明确主题（2~5 分钟）。

4. 分组讨论（30 分钟）。

5. 告知发言要求，进行小组发言（每组 5 分钟，控制在 30 分钟）。

6. 引导全班进一步讨论，并进行归纳总结（15~20 分钟）。

商业信用、国际环境下的市场化
债转股的动机与风险控制

张金宝[*]

摘 要: 目前的债转股案例分析多是针对我国已经实施的政策性债转股和市场化债转股中银行信用主导的债转股。对商业信用背景下的债转股案例缺乏深入的分析。本文分析中国一重与江苏德龙基于商业信用的债转股案例,表明商业信用的债转股动机是多元的,商业信用主导的债转股能够更充分地利用国内国际两个环境。在国际背景下完成债转股,应充分重视风险分析与控制,这是债转股成功的关键。

关键词: 债转股 商业信用 风险分析与控制

1. 引言

所谓债转股,简单来说就是将商业银行、金融资产管理公司或者其他非金融机构将其持有的对企业的债权转为股权,从债权人转变为股东的过程。相比于清算手段解除债权债务关系,债转股是一种可能令各方共赢的方式,对经济的震荡和冲击相对较小。由于我国的整个金融体系是由银行主导型的金融体系,因此企业的杠杆率不仅对企业的持续经营带来潜在风险,也带来了因银行不良贷款率上升导致的银行体系的风险。

---

[*] 张金宝,北京第二外国语学院经济学院,教授,硕士生导师。

　　国内的债转股多数是指企业和银行之间的债转股。早期的债转股主要采用的是政策手段（1999—2000 年）和市场化手段（2004—2010 年）解决企业和银行之间的债转股问题。当前，企业部门杠杆率高企是我国宏观经济当前面临的主要问题之一，且市场化手段越来越成为国内债转股的主要手段。截至 2020 年年底，市场化债转股落地金额约为 1.6 万亿元。根据中泰证券研究所发布的案例统计，实施市场化债转股的地方国企数量最多，总计 72 家。但这部分案例主要涉及国有企业和银行之间的债转股问题，并不涉及企业与企业之间的债转股问题，或者说仍不能涵盖当前我国经济中债转股的实践。

　　江苏德龙镍业有限公司（以下简称江苏德龙）与中国一重所属上市公司——中国第一重型机械股份公司（以下简称中国一重）及所属子公司之间，由于后者向前者提供生产设备而产生近 30 亿元的债权债务关系。至 2018 年年底，由于江苏德龙无力偿还贷款，双方希望通过债转股的方式来化解债务风险。

　　这种由商业信用引发的债转股的方式如何顺利进行，对江苏德龙和中国一重双方都是挑战。

2. 相关背景

　　从 1997 年到现在，我国先后经历了两轮债转股。第一轮是从 1997 年—2016 年 9 月。肇始于 1997 年亚洲金融危机，当时我国政府采取了一系列宽松政策，如取消对国有商业银行信贷规模限制，降低银行准备金率等。但由于外部环境恶化加之银行对贷款的甄别和监督措施尚未完善，这些措施造成商业银行不良贷款率不断攀升，银行体系风险加剧。在此背景下，以 1999 年 7 月国家经济贸易委员会和中国人民银行发布的《关于实施债权转股权若干问题的意见》为开端，正式开启了首轮债转股。此后，国务院发布的《金融资产管理公司条例》，国家经济贸易委员会颁布的 1999 年 1130 号文件、2000 年 921 号文件也以法规政策的形式，从审核流程、审核原则、资金管理等方面完善了债转股的规定。可以说，首轮债转股是由国家发动并提供政策支持，学术界和业界称其为政策性债转股。

　　政策性债转股可分为第一阶段（1999 年—2000 年 6 月）和第二阶段

（2004 年 3 月—2010 年）。第一阶段主要由政府分别设立信达、东方、长城、华融四大资产管理公司，对口接收和处置来自中国建设银行和国家开发银行、中国银行、中国农业银行、中国工商银行的不良贷款，主要目的是降低四大银行的不良贷款率，2000 年 6 月基本完成。第二阶段则是进一步降低不良贷款率，帮助国有商业银行改制上市。2004 年 3 月，首轮政策性债转股的第二阶段正式开始，四大资产管理公司对四大国有银行的不良资产进行第二次剥离，至 2010 年国有四大商业银行成功改制上市结束。

2009 年以来，我国经济增速有所下滑。虽然国有商业银行不良贷款率维持在较为稳定的水平，但是非金融企业部门债务占 GDP 的比重在不断上升，2016 年已达到 157.60%。为了响应供给侧改革，推进"三去一降一补"五大重点任务，降低企业杠杆率，2016 年 10 月，开启市场化债转股。2016 年 10 月，国务院发布《国务院关于积极稳妥降低企业杠杆率的意见》（国发〔2016〕54 号）及附件《关于市场化银行债权转股权的指导意见》，标志着市场化债转股的开端。此后，发改办财金〔2016〕2735 号文件、发改财金〔2018〕152 号文件等分别从资金来源、目标企业等方面对市场化债转股的规定进行补充。此外，2018 年 6 月，央行的定向降准也进一步释放资金助推市场化债转股进程。

截至 2020 年年底，市场化债转股落地金额约为 1.6 万亿元。根据中泰证券研究所发布的案例统计，实施市场化债转股的地方国企数量最多，总计 72 家。应该说这一轮的市场化债转股取得了明显成效。按照党的十八届三中全会提出的"使市场在资源配置中起决定性作用"的重要论断，市场化手段的债转股将成为债转股的主要方式。这其中涌现的典型案例包括：华融能源与 22 家债权银行债转股案例、工商银行与金隅股份下属的冀东集团债转股案例、武汉钢铁（集团）公司与建设银行案例、光大永明资产与光大银行光大证券合作落地阳泉煤业案例、中国中铁市场化债转股等等。

目前市场化债转股的实践仍在不断发展。实际上，企业的高杠杆产生的另一个原因是商业信用。也就是说，企业和企业之间通过商业往来形成的债务，远的发生在 20 世纪 90 年代企业之间的"三角债"问题不说，Wind 数据显示，从 2010—2020 年以来，全国工业企业的全部流动负债中，应付债款占比一直在持续上升。当然，这只是全国工业企业平均水平。预

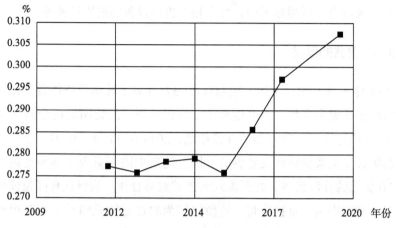

图4-4 全国工业企业应付账款与流动负债之比

料其中会存在一些企业因为应付账款过高面临着债务重组问题。在市场化的条件下,这种商业信用恶化导致的债转股问题,尚缺乏深入的研究。

基于此,我们希望撷取由于商业信用恶化导致的市场化债转股的典型案例进行剖析研究,从而为当前化解企业债务危机提供一些可供借鉴的经验和观点。这是作者写作本文的初衷。

3. 案例正文

3.1 债转股公司简介

债务人——江苏德龙:成立于2010年,民营企业。注册地江苏响水沿海经济开发区。经营范围为镍合金生产与销售;机械零部件铸件、铸钢件、钢锭、钢材、焦炭、煤及煤制品、铁矿石、合金销售;镍合金产品研发;土地租赁、房屋租赁、设备租赁;自营和代理各类商品和技术的进出口业务、普通货物仓储服务。

债权人——中国一重:成立于1960年6月2日,是国务院国资委管理的中央企业,注册地址为黑龙江省齐齐哈尔市富拉尔基区铁西区。中国一重主营重型机械及成套设备的设计制造,涉及冶金、核电、石化、锻压、工程等领域,同时提供设备的安装、修理服务和技术咨询服务,承包境外成套工程及境内国际招标工程，负责相关机械设备的进出口业务。

3.2 债务的源起

2014 年 3 月开始，中国一重与江苏德龙开展了轧钢设备供货和镍铁冶炼所需红土矿贸易合作，将其他企业已订货但停产的轧制设备合同（沧州中铁 1450 热连轧生产线）转签江苏德龙。2014 年 11 月，中国一重与江苏德龙签署合作框架协议和设备供货合同，约定中国一重为江苏德龙提供总额约 20 亿元的轧制设备，并开展红土镍矿贸易合作。为保证合同及债权安全，双方约定中国一重拥有将上述债权转为对江苏德龙印度尼西亚镍铁项目公司股权的优先选择权。协议签署后，至 2018 年年底，中国一重逐步形成对江苏德龙近 30 亿元债权。此后，江苏德龙无还款能力，中国一重难以收回欠款。对于中国一重而言，江苏德龙的债务不能偿还，长期形成一种股份的应收债款，影响一重股份的流动资产质量。对于江苏德龙而言，由于不能偿还借款，则严重影响自身的信用，也不利于其长期发展。为此，双方同意进行债转股的协商与谈判。

由此来看，中国一重通过寻求与江苏德龙的债务重组，是一起典型的由商业信用风险引发的债转股事件。

3.3 债转股酝酿与标的选择

（1）中国一重的考量

根据一重公司网站的披露，中国一重经过充分调查研究，基于以下考虑，希望将自己持有的江苏德龙的 30 亿元债券，用于收购江苏德龙持有的印度尼西亚德龙镍业有限公司 PT Virtue Dragon Nickel Industry（以下简称 VDNI）的 51% 股权。VDNI 公司位于印度尼西亚雅加达，生产厂部设在东南苏拉威西省肯达里市。公司项目前期投资 9.27 亿美元，主要以镍铁合金冶炼生产为主，公司配有自备码头和电厂等辅助生产设施。经国家发改委、商务部批准，PT Virtue Dragon Nickel Industry 项目被列入 "一带一路" 国际产能合作重点项目。

第一，顺应我国宏观发展战略与规划重点。印度尼西亚坐拥马六甲海峡、巽他海峡等海上战略通道，地处印度洋与太平洋交会处，也是海上丝绸之路两条线路的交会处，是连通大洋洲、欧洲和非洲等地区的关键节点。中国一重以股权投资形式参与印度尼西亚镍铁加工项目，有利于把握中国和印度尼西亚合作新机遇，利用我国产业、技术和资金优势，与印度尼西亚及东盟市场需求相结合，以扩大中国发展经验的影响力，提升中国元素在东盟的认同感。

第二，符合中国一重发展规划与海外投资战略。通过债转股的形式投资印度尼西亚，可以充分利用国外资源，加快中国一重与"一带一路"沿线国家的合作，开拓新兴市场是中国一重的重要海外发展战略。中国一重将印度尼西亚镍铁有色金属冶炼加工业务，看成是参与共建"一带一路"，加快推进沿线国家能源资源开发、国际产能和装备制造合作等方面的国际工程项目。这有利于中国一重向产业链上游延伸，并在项目的建设过程中，输出重型装备设备，并以镍铁项目为平台，迅速拓展印度尼西亚市场，提升中国一重品牌。

第三，国内镍矿资源紧缺，到镍矿资源丰富的印度尼西亚建厂切合产业政策及行业发展趋势。中国目前是世界上最大的不锈钢消费国，而我国镍矿资源紧缺，长期以来依靠进口来解决原料供给。国内的含镍生铁冶炼主要依靠印度尼西亚以及菲律宾进口的红土镍矿作为原料。印度尼西亚于2014年1月12日镍铁原矿禁止出口后，大量的中国镍铁生产企业投资印度尼西亚镍矿的生产，在印度尼西亚建厂是镍业行业发展的必然趋势，中国一重收购VDNI项目，符合国家产业政策，契合行业发展趋势。

（2）江苏德龙的考量

江苏德龙则希望通过与中国一重共同以持有VDNI公司股权的形式，化解自身的债务危机。由于中国一重占有VDNI公司51%的股权，实际上相当于江苏德龙让出了VDNI公司的控制权。

（3）债转股的标的

双方经过充分协商，债转股的标的并不是债务人江苏德龙，而是江苏德龙控制的一家在印度尼西亚的子公司VDNI的股权。VDNI公司成立于2014年9月，位于印度尼西亚东南苏拉威西省，江苏德龙持股99%，响水康阳贸易公司持股1%。VDNI的业务活动是采矿产品的加工和精炼，主要产品是镍铁。经营模式是采用成熟而先进的回转窑—电炉（RKEF）生产工艺，将红土矿冶炼成镍铁。原料为红土矿，最终产品为粗镍铁锭。其中，项目设计规模为年产60万吨镍铁，实际生产能力超过每年80万吨镍铁产量，约10万吨纯镍产量。

3.4 债转股的运作模式

此次债转股的运作模式是这样的：

第一步，中国一重与江苏德龙共同出资设立合资公司。中国一重与江苏德龙以现金出资在新加坡设立合资公司——中品圣德国际发展有限公司（以下简称"中品圣德"），注册资本约34.72亿元人民币，其中中国一重出资29.83亿元人民币，持股约85.9%。中国一重以现金过桥方式，完成对中品圣德的注资。

第二步，接着中品圣德再以增资方式投入VDNI，由于中品圣德持有VDNI 53.97%的股权，这样中国一重间接控制了VDNI 51%的股权，从而置换出中国一重对江苏德龙的债权，完成债转股。

第三步，VDNI收到增资款后，向江苏德龙偿还债务，江苏德龙收款后向中国一重偿还债务。为保证资金安全和及时偿还，中国一重、江苏德龙、印度尼西亚德龙设立资金监管账户，有效监督资金运转和支付。

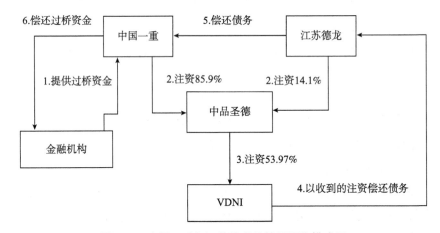

图4-5 中国一重与江苏德龙债转股运作模式图

上述债转股的模式可以用图 4-5 来表示。整个债转股运作的关键步骤是由中品圣德对 VDNI 的注资完成。VDNI 账面净资产约 23.79 亿元，中品圣德以现金增资方式持有 59.37%，需现金出资 34.72 亿元，出资后 VDNI 净资产将为 58.51 亿元，根据一重集团对 VDNI 的股权投资策略，一重集团需要支付中品圣德投入 VDNI 34.72 亿元的 85.90%，即 29.83 亿元。相对于债权 29.83 亿元，债权转为股权的价格为每股约 1 元。

在整个债转股的运作过程中，主要角色是中国一重和江苏德龙，债转股的行为是中国一重和江苏德龙自主协商的结果。在这个过程中，并没有像多数的债转股案例中由商业银行或其成立的金融资产管理公司（AMC）来主导，这是与源自银行信用的"企业不能偿还贷款而导致的债转股"的运作模式的明显不同。金融机构的作用只是提供债转股项目的过桥资金。

3.5 债转股过程的风险与管控

完成整个债转股的过程涉及中国一重、江苏德龙、中品圣德、VDNI 以及金融机构 5 个机构，涉及中国、印度尼西亚、新加坡三个国家，涉及在新加坡成立公司、在印度尼西亚进行投资等经济、政治、法律环境等的不确定性因素，如何把控过程中的风险对于完成债转股的工作至关重要。考虑到中国一重在整个债转股过程中起主导作用，本文试图从中国一重的视角来分析如何进行债转股过程风险管控（见图 4-6）。

首先是债转股事前的阶段。这个阶段所做的工作是评估转股标的的价值和源自转股标的可能存在的风险。为了正确评估转股标的 VDNI 的价值，需要对 VDNI 的资产状况、财务状况以及 VDNI 镍铁项目本身的盈利状况进行调研。根据中国一重公开披露的资料，中国一重先后委托中审众环会计师事务所完成《印度尼西亚德龙项目财务及税务尽职调查报告》（2018年 6 月），委托北京中同华资产评估有限公司完成《PT VIRTUE DRAGON NICKEL INDUSTRY 价值咨询项目估值报告书》（2018 年 7 月），委托中资公司完成中国一重集团投资印度尼西亚镍铁项目的可行性报告，对项目进行了详细的经济技术分析，确认了 VDNI 的投资价值。

由于转股过程也可以看作是中国一重投资印度尼西亚的镍矿项目，涉及中国一重进行跨国投资。因此，中国一重对投资印度尼西亚的经济、政

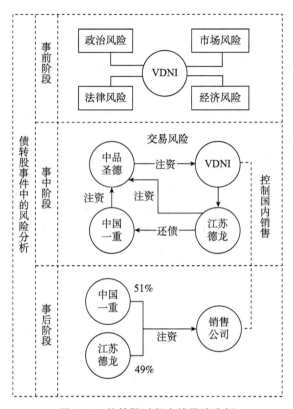

图 4-6　债转股过程中的风险分析

治、法律风险进行了分析。以法律风险分析为例，中国一重先后委托北京
大成律师事务所完成《关于中国一重有限公司投资印度尼西亚德龙项目法
律尽职调查报告》（2018 年 6 月），委托北京大成律师事务所完成《印度尼
西亚法律风险防范指引》（2018 年 6 月）。通过对政治、法律风险的分析，
中国一重为使债转股方案顺利实施，经慎重考虑后决定和江苏德龙于 2018
年 7 月 12 日共同出资组建中品圣德国际发展有限公司，这样将中国与印度
尼西亚之间的政治和法律风险在一定程度上进行隔离。

　　可以看出，中国一重在事前的风险分析中，重点关注了市场风险（也
就是确定 VDNI），为转股定价做精细的准备。当然，在决定投资组建中品
圣德公司后，中国一重也对新加坡的投资环境进行了考察。

　　在债转股交易的过程中，重要的风险是可能存在于交易对手——江苏
德龙、中品圣德、VDNI 等公司的违约风险。这关乎债转股的交易能否顺

利实施。在图 4-6 中，债转股的过程是先注资再还债的一个过程。这个过程中，任何一个步骤如果交易对手违约，都会给中国一重造成损失。为此，中国一重首先对债权进行了保全，在债务形成时即与江苏德龙约定 VDNI 51% 的股权质押，且未经中国一重允许，江苏德龙不得处置质押资产。然后在转股过程中，为保证资金安全和及时偿还，中国一重、江苏德龙、VDNI 设立资金监管账户。一旦债转股失败，中国一重仍保留对江苏德龙债务的追索权。这些措施，有效地保障了中国一重的利益，确保债转股的顺利完成。

转股工作在程序上完成后，并不意味着债转股实质上获得成功。这取决于债转股后 VDNI 的经营是否能够按照预计的情况实现盈利，VDNI 的镍产品能否顺利出口到中国，从而使中国一重能够控制重要的镍铁资源，建立稳定的销售渠道。为此，由中国一重主导做了两件事：第一，重新组建 VDNI 董事会、监事会。董事会成员 5 人，3 人由中国一重提名委派，分别负责贯彻执行经股东大会审议通过的公司财务预算决算与投融资案的贯彻执行及日常财务监督管理、战略规划案的执行监督、高级管理人员的监督与考核；2 人由江苏德龙提名委派，分别负责贯彻执行经股东大会审议通过的公司年度生产经营管理、高级管理人员的聘任、技术与安全管理、生产、采购、销售等日常经营管理工作。公司任何重大决议由股东大会表决通过。股东大会的决议分为普通决议和特别决议。普通决议应由出席会议股东（包括股东代理人）所持表决权的 1/2 以上通过，特别决议应由出席会议股东（包括股东代理人）所持表决权的法定比例以上通过。监事会由 3 人组成，中国一重提名 2 人，江苏德龙提名 1 人，并由股东大会选举产生。监事会设主席 1 人，由中国一重提名并经全体监事过半数选举产生，监事会主席召集和主持监事会会议。如此，确保中国一重在 VDNI 的公司治理中处于主导地位。第二，与江苏德龙以现金出资在天津设立合资公司，负责进口印度尼西亚公司的产品并向国内销售，注册资本 5000 万人民币，其中中国一重集团出资 2550 万元，持股 51%。当时 VDNI 产品唯一买家为福建兴大进出口贸易有限公司，该公司的母公司为厦门象屿物流集团有限责任公司，持股比例 100%。厦门象屿物流集团有限责任公司为 VDNI 二期江苏德龙的项目合作方。

　　中国一重在债转股事件的事前、事中和事后都做了精细的研究和分析，对过程中存在的风险进行了梳理，并针对性提出了措施，这些措施简化后可通过表4-17来说明。

表4-17　债转股过程中风险分析及对策表

债转股过程	风险类型	风险点	应对之策
事前	市场风险	转股的标的价值评估	1. 进行 VDNI 财务税务尽职调查 2. 对 VDNI 公司进行估值，完成估值报告书 3. 对债转股项目可行性进行研究，完成项目可行性研究报告
	经济风险	汇率影响 印度尼西亚经济的不确定性	1. 与印度尼西亚的项目尽量采用人民币结算 2. 合同定价过程中，尽量考虑汇率风险因素 3. 重点关注印度尼西亚央行为稳定汇率采取的干预外汇市场的措施
	政治风险	排华倾向、族群冲突、极端恐怖主义	1. 掌握印度尼西亚政治动向 2. 加强与各界沟通 3. 注重社会责任建设
	法律风险	政策多变、腐败、存在投资壁垒、土地法律风险	1. 加深对当地法律的了解 2. 处理关键的法律问题，聘请专业律师 3. 在第三国新加坡成立公司做好风险隔离，并考察调研新加坡的投资环境
事中	交易风险	江苏德龙、中品圣德、VDNI 违约风险	1. 在债务形成时，即与江苏德龙约定 VDNI 51% 的股权质押，且未经中国一重允许，江苏德龙不得处置质押资产 2. 为保证资金安全和及时偿还，中国一重、江苏德龙、VDNI 设立资金监管账户 3. 一旦债转股失败，中国一重仍保留对江苏德龙债务的追索权
事后	经营风险	实现对 VDNI 的产品和销售渠道的控制	1. 与江苏德龙在国内成立进出口贸易公司，同 VDNI 订立供货合同，控制销售渠道 2. 成立董事会（5人），中国一重与江苏德龙人员比例 3∶2

4. 结尾

中国一重与江苏德龙就双方因供货累积的货款形成的债务成功达成了债转股的方案。自2021年6月28日晚中国一重公告收购 VDNI 后,6月29日,中国一重开盘涨停,股价跃升至2021年1月中旬以来最高点。尽管此债转股事件的长期效果仍需要观察,但从短期效果来看,债转股受到了市场投资者的肯定。考虑到这次债转股的案例是由商业信用引起的,且债转股的过程中中国一重并不局限于国内,而是把转股标的定位于国际市场,这对后来进行第二轮市场化债转股具有启发意义。

4.1 债转股成功的原因

通过对本案例的分析,我们认为中国一重的债转股成功进行原因至少有两个重要的方面:第一,转股标的选择。基于国内的宏观发展战略、产业政策和发展趋势,和对国内镍矿资源短缺的现实,从公司的发展规划与海外投资战略出发,选择了 VDNI 的转股标的。不仅化解江苏德龙的债务危机,盘活了中国一重应收账款的流动资产,实现了一举多得。从债转股的动机来看,可以看出基于商业信用的债转股的动机并不是单一的,企业通过债转股试图达到化解债务危机和执行企业的经营战略有机结合。第二,债转股过程的风险控制。从本文的案例分析部分可以看出,从债转股酝酿筹划(2018年)到债转股完成(2021年),整个过程经历了3年之久。在这一期间,中国一重为评估 VDNI 的价值,评估整个债转股过程中的风险做了大量精密细致的调研工作,对于如何有效规避印度尼西亚的国家风险,进行了巧妙的隔离设计,这些都为后期中国一重控股 VDNI,确保债转股后中国一重的利益,起到了至关重要的作用,值得国内其他企业学习和借鉴。

4.2 关于金融机构如何参与债转股

源自商业信用的债转股,严格地说,市场上两个企业之间的债权债务关系的解除，并不牵涉到金融机构的利益。然而在运作模式的分析中，我们也看到了金融机构对该项目的参与。其角色主要是为了债转股实施提供过桥资金，对于中国一重这样的大型国有企业，由于有政府信用提供的隐性担保，其获得过桥资金并不困难。但设想如果债转股只是发生在两个民营企业之间，则存在着一定程度的障碍。从某种意义上说，源自商业信用的债务危机如果任其发展，就可能出现20世纪90年代的"三角债"现象，而本文讨论的债转股模式不失为解决商业信用危机的成功模式。已有的国家支持债转股的政策，多是针对银行信用出台的。因此，我们建议国家出台相关的政策，支持商业银行为市场化的债转股提供必要的启动或过桥资金，为基于商业化的债转股提供良好的外部金融环境。

英文案例摘要

Motivation and Risk control of Market-based Debt-to-equity Swaps Based on Commercial Credit and International Environment

Zhang Jinbao

Abstract: Most of the current debt-to-equity swap case studies focus on the policy debt-to-equity conversions that have been implemented in China and debt-to-equity swaps based on bank credit in domestic market. There is a lack of in-depth analysis of debt-to-equity swaps cases in the context of commercial credit. This paper analyses the cases of debt-to-equity swap based on commercial credit between China Yizhong and Jiangsu Delong, showing that the motives for using commercial credit for debt-to-equity swap are diverse and that debt-to-equity conversions led by commercial credit can take fuller advantage of the domestic and international environment. The completion of a debt-to-equity swap in an international environment should pay attention to risk analysis and control, which is the key to a successful debt-to-equity swap.

Key words: Debt-to-equity Swap Commercial Credit Risk analysis and Control

案例使用说明

商业信用、国际环境下的市场化债转股的动机与风险控制

一、教学目的与用途

1. 本案例适用于国际投融资、公司金融等课程，使用对象为国际商务硕士一年级的学生。

2. 本案例的教学目的是为了使学生通过商业信用背景的"债转股"案例，理解商业信用背景下，国际投融资相联系的债转股与银行信用背景下的债转股有什么不同。丰富"债转股"案例的类型。

二、启发性思考题

1. 从债务的性质角度看，债转股可以分几种类型？
2. 商业信用下的债转股与银行主导的债转股有什么不同？
3. 中国一重如何利用国际投资实现债转股，怎样防控过程中的风险？

三、背景信息

商业信用是由于企业之间的商业往来而产生的信用，是企业（债权人）授予企业（债务人）的信用。商业信用增长往往发生在企业资金短缺的时候。若是由于资金短缺或经济下行，就会使得企业之间发生信用违约，出现拖欠对方款项的现象。这就是所谓的"三角债"，在中国，"三角债"其实早在20世纪80年代中后期就开始形成。1985年中央政府开始抽紧银根后，企业账户上"应收而未收款"与"应付而未付款"的额度就大幅度上升。到1991—1992年间，"三角债"的规模曾发展到占银行信贷总额三分之一的地步。"三角债"带来的后果是相当严重的。由于拖欠，经济

效益好的企业因缺乏资金而难以扩展生产；"三角债"还会造成经济信息的混乱，经济效益好的企业也面临被拖欠的问题，其利润也就难以实现。结果，本来比较清晰的效益好的企业与效益差的企业之间的界限就会变得模糊不清，就整个经济而言，会反映成亏损面进一步扩大。

自从我国经济进入换挡期以来，经济增速下滑，下行压力加大。在企业杠杆率高企的情况下，根据央行的统计，企业的商业信用近年来呈现逐渐上升的趋势。一些企业的应收账款额度增加，回收难度加大。在这种情况下，化解由商业信用累积的坏账，降低企业的杠杆率，应引起足够的关注。

四、案例分析思路及要点

推荐解决问题的方案，给出案例分析的逻辑路径；列出需要学生识别的关键问题，以及案例教学中的关键知识点、能力点等。

1. 中国一重与江苏德龙之间的债务关系是如何产生的？

2. 中国一重是如何确立债转股目标的？

3. 除了意图降低杠杆盘活资产之外，中国一重在进行债转股还有哪些考量？

4. 中国一重是如何分析处理债转股过程中可能面临的各类风险的？

5. 如果你是债转股方案的设计者，站在中国一重的角度，你认为还有哪些工作可以做，以使得债转股的运作更完美？

五、理论依据与分析

分析该案例所需要的相关理论以及具体分析方法，引用须注明出处，列出扩展阅读清单。

1. 债转股的动机理论

（1）债转股主要是为了使企业的债务负担与融资成本降低。

（2）另一种观点认为债转股能够增加企业的净资产，降低其资产负债水平，粉饰了财务报表，向公众传达出一种企业业绩良好的信息。

（3）进行债转股主要是为了改变债务人所属企业的资本结构。

（4）本轮债转股实施的主要原因是市场的滞胀压力上涨，企业部门杠杆需要压降。

（5）政策原因。

2. 债转股的解决措施

通过投资江苏德龙在印度尼西亚的镍矿公司，中国一重成功将江苏德龙的应付账款转成更优质的资产。

六、教学组织方式

本案例可以作为专门的案例讨论课来进行。如下是按照时间进度提供的课堂计划建议，仅供参考。

整个案例课的课堂时间控制在 80 分钟。

课前计划：要求学生事先登录中国一重集团和江苏德龙公司的网站，了解这两家公司的具体情况。了解中国此前债转股的历史和现状。

课中计划：简要的课堂前言，明确主题（2~5 分钟）。

分组讨论：（30 分钟）。

告知发言要求，进行小组发言（每组 5 分钟，控制在 30 分钟）。

引导全班进一步讨论，并进行归纳总结（15~20 分钟）。

七、案例后续进展

跟踪市场和媒体对中国一重集团和江苏德龙之间债转股事件的后续反映，跟踪后续中国一重可能采取的一些措施。

八、其他教学支持材料

中国一重集团的介绍（参见中国一重集团网站提供的幻灯片）。

参 考 文 献

［1］龚玉衡. 一起无单放货案的三个焦点［J］. 对外经贸实务，2006（9）：39-41.

［2］宋娟娟，刘康. 海运出口货物无单放货风险分析及防范——以重庆 ABC 实业有限公司一则被无单放货业务为例［J］. 对外经贸实务，2019（3）：54-57.

［3］徐冬根. 规范与公正价值追求相结合的典范 评长荣公司无单放货赔偿纠纷上诉案判决［J］. 法律适用，2004（5）：74-75.

［4］袁斌. 慎对无单放货例外［J］. 中国外汇，2015（10）：19-21.

［5］中华人民共和国最高人民法院公报. 最高人民法院发布海事审判典型案例［EB/OL］. http://gongbao.court.gov.cn/Details/129e3fcb2fda9e2afdc23ab1b9427b.html?sw=%e6%b5%b7%e4%ba%8b%e5%ae%a1%e5%88%a4.

［6］宋耘，王婕，陈浩泽. 逆全球化情境下企业的组织韧性形成机制——基于华为公司的案例研究［J］. 外国经济与管理，2021，43（5）：3-19.

［7］杨琳. 破局芯片，华为牵手"国家队"［J］. 中国经济周刊，2020（18）：35-37.

［8］孙冰. 预防芯片断货，加速"去美国化" 华为启动"南泥湾项目"［J］. 中国经济周刊，2020（15）：64-65.

［9］楼杭佳. 我国企业内部环境优化研究——基于华为公司变革事例［D］. 浙江工商大学，2020.

［10］傅小娇."技术围剿"对中国高新技术产业的影响［J］. 现代商

贸工业, 2021, 42 (17): 25-26.

[11] 李巍, 李玙译. 解析美国对华为的"战争"——跨国供应链的政治经济学 [J]. 当代亚太, 2021 (1): 4-45+159.

[12] 董枳君. 华为"芯"痛 [J]. 商学院, 2020 (10): 9-12.

[13] 程璐. 芯片断供, 华为负重前行 [J]. 中国企业家, 2020 (10): 42-46+6.

[14] 李云舒. 华为芯片断供之后…… [J]. 中国经济周刊, 2020 (18): 34-35.

[15] 李云舒. 华为芯片断供 "卡脖子"倒逼攻坚 [N]. 中国纪检监察报, 2020-09-16 (004).

[16] 邢相烨. 协同合作 化解"芯片断供"风险 [J]. 国资报告, 2020 (7): 90-93.

[17] 吴绍波. 创新生态视角下中国信息产业面临的挑战与突围——美国制裁华为事件的启示 [J]. 中国西部, 2020 (1): 91-100.

[18] 靳玉英, 金则杨. 政府采购本土化壁垒与我国企业出口产品定价: 基于与关税壁垒作用的比较分析 [J]. 国际贸易问题, 2021 (2): 113-128.

[19] 周琪. 高科技领域的竞争正改变大国战略竞争的主要模式 [J]. 太平洋学报, 2021, 29 (1): 1-20.

[20] 杨栋, 梁霄. 我国通信企业提升核心竞争力路径——从中兴和华为事件说起 [J]. 对外经贸实务, 2019 (4): 18-21.

[21] 麦克法兰, 李东红, 李蕾. 蓝星并购安迪苏 [R]. 中国工商管理案例库, 2015.

[22] 李蕾, 李东红. 国际并购中的多层次交互型文化融合范式分析——以中国化工并购法国安迪苏为例 [J]. 国际经济合作, 2010 (7): 42-46.

[23] 安妮. 企业并购中的风险与应对——人力资源的视角下的案例分析 [D]. 对外经贸大学.

[24] 常江. 流媒体与未来的电影业: 美学、产业、文化 [J]. 当代电影, 2020 (7): 4-10.

[25] 陈蒙蒙. Netflix 付费流媒体视频网站的突围策略 [J]. 传媒, 2013 (8)：60-62.

[26] 曹新伟. 大数据背景下视频网站的付费模式——以爱奇艺为例 [J]. 青年记者, 2017 (5)：81-82.

[27] 佟雪娜, 杨倩莉. 数字音乐消费多元互动模式变革趋势解析 [J]. 福建论坛 (人文社会科学版), 2020 (2)：74-82.

[28] 霍红, 白艺彩, 吴绒, 侯永. 基于双边市场的视频平台收入模式：免费与付费的均衡 [J]. 产经评论, 2019, 10 (6)：20-30.

[29] 蒋晨辉. 中国互联网视频网站运营模式探析——以爱奇艺为例 [J]. 新闻传播, 2020 (20)：21-22+25.

[30] 廖秉宜, 姜佳妮. 中国网络视频产业组织优化与规制政策研究 [J]. 新闻与传播评论, 2019, 72 (3)：64-74.

[31] 李志鹏, 解婷, 陈莎. 口碑效应下网络视频定价与广告投放最优决策 [J]. 中国管理科学, 2022, 30 (3)：230-239.

[32] 孟昌, 李词婷. 网络平台企业免费产品相关市场界定与案例应用——以视频平台为例 [J]. 经济理论与经济管理, 2019 (10)：101-112.

[33] 秦宗财, 刘力. 欧美视频网站运营模式及盈利分析 [J]. 深圳大学学报 (人文社会科学版), 2016, 33 (1)：48-53+80.

[34] 易余胤, 李贝贝. 考虑交叉网络外部性的视频平台商业模式研究 [J]. 管理科学学报, 2020, 23 (11)：1-22.

[35] 杨迪雅, 刘旸. 以美国 Netflix 为例看大数据时代视频网站内容布局 [J]. 现代传播 (中国传媒大学学报), 2013, 35 (12)：145-146.

[36] 尹晶晶. 付费音频平台的发展瓶颈与营销策略 [J]. 青年记者, 2019 (33)：77-78.

[37] 张人文. 基于波特五力模型的互联网视频网站竞争优势分析 [J]. 中小企业管理与科技 (上旬刊), 2021 (4)：138-139.

[38] 张旋. 国内视频网站付费盈利模式分析——以爱奇艺为例 [J]. 新媒体研究, 2019, 5 (2)：10-13.

[39] 周雪卉, 宗利永. 视频网站差异化排播盈利模式研究 [J]. 南方电视学刊, 2016 (2)：70-72.

[40] 朱新梅. 美国视频网站奈飞的海外市场拓展之路 [J]. 传媒, 2018 (7): 66-68.

[41] 朱喜洋. 探析国内视频网站转型用户付费模式 [J]. 新闻研究导刊, 2017, 8 (8): 43-44+179.

[42] ARTO O, NATASHA E, ALEX R. Extending the international new venture phenomenon to digital platform providers: A longitudinal case study [J]. Journal of World Business, 2018, 53 (5): 725-739.

[43] FARRELL J, KLEMPERER P. Coordination and Lock-In: Competition with Switching Costs and Network Effects [J]. Handbook of Industrial Organization, 2007 (3): 1967-2072.

[44] JUAN P, ARTERO. Online video business models: YouTube vs. Hulu [J]. Palabra Clave, 2010, 13 (1): 111-123.

[45] KATZ, MICHAEL L. Platform economics and antitrust enforcement: a little knowledge is a dangerous thing [J]. Journal of Economics & Management Strategy, 2019, 28 (1): 138-152.

[46] NAMBISA S, ZAHRA S A, LUO Y. Global platforms and ecosystems: implications for international business theories [J]. Journal of International Business Studies, 2019, 50 (9): 1464—1486.

[47] SALANDRIA R G. (2020). Digital streaming and its impact on the viewing habits of people (Order No. 27828530). Available from ProQuest Dissertations & Theses Global; ProQuest Dissertations & Theses Global A&I: The Humanities and Social Sciences Collection. (2392016598).

[48] SAMALA N, SOUMYA S, VENKAT R Y, Factors affecting consumers' willingness to subscribe to over-the-top (OTT) video streaming services in India [J]. Technology in Society, 2021, 65, 101534, ISSN 0160-791X.

[49] Stan Sorensen. Podcasting: Can This New Medium Make Money? http:// www.imediaconnection.com.

[50] 查贵勇. 浅析国际商务类课程的案例教学法 [J]. 教育教学论坛, 2012 (34): 85-86.

[51] 吕泽均. 美国影视传媒业并购新热潮——基于"迪士尼—福克

斯"并购案的分析 [J]. 江苏商论, 2020 (1)：29-31+46.

[52] 苗棣, 徐晓蕾. 西方电视节目样式引进的本土化问题 [C] //中国高等院校电影电视学会. 和而不同——全球化视野中的影视新格局——第三届中国影视高层论坛论文集. 北京：中国传媒大学出版社, 2004：6.

[53] 苗棣. 电视模式化的现状、问题与发展趋势 [J]. 收视中国, 2013 (11)：22.

[54] 段菁菁, 韩青青. 电视节目模式"买无所买", 我国原创在哪儿 [N]. 新华每日电讯. 2015-01-08 (7).

[55] 张常珊. 关于国外电视节目模式版权引进的观察与思考 [J]. 中国广播电视学刊, 2013, 267 (6)：38-42.

[56] 王寅. 声音是第一生产力——以中国好声音为例 [EB/OL]. (2012-08-02), http://www.infzm.com/contents/79205.

[57] 汪恒. 海外电视节目模式在中国引进与流行的原因分析——以中国好声音为例 [D]. 浙江大学, 2014.

[58] 李茜. 华交会"探路"外贸市场 [N]. 上海金融报, 2013-03-05 (A08).

[59] 杨敬丽, 马磊, 孙晓立, 赵子军, 刘燚. 新方向 新形象 新气象 2018 (标准) 义博会精彩纷呈 [J]. 中国标准化, 2018 (21)：18-21.

[60] 路红艳. 工业消费品批发市场的转型升级——以会展业助推义乌小商品市场功能升级为例 [J]. 北京工商大学学报 (社会科学版), 2010, 25 (03)：37-41.

[61] 徐之军. 新媒体发展与品牌建设研究 [J]. 才智, 2013 (12)：369.

[62] 陈先红. 公共关系学原理 [M]. 武汉：武汉大学出版社, 2007：95.

[63] 杨娇. 义乌政府主导型展会的转型升级研究——基于公共选择理论的分析框架 [J]. 特区经济, 2015 (10)：33-36.

[64] 钟颖. 基于品牌展会评价标准的展会品牌战略管理思考 [J]. 商场现代化, 2007 (22)：217-218.

［65］何贤君，吴峰宇，杨歌. 第 28 届义博会举行——义乌新发展世界新机遇［N］. 浙江日报，2022-11-30（14）.

［66］赛事行业的全球参与者［EB/OL］. https://www.gl-events.com/en/group.

［67］全球会展业的领军者［EB/OL］. https://www.gl-events.com.cn/cn/glevents.html.

［68］投资者关系［EB/OL］. https://www.gl-events.com/en/investors-relation.

［69］东南亚运动会 2019［EB/OL］. https://www.gl-events.com/en/sea-games-2019.

［70］从活动设计到执行［EB/OL］. https://www.gl-events.com/zh-hans/live.

［71］智奥集团与中展公司签约达成战略合作携手促共赢［EB/OL］. 2019.03.01. https://www.gl-events.com.cn/cn/20190301155611.html.

［72］进博会提升投资者信心，智奥会展中国达成 20 亿投资合作［EB/OL］. 2021.05.10. https://baijiahao.baidu.com/s?id=1699363129424844640&wfr=spider&for=pc.

［73］希尔. 国际商务［M］. 北京：中国人民大学出版社，2019：408-425.

［74］韩玉军. 国际商务［M］. 北京：中国人民大学出版社，2020：307-330.

［75］张丽芳. 新兴市场企业国际化动因、路径与绩效：对中国企业的案例研究［J］. 湖南社会科学，2016（3）：155-160.

［76］徐嘉成，何源. 中国"会展旅游"研究现状和热点分析——基于 CiteSpace 软件的可视化分析（2000—2018）［J］. 中国商论，2020（23）：50-53.

［77］兰宇鑫. 数字会展新思考［J］.《中国会展》，2021（17）：13-14.

［78］前瞻网（qianzhan.com）［OL］. 2019.12.05.

［79］MYHILL, M., CMP&PHILLIPS, J., PhD（2006）. Determine

The Success of Your Meeting through Evaluation, Return on Investment for Meetings and Events. PCMA's Professional Meeting Management 5th ed., Dubuque, IA: Kendall/Hunt Publishing Company.

［80］陈冬梅，王俐珍，陈安霓. 数字化与战略管理理论——回顾、挑战与展望［J］. 管理世界，2020，36（5）：220-236+20.

［81］陈剑，黄朔，刘运辉. 从赋能到使能——数字化环境下的企业运营管理［J］. 管理世界，2020，36（2）：117-128+222.

［82］刘洋，董久钰，魏江. 数字创新管理：理论框架与未来研究［J］. 管理世界，2020，36（7）：198-217+219.

［83］中国贸易报. 全球规模最大健康产业展会 5 月登陆上海［EB/OL］. https://www. chinatradenews. com. cn/epaper/content/2015 – 05/14/content_ 10588.htm.

［84］翟培羽. 中小企业融资渠道创新研究［J］. 中小企业管理与科技，2022（20）：119-121.

［85］寇乃天. 拓宽中小企业融资渠道研究［J］. 合作经济与科技，2022（14）：49-51.

［86］魏建国，魏英杰，司筱涵. 商业银行数字化转型与中小企业融资效率提升［J］. 北京邮电大学学报（社会科学版），2022，24（1）：1-11.

［87］王海慜. 国盛证券研报点评诺思兰德 北交所诞生首个"特大号"涨停［N］. 每日经济新闻，2021-12-14（003）.

［88］余娜. 北交所开市三周 10 家药企备受关注［N］. 中国工业报，2021-12-07（004）.

［89］张雪. 北交所首例再融资项目亮相［N］. 上海证券报，2021-12-04（001）.

［90］舒冬妮. 诺思兰德开市首日登龙虎榜 归母净利润连亏 8 年［N］. 每日经济新闻，2021-11-24（004）.

［91］马换换. 11 月 15 日开市 北交所首批企业财报亮点多［N］. 北京商报，2021-11-01（006）.

［92］崔琴，成彦芸，张萌. 我国医药企业规模、融资结构与经营绩

效相关性研究 [J]. 中国集体经济, 2021 (21): 75-78.

[93] 滕磊. 数字普惠金融视角下中小企业融资约束问题研究 [D]. 四川大学, 2021.

[94] 鲍长生. 供应链金融对中小企业融资的缓解效应研究 [J]. 华东经济管理, 2020, 34 (12): 91-98.

[95] 吴庆田, 王倩. 普惠金融发展质量与中小企业融资效率 [J]. 金融与经济, 2020 (9): 37-43+67.

[96] 张洁贞. 生物医药企业融资渠道多元化探索 [J]. 中国产经, 2020 (16): 33-34.

[97] 贺珏. 医药企业如何拓宽融资渠道 [J]. 纳税, 2020, 14 (1): 195.

[98] 管锦生. 医药企业融资风险分析及应对 [J]. 知识经济, 2018 (11): 63+65.

[99] 唐闰春. 医药企业融资风险分析及应对策略 [J]. 企业改革与管理, 2017 (9): 97+102.

[100] 严小芳, 韩武, 张育粹, 苏倪玲. 医药企业融资风险分析及应对 [J]. 经济研究导刊, 2014 (17): 253-254.

[101] 周硕, 芮国忠. 我国医药企业的融资策略 [J]. 中国医药技术经济与管理, 2008 (6): 79-82.

[102] 王晓卓, 陈瀚学. 论亚马逊在我国市场上的经营及启示 [J]. 现代商贸工业, 2020, 41 (28): 64-66.

[103] 吴晓达. 文化差异对国际营销的影响及对策 [J]. 北方经贸, 2018 (4): 32-33.

[104] 雷方. 企业国际商务经营及跨国管理 [J]. 中国商论, 2018 (1): 72-73.

[105] 井然哲. 跨境电商运营与案例 [M]. 北京: 电子工业出版社, 2016.

[106] GEERT HOFSTEDE, GERT JAN HOFSTEDE, MICHAEL MINKOV. Cultures and Organizations: Software of the Mind [M]. New York City: McGraw-Hill Education, 2010.

［107］BOATENG A, QIAN W, TIANLE Y. Cross-border M & Asby Chinese firms: ananalysis of strategic motives and performance ［J］. Thuderbird International Management Review, 2008, 50 (4): 259-270.

［108］RUI H, YIP GS. Foreign acquisitions by Chinese firms: a strategic intent perspective ［J］. Journal of World Business, 2008, 43 (2): 213-226.

［109］ROSSI S, VOLPIN P. Cross-country determinants of mergers and acquisitions ［J］. Journal of Financial Economics, 2004, 74 (2): 277-304.

［110］COLLINS JD, HOLCOMB TR, CERTO ST, etal. Learning by doing: cross-border mergers and acquisitions ［J］. Journal of Business Research, 2009, 62 (12): 1329-1334.

［111］FERREIRA MA, MASSA M, MATOS P. Share holders at the gate? Institutional investors and cross-border mergers and acquisitions ［J］. Review of Financial Studies, 2010, 23 (2): 601-644.

［112］ERELI, LIAO RC, WEISBACH MS. Determinants of cross-border mergers and acquisitions ［J］. Journal of Finance, 2012, 67 (3): 1045-1082.

［113］AHERN KR, DAMINELLI D, FRACASSI C. Lost in translation? The effect of cultural values on mergers around the world ［J］. Journal of Financial Economics, 2015, 117 (1): 165-189.

［114］WEITZEL U, BERNS S. Cross-border takeovers, corruption, and related aspects of governance ［J］. Journal of International Business Studies, 2006, 37 (6): 786-806.

［115］BRIS A, CABOLIS C. The value of investor protection: firm evidence from cross-border mergers ［J］. Review of Financial Studies, 2008, 21 (2): 605-648.

［116］NICHOLSON RR, SALABER J. The motives and performance of cross-border acquirers from emerging economies: comparis on between Chinese and Indian firms ［J］. International Business Review, 2013, 22 (6): 963-980.

［117］廖东声, 刘曦. 中国制造业企业海外并购问题研究 ［J］. 会计

之友，2017（2）：44-47.

［118］马金城，焦冠男，马梦骁. 中国企业海外并购行业分布的动态变化与驱动因素：2005-2012［J］. 宏观经济研究，2014（1）：33-42+74.

［119］王绍宏，王光泉，杨洲. 中国企业跨境并购绩效分析与思考［J］. 海外投资与出口信贷，2015（3）：42-45.

［120］李卓. 并购融资风险管理研究——以蓝色光标为例［D］. 北京：北京交通大学，2016.

［121］周师迅. 中国企业跨境并购的外部风险与对策研究［J］. 世界经济研究，2017（5）：78-84+136.

［122］夏光华. 中国企业跨境并购中的战略整合策略［J］. 产业经济评论，2016（6）：87-104.

［123］卢刚. 中国上市公司海外并购绩效研究及其对银行业的启示［J］. 投资研究，2014，33（6）：68-78.

［124］张辉，黄昊，朱智彬. "一带一路"沿线国家重点行业跨境并购的网络研究［J］. 亚太经济，2017（5）：115-124+176.

［125］余鹏翼，王满四. 国内上市公司跨国并购绩效影响因素的实证研究［J］. 会计研究，2014（3）：64-70+96.

［126］曹东坡. 当前市场化债转股股权退出面临的问题、原因及改进建议［J］. 金融发展研究，2020（4）：38-43.

［127］谷裕. 市场化债转股助力供给侧改革［J］. 中国金融，2017（20）：49-51.

［128］郭敏，段艺璇. 市场化债转股消息发布的影响研究［J］. 现代财经（天津财经大学学报），2020，40（4）：33-44.

［129］何恩良，张伟，王玉. 中国市场化债转股背景下的银行债权转化［J］. 河南社会科学，2018，26（8）：78-83.

［130］李曜，谷文臣. 债转股的财富效应和企业绩效变化［J］. 财经研究，2020，46（7）：107-121.

［131］娄飞鹏. 商业银行不良贷款债转股的历史经验及实施建议［J］. 西南金融，2016（6）：52-56.

［132］孟祥君. 新一轮债转股的可能方式与 AMC 的作用［J］. 现代管

理科学，2017（1）：54-56.

[133] 王国刚. 市场化债转股的特点、难点和操作选择 [J]. 金融研究，2018（2）：1-14.

[134] 吴凡，谢文秀. 基于市场化债转股的纾解股市暴跌风险策略研究 [J]. 管理现代化，2019，39（2）：111-114.

[135] 吴晓灵. 用市场化思维和手段去杠杆 兼谈对债转股手段的运用 [J]. 清华金融评论，2016（5）：43-45.

[136] 薛经纬. 市场化债转股风险研究 [J]. 中国商论，2018（5）：38-39.

[137] 颜色，刘大勇. 稳步推进市场化债转股 [J]. 中国金融，2021（5）：78-80.

[138] 周晓波. 市场化债转股的基本逻辑、实施困境与应对策略 [J]. 新金融，2018（10）：41-45.

[139] 周小川. 关于债转股的几个问题 [J]. 经济社会体制比较，1999（6）：1-9.

[140] 周之田. 市场化债转股的问题分析与制度构建——以债权人和股东权益保护为视角 [J]. 南方金融，2020（2）：57-63.

[141] GORAN ANCEVSKI. Possibility for debt to equity swap to the end of developinent [J]. Ministry of Finance, 2002 (6)：110-115.

[142] HAND J R M. 1988 Competitive Manuscript Award：Did Firms Undertake Debt-Equity Swaps for an Accounting Paper Profit or True Financial Gain? [J]. The Accounting Review, 1989, 64 (4)：

[143] WILLIAMS M A, BAEK G, PARK L Y, etal. Global evidence on the distribution of economic profit rates [J]. Physical A：Statistical Mechanics and its Applications, 2015 (8)：22-30.

[144] YUTA SEKI. The Use of debt-equity swaps by Japanese companies [J]. Capital Research Journal, 2002 (3)：35-40.